赵敏俐·总主编

细读国学经典丛书

细读论语

毕宝魁——著

尊礼　仁爱　孝悌　修身　爱民　善任　为政　治国

中国出版集团　研究出版社

图书在版编目（CIP）数据

细读论语 / 毕宝魁著 .—北京：研究出版社，2017.7
ISBN 978-7-5199-0054-0

Ⅰ. ①细… Ⅱ. ①毕… Ⅲ. ①儒家②《论语》—通俗读物 Ⅳ. ①B222.2-49

中国版本图书馆 CIP 数据核字（2017）第 020073 号

细读论语

作　　者	毕宝魁 著
责任编辑	刘姝宏
出版发行	研究出版社
地　　址	北京市东城区沙滩北街 2 号中研楼
邮政编码	100009
电　　话	010-63292534　63057714（发行中心） 63055259（总编室）
传　　真	010-63292534
网　　址	www.yanjiuchubanshe.com
电子信箱	yjcbsfxb@126.com
印　　刷	三河市金泰源印务有限公司
开　　本	787mm×1092mm　1/16
印　　张	21
版　　次	2017 年 7 月第 1 版　2017 年 7 月第 1 次印刷
书　　号	ISBN 978-7-5199-0054-0
定　　价	49.00 元

总序言

中华民族的现代化建设离不开传统文化，这是我们在近百年的历史实践中得出的最宝贵的经验。2013 年 8 月，习近平总书记在全国宣传思想工作会议上提出的“四个讲清楚”，强调了传统文化在现代化建设中的重要意义。2014 年 2 月 24 日，习近平总书记在主持中共中央政治局第十三次集体学习时又说：“培育和弘扬社会主义核心价值观必须立足中华优秀传统文化。牢固的核心价值观，都有其固有的根本。抛弃传统、丢掉根本，就等于割断了自己的精神命脉。博大精深的中华优秀传统文化是我们在世界文化激荡中站稳脚跟的根基。中华文化源远流长，积淀着中华民族最深层的精神追求，代表着中华民族独特的精神标识，为中华民族生生不息、发展壮大提供了丰厚滋养。”

要讲清楚传统文化在现代化建设中的作用，在立足传统的基础上培育和弘扬社会主义核心价值观，首先必须认真地学习传统文化。只有对传统文化有了透彻的了解，我们才能认识到它在当代文化建设中的价值和意义。学习传统文化的最佳方式是阅读经典，经典沉积着中华文化最核心的内容，在文化传承过程中发挥着最为重要的作用。早在先秦时代，《诗》《书》《礼》《乐》《易》《春秋》这六种著作，就被人们推崇为“经”。梁人刘勰说：“经也者，恒久之至道，不刊之鸿教也。”“经”在中国古代何以有这样崇高的地位？因为它们产生于中华文化的早期，是中华民族文明和智慧的结晶，也是后世文化发展的基础。我们今天所说的经典虽然超出了古代“六经”的范畴，但是它的基本内涵不变。凡是可以被后世称为经典的著作，它一定具有永恒的价值、丰富的内容，一定适合各个不同历史阶段的文化需要。阅读经典，会使我们更深切地感受到中华文明的悠久与伟大，受到民族文化智慧的熏陶，领会先贤们在社会、人生、历史等诸多方面所做过的深刻思考，从而提升我们的文化水平和人生境界。

然而，经典产生的时代距离我们已经非常久远，特别是由于白话文运动兴起之后而产生的古今隔膜，本来就文字古奥、内容艰深的中国早期文化经典，对今人来讲在学习和阅读上都存在着很大困难。细读经典，就是有效的学习途径之一。

所谓细读经典，就是对经典进行一字一句的仔细研读。由于古今文字的差异，字义的变迁，句法结构的不同，对今人来讲，读通一篇古文已经不易。更何况，由于古今历史的变革，名物典章制度的变化，以及由于时代不同所造成的文化断裂和知识背景的差异，即便是从表面看起来似乎已经读通的句子，如果不经过仔细辨析，也往往会有望文生义之弊。而要弄通一部经典博大精深的文化内容，就更需要仔细研读不可。

然而在生活节奏越来越快的当代社会，除了专业学者之外，很少有人有时间细细地研读古代经典。有鉴于此，我们聘请了国内著名的专家学者，精选了古代经典中的若干篇目，编辑了这套细读经典丛书，期望由专家学者带领大家，在有限的时间内细读经典中的精华片断，从而了解经典的内容，体悟经典的魅力。在我看来，要认识优秀的传统文化，就必须细读经典，没有经过对经典的细读，就妄称自己了解了传统文化，奢谈传统文化的好与坏，除了少数的“天才”之外，对多数人而言不过是在自欺欺人。不了解传统文化，又如何谈得上弘扬和继承？所以，在这个喧哗而又浮躁的社会里，我们希望有人能够抽出时间坐下来，静静地品读经典，安定浮躁的内心，修养自己的品性，提高人生的智慧，创造高雅的生活。谈到古代经典，不免让有些人望而生畏。其实，如果你能坐下来真正平心静气地细读几篇，就会发现，经典从来就不是高头讲章，也并非如人们想象的那样深奥难穷。经典本身就来自于生活。细读经典，我们才会从中体会到传统文化与我们的关系是多么亲近。细读《论语》，我们感到孔子就是一位可爱慈祥的老人，仿佛他正在与我们促膝谈心。细读《周易》，我们会发现古人是如何从自然与社会中总结经验，如何在生活中增长智慧并且又将其用于自己的生活……总之，我们之所以要细读经典，是因为只有如此，我们才能真正地了解传统文化，真正受到传统文化的熏陶，才能从传统文化中汲取有益的营养，才能将其真正地传承下去，落实到自身的文化实践中，而不是停留在口头上。

我们编选这套“细读国学经典丛书”的目的就是引导大家细读经典。为了真正落实细读两个字，我们确定了如下体例：第一是从经典中选取最能体现其精华内容的篇目。第二是对原文做简洁的注释，以求扫除读书识字的障碍。第三是进行细读，即由专家引导读者对所选篇目进行尽可能细致的导读。经典之所以称为经典，是因为其包含的知识内容特别丰富。因此在细读部分，专家们会根据所选篇目补充大量的知识，以便于读者对经典的理解。当然，对于一名优秀的读者来说，他对经典的阅读不应该受专家的限制，他还可以在此基础上阅读更多的资料，在对经典的涵咏中有更深入的理解。我们期望通过这样的方式，能够引导读者真正坐下来平心静气地读书。

“子曰：‘学而时习之，不亦说乎？有朋自远方来，不亦乐乎？人不知而不愠，不亦君子乎？’”细读经典，就让我们从《论语》开篇的这三句话入手。对这三句话有了比较深切的了悟，由此而前行，就会不断地体会到细读经典的乐趣。

赵敏俐

于京西会意斋

序言

1988年，在法国巴黎，七十五名诺贝尔奖得主齐聚一堂，他们发表宣言道：“人类如果要在21世纪生存下去，必须回到2500年前去汲取孔子的智慧。”这是振聋发聩的宣言，引起了全世界的关注，更应该引起中国思想界和学术界的关注。毫无疑问，地球上没有任何力量可以消灭人类，只有人类可以毁灭自己。这种观点并非耸人听闻，而是现实存在的。当我们将所有的文化因素都综合在一起考虑，就会发现，儒家思想对于解决这些问题有着不可比拟的优势。它温情脉脉，具有强烈而普遍的人文关怀色彩，反对暴力、反对强权、反对战争，提倡仁义礼智信、提倡天人合一、提倡和谐中庸，没有民族偏见和种族偏见。“恕”道“己所不欲勿施于人”的思想是最宝贵、最宽容、最容易被普遍接受的思想观点。孔子是儒家思想的开创人和集大成者，《论语》是研究儒家思想最根本的文献。

中国文化热即将来临，而且会越来越热。中国文化的核心是国学，国学的核心是四书五经，四书五经的关键人物是孔子，了解孔子的关键是《论语》。《论语》的社会需求必定会越来越多，不单是国内，海外学习中国文化者同样离不开《论语》，因此本书的社会意义将是巨大而深远的。

在简要说明本书注疏解说体例之前，先将孔子以及儒家思想产生的时代背景做一个简略的说明，这对于理解孔子思想以及《论语》本义是大有益处的。

一、孔子生活的时代，礼崩乐坏并没有到达无法修复的程度，当时许多诸侯国在处理国家政治、国与国关系中所遵循的依然是周礼。而社会主流对于人物之评价，对于是非之判断，甚至对于一些政治要人进行审判的依据也是周礼。周礼依然是社会衡量是非曲直的准则，具有普遍遵守的法规意义。实行周礼文化的华夏民族诸侯国基本是这种情况。因此孔子提倡“克己复礼”是有现实依据的，也是有现实可能性的。并不是绝对的“不可为”。

二、孔子生活的时代确实到了天下存亡的关键时期，所谓存亡主要表现在文化存亡上。当时全天下的文化状况大体是这样的：奉行华夏民族文化的诸侯国与奉行自己独特文化而并不遵从周礼的戎、狄、夷、蛮等主要少数民族国家与部落犬牙交错。这些少数民族国家并非都在周边地区，中原地区也有很多。这些国家并不奉行周礼，各自有其祭祀、节日、丧葬、服饰等文化形态。还要指出，即使在当时，华夏与夷狄的区分也是在文化而不在血缘与民族，如杞本是夏禹之后，邾本曹姓，论出身都是华夏，但因为其奉行夷狄文化而不遵守周礼，便被视作夷狄。平王东迁时，周大夫辛有到伊水，“见披发而祭于野者，曰：‘不及百年，此其戎乎？其礼先亡矣。’”辛有看到这些人披散头发在野外进行祭祀，便断言这是戎人，预言一百年后这里的周礼将要衰亡。可见当时人们最关注的是文化形态。这些国家或部落也有很强的力量和势力范围，如鲁宣公十一年，“晋郤成子求成于众狄”，强大的晋国主动要求和几个狄国结盟，可见奉行狄文化的部落与国家还是有相当的势力的。而当时很强大的赤狄就在今山西省南部，所谓的骊戎主要区域在今河南，距离洛阳和郑州都不远。而有的夷狄之国轻易就可以灭掉几个奉行周文化的小国。每到这种时候，齐国或鲁国等军事强大的诸侯国便派出军队将那些被灭之国的政权重新恢复，实际就是文化之争。孔子坚持克己复礼是很强烈地坚持继承优秀的先进文化的自觉意识。

三、在孔子生活的时代，包括他出生前的很长历史时期中，鲁国保存的礼乐文化、礼器与历史文献最完整、最齐备。孔子又非常勤奋好学，自觉执行倡导礼乐文化，“子入太庙，每事问”，可见其严谨的程度。而鲁国又是当时坚持执行礼乐制度最模范的国家。当年鲁国出现内乱时，齐桓公询问管仲，鲁国是否可以讨伐，管仲回答不可，原因是鲁国实行的是周礼，根本没有动摇。鲁昭公二年，“韩宣子适鲁，见易象与鲁春秋，曰：‘周礼尽在鲁矣。吾乃今知周公之德，与周之所以王也’”。正是这种主客观两个方面提供了条件，促使孔子成为当时全天下掌握礼乐知识的权威，孔子所云“文王既没，文不在兹乎”的话不是狂妄，而是事实。

正因为当时礼乐文化并没有完全被抛弃，如果几个大国出现几名开明有魄力的国君，如果周天子的传承中出现一两个政治明星，周文化中兴还是有一定的可能性的。孔子是当时掌握礼乐文化最全面、最权威的人，面临周文化被夷狄戎蛮文化取代的危险，孔子才坚决站出来，拯救华夏文化，避免文化的灭亡。如果从文化的角度思考，孔子的目的达到了。他提倡的克己复礼虽然没有成功，但他创建的儒家文化却成为对中国封建社会影响最大的文化，难道这还不是最大的成功吗？我们应该认识到，文化的影响力是长久而深刻的，与政治经济不同。

中国春秋时期是政治纷乱、战争频繁、文化多元且决定方向的关键时期，因此孔子坚持的文化大一统观念极其重要，甚至决定了其后的中国历史即使出现几百年的分裂，最终还能够统一，即所谓的“分久必合”，其他民族是没有这种状况的。孔子思想对于建设稳定、和谐、文明的社会是最好的思想资源之一，对于现实依旧有指导意义。

古今关于《论语》的书很多，但能够准确简明解释《论语》的书实在不多。现在比较通行的《论语》注本，早一点的有何晏的《论语集解》，后经北宋邢昺疏成为流传最广之版本《论语注疏》(《十三经注疏》中便是此书)；刘宝楠的《论语正义》(《诸子集成》中是此书)，但此二书注释很烦琐，又没有译文，一般读者不太适合阅读，可以说除专门研究者外几乎无人读此书。新近出版影响较大的有李泽厚的《论语今读》、杨伯峻的《论语译注》和南怀瑾先生的《论语别裁》。《论语今读》理论性强，而《论语译注》注释平实，南怀瑾的《论语别裁》发挥较多，各有千秋，但因三本书各有侧重，也各有不足。

本书综合采纳古今研究者之长，并融入作者自己的心得体会，用简明通俗的语言将《论语》注释并解析出来，给读者提供了一个了解《论语》的桥梁。

细读部分是理解《论语》思想的关键，撰写时容易明白处尽量简明，容易产生歧义处稍加详解，最易产生误会处则条分缕析。如“贤贤易色”“唯女子与小人”“子见南子”“祝鮀之佞”“色斯举矣”等疑难之处，都进行了比较详尽的解说。力求使读者能够领会孔子思想以及《论语》之本义，正确传达其思想意义。并结合社会现实和历史经验，适当增加一些实例来说明问题。

总之，全书写作以全面、准确、清晰地阐释出原文的本义为旨归，以准确深刻传播孔子的思想精髓为旨归。总的原则是不离经叛道，不以经注我，而是以我解经，用孔子的话说，就是“不践迹，亦不入于室也”。吾是践迹而行，是否登堂入室则不敢说，但确实是“尽心焉而已”，两度春秋，“焚膏油以继晷，恒兀兀以穷年”，其苦其乐，吾心自知也。

国学之根基在六经，六经之中枢在孔子，孔子之思想精粹在《论语》。《论语》是打开国学大门之钥匙。故欲进入中国古代思想之殿堂，了解中国文化之精髓者必读《论语》。本书便是对《论语》之详细解读，欲为读者真正读懂《论语》和理解孔子架设桥梁，能否达此目的有待读者诸君指教。“奇文共欣赏，疑义相与析”，经典更是如此，诚望读者诸君开诚布公，不吝赐教焉。

毕宝魁
于沈阳三千斋

目录

学而篇第一

为政篇第二

八佾篇第三

里仁篇第四

公冶长篇第五

雍也篇第六

述而篇第七

泰伯篇第八

子罕篇第九

乡党篇第十

先进篇第十一

颜渊篇第十二

子路篇第十三

宪问篇第十四

卫灵公篇第十五

季氏篇第十六

阳货篇第十七

微子篇第十八

子张篇第十九

尧曰篇第二十

学而篇第一

孔子的“学”与“习”

子曰：“学而时习[①]之，不亦说[②]乎？有朋自远方来，不亦乐乎？人不知，而不愠[③]，不亦君子乎？”

【注释】

① 习：本义是鸟练习飞翔时屡次扇动翅膀，反复起飞。② 说（yuè）：同“悦”。③ 愠（yùn）：生气，恼怒，怨恨。

【细读】

孔子说：“学习而经常进行温习与实践，不也很愉快吗？有志同道合的朋友从远方来聚会谈天，不也很快乐吗？别人不了解不重视自己也不生气，不也是君子的品格吗？”

孔子给出的这三句话相互联系，层层递进，构成人生学习修行的三个阶段，也是三种人生境界。在开始学习与修行的阶段，反复学习与实践，并不断有新体会，内心很愉悦；学习到有一定心得体会的阶段时，与同学同仁同道者相互切磋共同提高，便会感觉体会到无限快乐；最后达到不为社会潮流所动而坚守仁义道德之人间正道的境界，实际已接近圣人的思想境界。

人活着最大的乐趣就在于学习，不断提高修养，在与朋友交流切磋中不断进步。即使没有人了解自己，自己也不生气，不颓丧，因为学习修养完全是为了自己内心的真实和充实。如果自己修养高了，学识也多了，那么即使得不到名利也不会太在意，因为修身的目的是为了内在精神的充实完美，而不是为了功名利禄。这是孔子思想的主要特点之一，即从内向外，由己及彼，由亲到疏进行自我修养。就像人们在生活中，只要努力地学习和工作，并在这一过程中提升了自我能力，并获得了精神愉悦，那么结果又有什么重要呢？领导提不提拔你、你的成绩有没有人能看到，都不应该对自己的内心产生什么影响。就像孔子告诉我们的道理，但求修养自身，不要考虑太多，也不要在乎太多，一切顺其自然就好。

孝悌是仁的根本

有子①曰："其为人也孝弟②，而好犯上者，鲜矣；不好犯上，而好作乱者，未之有也。君子务本③，本立而道生。孝弟也者。其为仁④之本与！"

【注释】

① 有子：姓有名若，孔子弟子之一。② 孝弟（tì）：通"悌"，是指对前辈和同辈长于自己的人应有的态度。③ 务本：追求根本。务，经营。本，树根，引申为根本、根基、基础。④ 仁：是孔子思想的核心概念，主要含义是热爱、关怀和照顾他人。

【细读】

有子说："一个人如果能够孝敬父母，尊敬兄长，而爱冒犯上级长官的，很少很少。不冒犯上级长官而好叛乱的人，是没有的。因此君子务必要确立做人的根本原则，根本原则确立了，自然就明白做人的道理了。孝敬父母和尊敬兄长，大概就是仁的根本吧？"

孔子去世后，孔子的其他弟子因有子之言似夫子，故欲尊他为师。有子自己不同意，故未成此事。《论语》中除孔子称"子"外，只有有若和曾参二人称"子"。有子还排在曾子前面。翁天和说有子是孔子的儿子孔鲤的老师，所以才会发生这种情况。孔子的儿子与孔子的弟子是师兄弟关系，从这层意义上讲，孔子其他弟子尊有子为师也不无道理。如果没有这层关系，有子很难被如此尊敬。

"孝"是发自内心的热爱、关怀、照顾、顺从，使其心情愉快，没有负担。"弟"是横向关系，要求对于兄长要尊敬。人们接触最多、关系最密切的人便是自己的父母和兄弟，因此，处理好这些关系是人之为人的基础和关键。孔子强调孝悌是仁的根本，认为做人要有根本，而孝悌是“仁”最根本的表现。

“仁”是亲近关怀别人的品格，观察判断人们是否具备这种品格一定要在至少两个人在一起或处于人群中时。古人在举行一些仪式时，会安排两个人同时出场，相互作揖以示礼节。在这个过程中，人们就可以观察各人的修养和气度。古人在耕田这种劳作中，也是两个人并肩使用一个农具“耦”而耕。“耦”就是二人，偶字也是从这里派生出来的。这样，两个人在合作中都可以感觉到对方有没有出力、有没有照顾对方，这都能从中看出一个人的品性和心胸。因此，只有在对别人的态度中才能看出一个人是不是仁人君子。因此，首先必须有二人才可以体现“仁”，这便是“仁”的本义。

“仁”是中国文化的基础，也是儒家学说的关键词语。孔子一生提倡的思想核心就是这个字。“仁”的品格是做人的根本，人类只有相互关怀才能共同得到幸福，幸福感往往是借由帮助别人获取的，因此我们从小就要扎下仁的品性之根。孝悌又是仁的根本，所以有若说：“作为一个人，如果他能够孝敬父母，尊敬兄长，则会鲜少冒犯上级长官。不冒犯上级长官而好叛乱的人是没有的。因此君子务必要确立做人的根本原则，根本原则确立了，自然也就明白了做人的道理。孝敬父母和尊敬兄长，大概就是仁的根本吧？”这种推理是成立的。而人际关系的起点确实是从家庭向外延展的，一个打骂爹娘的人不可能对他人友好，故培养孝悌的品德是培养仁的品格的起点和基础。

正如周公辅佐武王建立周朝，又在武王去世、成王年少的情况下果断承担起维护国家政权的重任，历尽千辛万苦，使天下和平繁荣。这使文王及其先祖都留下千古美名，这便是大孝。司马迁在《太史公自序》中便曾经明确说明过这一观点，而司马迁包羞忍辱，发奋著述，完成《太史公书》，实际上也是对父亲以及先祖的大孝。故大孝要有踏踏实实的行动而不是空话。

嘴甜者心苦

子曰：“巧言令色①，鲜矣仁②！”

【注释】

① 令色：面貌神色伪善。②鲜矣仁：是“仁鲜矣”的倒装，意为仁德很少。

【细读】

孔子说："花言巧语，伪装和善的表情，这样的人很少有仁爱的品格。"

孔子学说的核心是构建人内心对于人生的热爱和终极人文关怀，本条强调"仁"是内在精神品格与感情的性质，不是外在的华美语言和伪装的和颜悦色。外在的语言和表情都要与内在心灵相一致。仁是内在的，而不是外在表现。

俗语说"嘴甜者心苦"，是对于现实生活现象精练的概括和深刻的总结。现实社会中，确实有很多会说的人，花言巧语，死人几乎都能被他说活了。遇到这种人，切不要与之深交。自古以来，几乎所有的奸佞都特别会说，如最著名的大贪大奸和珅，便是面目伪善、巧舌如簧，是巧言令色的典型。把本来很精明的乾隆皇帝哄得非常开心，但私底下却大肆贪污腐化。而在现实生活中，这种人也随处可见，我们应该对其保持一定的警惕。

修身的要义在于反省

曾子①曰："吾日三省吾身：为人谋②而不忠乎？与朋友交而不信乎？传③不习乎？"

【注释】

① 曾子：孔子弟子曾参，字子舆，鲁国人，是孔子主要思想的继承者。后授徒讲学，弟子众多，在儒学传授上有重要地位。他是孔子的孙子子思的老师。《论语》一书即完成于子思等曾子的弟子之手。② 谋：先秦主要是指答复他人咨询，这里也包含谋划的意思。③ 传：这里指向别人传习知识，即讲授，不是从老师那里接受。

【细读】

曾子说："我每天都要从三个方面来反省自己的行为：为别人谋划事情有不忠心耿耿的地方吗？与朋友交往有不守诚信的地方吗？我讲授传习的知识温习、实践、研究过了吗？"

孔子在这里强调的是对他人忠诚守信，对自己所从事的事业高度负责，做事兢兢业业。行事谨慎、时刻发现自己的错误或者不够完美的地方，是曾子一生秉持的原则。人如果能够时常注意自己的言行，加以反省、随时修正，则不会失德。孔子曾经问卫国贤人蘧伯玉派来看望他的人："你家主人在干什么？"那人回答说："老先生总在想减少自己的过错，还不能办到啊！”孔子连忙赞叹。时刻反省自己是不断进步的重要前提之一。生活中人们犯错误并不可怕，真正可怕的是犯了错误自己还认识不到。无知者无畏，意识不到错误不但不可能去改正，而且以后还可能会犯更大的错误。

做国家领导人要心怀敬畏

子曰："道千乘①之国，敬事②而信，节用③而爱人，使民以时④。"

【注释】

① 道：通“导”，领导。千乘(shèng)：一千辆战车。② 敬事：谨慎恭敬地从事行政管理。③ 节用：节约用度。④ 时：季节。

【细读】

孔子说："领导中等规模的诸侯国，应当怀着敬畏的心情去谨慎地处理政事，恪守诚实守信的原则，节省一切用度，爱护贤人，要按照农时使用民力。"

本条讲述的是执政者的施政方针和原则。孔子教育学生的目的有两个，一是培养自我修养很高的谦谦君子，潜移默化地影响和改变社会风气，二是培养各行业的各类管理人才，即培养多种类型的干部。因此文中有关如何当官的言论很多。本条讲述了治理国家应当注意的几个大的方面：一是要敬业，要全心全意、谨慎敬畏、建立诚信制度，以获得百姓的信任。二是要厉行节约、爱护百姓、爱惜民力。从某种程度上讲，孔子实际上是第一个提倡低碳生活的人，其依据便是这一条，因为这里的节用确实包括了人力、物力和自然资源。三是安排必要的公务劳动时要考虑到季节，一定要在农闲时进行，不要妨碍百姓的农业生产。这里强调的“敬”是内心敬畏、恭敬，与外在谨慎、勤勉的表现相一致。表里如一、内外一致也是儒学非常重视的一个问题。

《弟子规》的原典

子曰："弟子①，入②则孝，出③则悌，谨而信，泛爱众，而亲仁④。行有余力，则以学文⑤。"

【注释】

① 弟子：有二义，一是指年纪小的人，一是指学生。此处指前者。② 入：指父母居处。③ 出：与内相对而言，指在外面。④ 亲仁：亲近仁义贤德之人。⑤ 文：文献资料，包括一切文化。

【细读】

孔子说："弟子们，你们在家里要孝敬父母，在外面要尊敬兄长，谨慎而诚信，对群众要博爱并亲近有仁义道德的人。如果做完这些事情还有余力，才可以努力学习文化知识。"

孔子善于利用现实生活中的具体事例来教育弟子，以此确立能够身体力行的行为规范。本条便是孔子教育弟子在日常生活中该怎么做，故更有典范意义和价值。这里的"悌"不局限于本家兄弟，还有同族同宗的同辈人。本条要求弟子由内而外，由高到低，处理好各个层次的人际关系，体现了孔子循循善诱的教育特点。

从人际关系看，一个人首先要面对父母，其次是兄弟姐妹以及本家族的同辈，再次是能够接触到的其他人，而其他人还可以分为普通百姓和贤德之人。对于普通百姓要关心爱护，对待贤人则要尊重亲近。这就是儒家思想在处理人际关系方面的一个重要原则——尊贤容众。这样才能得到普遍的拥护。而得到拥护是从政最关键的前提。如果在这些方面都做得很好了，还有剩余的精力和时间，才能抓紧时间学习文化知识，先会做人才能再去提高文化修养，这样才能不断提升自己的道德修养和层次。本条便是后来流传最广的《弟子规》全部内容的来源。把握住本条的精神实质，便可以领会《弟子规》的精神内涵。

学习的要义是身体力行

子夏①曰："贤贤易色②；事父母，能竭其力；事君③，能致其身④；与朋友交，言而有信。虽曰未学，吾必谓之学矣。"

【注释】

① 子夏：孔子弟子，姓卜名商，字子夏，比孔子小四十四岁。② 贤贤易色：以贤德为贤而轻容貌。③ 事君：侍奉国君，即指做官。④ 致其身：意谓可以献出生命，即全部身心。

【细读】

子夏说："重视妻子的贤德而忽略容貌美色，侍奉父母能够尽心竭力，侍奉国君能够献出自己的全部身心，与朋友交往能够遵守诺言，这样的人虽然自谦说没看过什么书，我也一定要说他是学习过诗书的。”

本条着重阐释了“学”的真正含义，从《论语》全书看，“学”有狭义和广义两种，狭义指读书学习；广义则指在现实生活中的道德表现和实践行为，相比之下，后者更为重要。子夏的话清楚地表达了“学”的真正内涵，指出只要人们的具体行为符合儒家所强调的各种行为规范，那么即使此人说自己没有读过什么书，也一定会被认为是饱读诗书的人。可见人的行为中所体现的道德修养比是否学习过具体的文化知识更重要，而这种知识和修养是能够通过内心感悟获得的，不一定要经过专门学习与训练。这也表现出儒家理论最重视的是内在修养和道德规范。

反观当今社会，有多少高级知识分子在发达后因妻子年老色衰而不顾妻子的贤德抛弃妻子，另娶他人。又有多少人在父母年老后，因为工作太忙很少去看望和侍奉父母，以致老人难享天伦之乐，孤独地度过人生最后的时光。更别说对国家尽忠、对朋友尽义了。这些人不能说没有知识和文化，但他们却连做人最基本的准则都没有做到。子夏在这里所强调的，恰恰是现代人所缺失的最宝贵的东西，是我们真正要学习的东西。

人不自重他人轻

子曰：“君子不重①，则不威②，学则不固。主忠信，无③友不如己者。过，则勿惮改。”

【注释】

① 重：指态度和仪表严肃谨慎，庄重，不能轻佻。② 威：威信、权威。③ 无：通“毋”，不要。

【细读】

孔子说：“君子如果不严肃不稳重，就没有威信，所学习的东西也就不稳固。要坚持忠诚守信的美德，不要与那些志不同、道不合的人交往，有了错误也不要害怕改正。”

本条讲述了学习与实践时的态度与仪表问题。孔子教学的主要内容有礼、乐、射、御，还曾在周游列国时带领弟子在大树下演礼，可见这种学习不仅仅是文献学习，还有具体的实践环节。在进行这些具体演练活动时，主持者与参与者的态度很关键，不能有轻浮的举动，而应当内心敬畏，外表严肃恭谨，这样的态度才能将礼乐方面的知识运用好。故端庄稳重的态度很重要，也能因此得到别人的尊敬，巩固所学知识；反之则是不尊重自己和他人的表现，会被他人轻视。

“无友不如己者”，《论语正义》引用曾子和周公的话，都是交友要慎重的意思。周公曰：“不如我者，吾不与处，损我者也；与吾等者，吾不与处，无益我者也；我所与处者，必贤于我。”但这种说法有逻辑上的错误，如果都按照这样的逻辑交友，则天下不可能有朋友关系。不比你强的人你不交往，那么比你强的人用同样的逻辑也不肯跟你交往。因此，“不如”指的是与自己不志同道合的人。《论语正义》说：“则不如己者，即不仁之人。”基本符合孔子的原意。“如”本义是“随从”，引申为“相似”，即志趣、人生追求基本相同的意思。也就是前文“有朋自远方来”的“朋”。交友要慎重，是孔子经常告诫弟子的一个话题。“性相近也，习相远也”，这确实是人生中很重要的一点。犯了错误就要及时改正，不要怕别人知道自己的错误，更不要担心改正错误会损伤自己的威信。

恭敬祖先则民风淳厚

曾子曰：“慎终①，追远②，民德归厚矣。”

【注释】

① 终：终老，指死亡，这里指丧事。② 远：指远祖。

【细读】

曾子说：“恭谨慎重地办理父母亲的丧事，缅怀祭祀历代祖先，老百姓的品德就会归于真诚忠厚。”

对死去的人进行纪念、哀悼，并举行一定的丧葬仪式，是远古先民各民族都有的习俗，这一习俗的形成标志着人类族群意识的出现，即人类文化心理的开端。这种心理和自觉意识动物是没有的。儒家对于丧葬礼仪非常重视，并要求人们要在内心对死者或祖先表现出虔诚的思念、缅怀，这样，人们的表情自然会严肃而恭谨，参加仪式时也会循规蹈矩。内心的敬畏有助于“仁”的品性的培养，内在的仁与外在的礼相互融合，就成为儒家塑造品格的重要形式。因此，儒家特别重视丧葬文化和祭祀文化。

这种文化也可以增强家族、种族以及国家的凝聚力。荀子《礼论》篇说："祭者，志意思慕之情也。圣人明知之，士君子安行之，官人以为守，百姓以成俗，其在君子，以为人道也；其在百姓，以为鬼事也。"荀子也非常清晰地指出，祭祀是提升人的道德自律的方式之一。

孔子问政之道

子禽[①]问于子贡[②]曰："夫子至于是邦也，必闻其政，求之与？抑与之与？"子贡曰："夫子温、良、恭、俭、让以得之。夫子之求之也，其诸异乎人之求之与？"

【注释】

① 子禽：姓陈名亢，字子禽，是否是孔子学生有不同意见，但郑玄注明确说是孔子的学生，但从其曾经在子贡面前公然贬低孔子看，可能不是。② 子贡：孔子的弟子，姓端木，名赐，字子贡，卫人，比孔子小三十一岁。

【细读】

子禽问子贡："老夫子每到一个国家，就一定要过问那个国家的政事，是他自己主动请求的呢，还是国君主动给了他这种机会呢？"子贡说："老师以他温和、善良、恭谨、俭朴、谦让的品格而得到该国国君的信任，所以能够得到这种机会。老师对于这种机会的追求，与其他人对于这种机会的追求有很多不同。"

这是孔子的弟子子贡回答陈亢问题的对话，谈论孔子每到一国一定过问政事的问题。这里涉及一个问题：即孔子治学和教学的目的。从孔子一生的行踪和言论可以看出，孔子并不只是一个文化学者，还是一个积极参与社会活动，立志改变社会现状，重新建立新的社会秩序的社会活动家。我们以前对孔子的认识是思想家、教育家，实际说他是社会学家和社会活动家更为确切。《吕氏春秋》说孔子周游列国，干谒国君八十多人，现在的社会活动家恐怕都难以达到这个数量，何况是在孔子那个时代呢！这足以显示孔子对于政治的热情。孔子一生最大的愿望是"克己复礼"，是使"天下归仁"。但如果说孔子是顽固的复辟派也不对，孔子其实是"托古改制"，他从事教学和周游列国的主要目的是推行"吾道"，可见孔子及其弟子都是积极参与社会政治的。"以天下为己任"是儒家学者一直高举的旗帜，也是后世知识分子积极入仕，有社会责任感的思想源泉。子禽之问，是对于孔子如此积极关注政事不理解；子贡之答，在赞美老师优良品德的同时，肯定了老师关注政事并积极追求的做法。这与只关注个人荣辱得失的行为有本质的区别。这是儒学精神的本质所在。

本条还体现了一个事实，就是孔子是以自己的高尚品德而赢得了天下诸侯的信任，各国诸侯只要有机会，就会向孔子咨询治国的建议，都是诸侯主动问政，如齐景公、卫灵公、鲁昭公、鲁定公、鲁哀公等都是如此。这都反映出孔子在当时受尊敬和重视的程度。

统治者之孝

子曰："父在，观其志；父没[①]，观其行；三年无改于父之道，可谓孝矣。"

【注释】

① 没：通"殁"，死亡。

【细读】

孔子说："父亲在世时，要注意观察他的愿望和心志；父亲去世后，则要观察他的行动；三年还不改变其父亲的生活道路和途径，就可以算是孝子了。"

本条讲述如何观察人，如何算是孝。古代是以家族血缘关系为纽带建立的宗法制，父亲是一家之主，故父亲在世时，儿子无法表现自己的意志，因此只能通过观察儿子的心志来判断其优劣；父亲死后，儿子开始独立自主处理事务，则要通过观察他的行动来对他进行评价。

人们对上述两点的理解通常没什么分歧，但对最后一句的理解却存在分歧。孔安国说："孝子在丧，哀慕犹若父存。无所改于父之道。"就是说儿子在守丧期间感觉父亲好像还存在，因此不能改变父亲的做法和准则。而《子张》篇中记载："曾子曰：'吾闻诸夫子：孟庄子之孝也，其他可能也；其不改父之臣与父之政，是难能也。'"孟庄子之孝，不改变其父亲在位时的用人和政策，这是最难的。历史上很多统治者都是一朝天子一朝臣。父亲去世后儿子刚刚执政，就会撤换老臣而换上自己亲近的人。这种现象很普遍。孔子在这里指的就是这种现象。

同时，最后一句还有一层意思，即要承担起责任，解决父亲遗留下来的事情和问题，将其妥善处理好，不能父亲一去世就什么都不管了。这里实际上还有家族利益和责任连续性的问题。如果身为普通百姓，那么只是保持延续家族生存经验的问题，但如果身为国君，就是保证国家政策连续性的大问题了。父亲遗留的问题儿子无论如何都是要承担的。可见古代中国的血缘伦理关系（父子）直接和政治关系（君臣）紧密联系，两者再和祭祀祖先联系起来，那么伦理、政治和宗教便成为三者合一的形式。

礼的作用是和谐

有子曰："礼之用①，和②为贵。先王之道，斯为美；小大由之③。有所不行，知和而和，不以礼节④之，亦不可行也。"

【注释】

① 用：作用，这里有动词性，即运用。② 和：和谐，平和。③ 小大由之：无论大小尊卑，都要由礼来进行节制。④节：节制约束。

【细读】

有子说："礼制的作用，贵在和谐。古代先王的礼制规范以及对礼的遵守和利用，是非常完美的。无论大小事情都可以用礼来解决，很方便顺畅。但也有行不通的时候，单纯地为和谐而和谐，而不用礼制来进行节制和约束，这样的和谐也不可推行。"

本条专门讲述礼的重要作用。礼是研究分析儒家思想不可忽视的范畴，是孔子极力提倡和主张恢复的政治制度和社会文化秩序，是儒家理想中维护社会秩序的典章制度，实际上在当时有国家宪法的性质。推行礼制是为了追求社会和谐，因此无论事情大小，只要是需要社会成员共同进行的，都要用礼来规范，要有规矩和秩序。但如果只是为和谐而和谐，没有尊卑等级秩序，那也不应提倡和实行。应当注意的是，礼是上层贵族自觉遵守的，而不是外在强制性质的，故礼与法不同。虽然二者有相同的性质，但礼依靠内在自觉，是建立在仁的基础上的，而法依靠外在的硬性规定，是建立在刑罚的基础上的。

只要是社会活动，就一定要有秩序，礼就是用来维持这种秩序的。礼仪也是礼的一种表现形式。

诺言不失正义方可践行

有子曰："信近于义[①]，言可复[②]也。恭近于礼，远耻辱也。因不失其亲，亦可宗[③]也。"

【注释】

① 义：适宜、合适、正当、正义、合理，指符合"仁"的要求的行为准则。② 复：实践诺言。③ 宗：宗尚，取法的意思。

【细读】

有子说："所守的诺言如果符合或接近义的标准，那么所说的话就能够兑现。恭敬、谨慎的态度如果符合礼的要求，就不致遭受耻辱。因为这样做没有失去追求仁德的方向，因此可以效法和受到尊敬。"

本条讲的是诚信与道义、恭敬与尊礼的关系。义是儒家学说中非常关键和重要的一个概念，指的是社会普遍公理。开头两句说守信也要用义的标准来衡量判断，在与人商议事情时，首先要考虑是否近于义，然后才可以做出承诺。对人恭敬严谨，也要遵循礼的要求，如果把握不好分寸，做得太过分，本身就是耻辱；但如果缺乏恭敬心，也同样会遭致耻辱，只有恭敬而又接近礼的要求，才能远离耻辱。

君子敏于事而慎于言

子曰："君子食无求饱，居无求安，敏于事而慎于言，就有道[①]而正焉，可谓好学也已。"

【注释】

① 有道：具有高尚道德的人。

【细读】

孔子说："君子在吃的方面不要追求饱足和美味，在居住的方面也不要追求安逸享受，做事要勤快敏捷，说话要谨慎小心，主动接近那些道德高尚的人来匡正自己，就可以算是好学了。"

本条通过教导学生约束日常生活中的行为，来引导他们树立正确的人生态度，体现了儒学积极向上的进取精神和强烈的人生责任感。衣、食、住、行是人类生活的基本条件，追求吃好、住好是普通人的愿望。但孔子教育学生不必过度追求这两个方面，而要把精力放在学习做人、提升道德修养上，只要做事机敏、谨言少语，就不会惹上麻烦。另外还要多向那些道德高尚的人请教，找到自己的不足，不断修正自己。孔子一生便是秉持这样的生活态度，他从不追求功名富贵，也不追求物质生活享受，而是将崇高的精神追求作为最高目标。这样的信条使得儒家这种终极的精神追求能够引导人们将其作为终生的目标，作为坚定的人生信念和理想，从而具有了宽泛意义的宗教意蕴。

贫而乐，富而好礼

子贡曰："贫而无谄，富而无骄，何如？"子曰："可也；未若贫而乐，富而好礼者也。"

子贡曰："《诗》云：'如切如磋，如琢如磨'，其斯之谓与？"子曰："赐①也，始可与言《诗》已矣，告诸往②而知来③者。"

【注释】

① 赐：孔子称呼子贡，子贡姓端木名赐。② 往：已经知道的或者以前的事。③ 来：指以后的事或新的知识。

【细读】

子贡问："虽然贫穷而不谄媚，不去巴结奉承，富裕了也不骄傲自大，趾高气扬，您看怎么样？"孔子回答说："可以了。但仍不如贫穷而依然快乐，富裕后依然遵守爱好礼制。"子贡接着说："《诗经》中说：'就好像处理美玉、象牙等精贵器物那样，先切开原料，进行粗糙加工，然后再精雕细刻，打磨抛光。'说的就是这个道理吧？"孔子夸道："端木赐啊，现在才可以开始与你讨论《诗经》了，告诉你以往的知识，你就能够体悟出新的道理来。"

子贡是孔子弟子中最有实际才能的人，尤其长于外交和经济，口才也好。可能是子贡当时非常富足，但没有表现出骄气，因此在向老师汇报自己的心得时，总结出了"贫而无谄，富而无骄"这样的哲思。孔子的回答非常精彩，他先进行了肯定，然后提出了更高的标准，那就是“贫而乐，富而好礼”，即安贫乐道，永远遵守礼制。不能不说孔子的思想更上一层楼，真的是一位伟大的导师。在现实生活中，有多少人连子贡所说的标准都做不到，更别说达到孔子的标准了。孔子在这里点出了一个真理：人真正的富足是精神上的富有，而不是外在东西，也以此警醒世人不要将财富看得太重。

接下来子贡引用《诗经》中的语句来含蓄地回复了老师的话，并谈了自己的看法。但子贡只是通过引用《诗经》来进行对话，并没有直接说出其中的意思。引语是说，要雕琢好一块美玉，就要先切后磋，再进行雕琢和打磨，这样才能获得最后的成功。实际这是比喻人的品德要不断修炼提高，才能达到最高境界，而自己的提高，也需要老师不断的教导。比喻很精彩。

孔子也用含蓄的方式肯定了子贡的话，赞美子贡能够举一反三，悟性好。从这段对话中可以看出孔子以及弟子对于《诗经》的熟练程度。也可以推测出，《诗经》是孔子教学中的基础课程，师生都可以熟练背诵，并经常进行交流体会。从孔子教学开始，《诗经》就已经不再是单纯的文学课，而是哲学、社会学、外交学无所不包的学问，他们对于《诗经》的引用，已超越了其原有意义，而附加了更广泛的内容。

知人才能善任

子曰：“不患①人之不己知②，患不知人也。”

【注释】

① 患：忧虑，担心。② 不己知：“不知己”的倒装，不了解自己。

【细读】

孔子说：“不要忧虑别人不了解自己，怕的是自己不了解别人。”

本条强调学习修养的根本目的是自我道德完善，如果坚持这一立场，那么别人是否了解与重视自己就无所谓了。如今社会浮躁，追名逐利的现象较多，所以守得住本分、耐得住寂寞尤其难能可贵。如果别人不了解你，那还不是特别重要，但如果你不了解别人，就会产生一些问题。因为如果不了解别人，就无法判断应该用什么方式去对待他们，无法进行有效的社会交往。

进一步讲，“知人善任”是一个领导者应当具备的重要素质。而“知人”是“善任”的前提。这一道理不仅仅表现在领导用人方面，工作、交友甚至择偶，一切社会生活中都存在着“识人”的问题，从某种程度上可以说“识人”是人生成功与否的关键。正因为文王能够认识姜子牙的才能和韬略，刘备能够认识诸葛亮的智谋，他们最终才都取得了经营天下的丰功伟绩。同样，在那个群雄逐鹿的时代，房玄龄在众多英杰中进行考察，明辨贤君之后，才决定投靠李世民成为千古名相。

为政篇第二

为政以德

子曰：“为政以德，譬如北辰①，居其所而众星共②之。”

【注释】

① 北辰：即北极星。② 共：环绕，拱卫。

【细读】

孔子说：“统治者应当以道德教化来治理政事，就好像天上的北斗星，安静地待在自己的位置上，众多的星辰都环绕着它。”这段话代表了孔子“为政以德”的思想，意思是统治者如果实行德治，群臣百姓就会自动围绕着你转。这里强调了道德对政治生活的决定作用，主张以道德教化为治国的原则。这是孔子学说中较有价值的部分，表明儒家治国的基本原则是德治，而不是严刑峻法。

道德核心始终是孔子所倡导的理念，孔子后来说的“朝闻道，夕死可矣”！其实道理就在于此。一旦确定以道德为核心的道路和目标，就不会失德，只要不失德就是君子。所以从道德层面上来说，人生不在于做到什么职位，当过多大官，而在于做得怎么样。赵高、梁冀、董卓、李林甫、杨国忠、严嵩、魏忠贤等人官位不算不高，权力不算不大，却都被钉在了历史的耻辱柱上。而颜回虽穷，却赢得了后人无限的敬意，福泽后代。后来的颜延之、颜之推、颜真卿等历史名人都是其后裔。其实，我们如果把眼光放得更长远，就会发现，只有道德文化才是永恒的，而道德文化的实现是由每个人自身的行为和品质决定的。泰伯让天下，司马迁在《世家》中将其列为第一；伯夷让国，司马迁也在《列传》中将其列为第一，他们永远受到了后世的敬仰。故把道德作为第一追求的人，便不会做坏事、恶事，便是真正的君子，真正能够做一代明君。

真诚是《诗》的总体特征

子曰："《诗》三百①，一言以蔽之，曰：'思无邪②'。"

【注释】

①《诗》三百：孔子几次这样提，是举成数而已，实际是三百零五篇。到汉代之后，被尊为经，始有《诗经》之名。② 无邪：真诚、诚恳。

【细读】

孔子说："《诗经》三百首，用一句话来概括的话，就是抒发真情实感而不虚伪矫饰。"理解这句话的关键是"邪"字。朱熹译道，程子曰："思无邪，诚也。"诚就是真诚不虚伪。"邪"在古代是徐虚的意思，即吞吞吐吐，要说不说，不敢直抒胸臆。而《诗经》各篇确实是真情流露，敢爱敢恨，实话实说，毫不矫情，思想纯正，这是大美至美。本条的关键是"邪"。"邪"的主要意思与"正"相对，即邪念，也就是不正的念头。既然不正就不能不掩饰，只要掩饰便会言不由衷，于是便出现虚伪矫饰的情形。而一切虚假和掩饰都无法赢得人心，都与儒家提倡的"诚心"相矛盾。因此，"思无邪"是对于一切虚假、虚伪的否定，是对于《诗经》中所有作品抒情真实性的高度肯定。也是对一切文学作品的要求。

《诗经》中的作品确实是真实感情的抒发与表达。如《诗经·郑风·子衿》吟唱道："青青子衿，悠悠我心。纵我不往，子宁不嗣音？青青子佩，悠悠我思。纵我不往，子宁不来？挑兮达兮，在城阙兮。一日不见，如三月兮。"意为：那位穿着青色大布衫的读书人，你的优雅气质深深打动了我的心。即使我无法前去你那里，你怎么也不给我捎来书信或声音？那位戴着青色玉佩的读书人，你是我日夜思念的好郎君。即使我无法前去你那里，你怎么也不想办法来看看情人？我来回走着不断眺望，就在城墙的门楼上。一天看不见你的身影，就好像三个月那么漫长。通篇语言直白，毫无遮遮掩掩之处。《诗经》中表达愤恨的诗也很多，而最强烈的莫过于《相鼠》："相鼠有皮，人而无仪。人而无仪，不死何为？”居然直接诅咒自己怨恨的人死去，可谓“思无邪”的典型。

德治与法治

子曰：“道之以政①，齐之以刑，民免②而无耻；道之以德，齐之以礼，有耻且格③。”

【注释】

① 道之以政：道，通“导”。以政导之，用行政法规来引导管理百姓。② 免：先秦时若单用免字，一般都是“免罪”“免刑”“免祸”的意思，这里也是如此。③ 格：亲近归附。

【细读】

孔子说：“用行政法规来进行管理和统治，用刑罚来整治规范，老百姓可以免于刑罚，但心中没有耻辱感；用德行教化来进行领导和管理，用礼乐制度来整治规范人的行为，老百姓不但知道耻辱，而且内心也对管理者更加亲近和认同。”

这是两个层次的领导艺术。如果只是强调行政管理，用刑罚来进行统治，即使百姓能够免于刑罚也是被动的，没有内心的自觉意识，只强制规范外在行为并不利于内在道德品性的提高，因此这种管理是低层次的。只有用仁义道德来身体力行，起到表率作用，用道德人格的力量来进行领导，才能使百姓心服口服而自觉为国家或集体出力。《礼记·缁衣》篇说：“夫民，教之以德，齐之以礼，则民有格心。教之以政，齐之以刑，则民有遁心。”用这段话来理解本条，便可清楚“格”的准确含义。通俗讲，如果以德和礼来领导人民，治理国家，就会得到百姓的亲近和认同，就会有凝聚力和向心力，那么这种道德的力量就是无比强大的。而如果以行政和刑罚来治理国家，虽然也能够维持统治，但百姓对国家没有感情，就会离心离德，对于国家事务采取消极逃避的态度。因此后来荀子强调“礼乐刑政”的统一，提出了更为完备的施政大纲。

以德治国是孔子的一贯思想和主张，是儒家思想中理想的政治状态，如果天下人都能够做到这一点，大同世界就实现了。因此，以德治国与以法治国便是两个不同的层次和概念。以德治国，不是没有规矩和法度，而法度的体现是礼，因此礼是双刃剑，本身就有强制的规定性。违犯礼有各种惩罚措施，严重的也要剥夺其生命，因此古代往往称礼法。德的具体内容则是儒家思想的核心——仁义，是博施恩惠，即孟子所提倡的“推恩”，是对于广大社会成员普遍的温情脉脉的人文关怀。国君如果施行仁义，那么提拔的官员也必定是有德之人，官吏士大夫们也必然理解国君的施政方针，也会推行仁义，这样层层以道德力量来进行行政管理，社会成员就会相安无事，天下就会祥和，整个社会就能完美地运转。

经营好生命的各个阶段

子曰：“吾十有五①而志于学，三十而立，四十而不惑，五十而知天命，六十而耳顺②，七十而从心所欲，不逾矩。”

【注释】

① 十有五：十又五。即十五。② 耳顺：郑玄说：“耳闻其言，而知其微旨。”即一听对方的话就知道他的意思。

【细读】

孔子说：“我十五岁开始下决心学习，三十岁而立下志向，建立起人生目标。四十岁不再疑惑，五十岁便能够知道命运对于人生的重要作用，六十岁能够容纳各种意见，能够分辨是非，听到什么都会正确理解而不生气；七十岁随心所欲去做事，都不会违背礼的规定。”这段话被后世广泛引用，对于人们理解人生各个阶段应当达到的认识水平有重要参照价值。实际上这是孔子晚年回顾自己人生道路重要阶段所总结出来的话，是教育学生同时也是自我感慨。完全符合其一生的人生轨迹。

孔子年少时很苦，还未记事儿父亲就死了，是单亲家庭。母亲在他十七岁时也死了，这样他必须通过自己的努力才能生存，才有提高的可能。十五岁也是人真正开始懂事的阶段，是立志向学合理的年龄。而十五岁到三十岁这段时间是人获取知识的黄金时段。“三十而立”一般解释为完全掌握礼的内容，懂礼仪，可以立身，建立人生理想和远大目标。“不惑”紧承前句，即按照既定的人生理想努力前进而不疑惑。人们对于“知天命”的理解不同，说法也很多，其实孔子的意思是说：到了五十岁就真正知道了天命对于人生的作用和道理，故只需做好人生的努力。天命不可预知，故人只应该做好今生之事，不要认为个人可以改变一切。对于太多的偶然性，人无法预知，也是无能为力的。因此，孔子一生不谈论鬼神、不具体探讨命运问题，而是尽最大努力去完善现实生命。孟子提出的“顺受正命”是对孔子这一观点的进一步解释。

“耳顺”则是对人生与现实社会的一切都能够正确认识，不再生气、恼怒了，这确实是一种境界，看透人生世相，就能坦然接受一切。

官员之孝在于守法

孟懿子①问孝。子曰：“无违②。”

樊迟③御，子告之曰：“孟孙问孝于我，我对曰，无违。”樊迟曰：“何谓也？”子曰：“生，事之以礼；死，葬之以礼，祭之以礼。”

【注释】

① 孟懿子：鲁国大夫，三大家族之一，即孟孙氏。② 无违：《左传·襄公二十六年》：“古人凡背礼者谓之违。”认为当时“违”专指违背礼制。③ 樊迟：孔子弟子，姓樊名须，字子迟，比孔子小三十六岁。

【细读】

孟懿子请教孔子怎样才算孝。孔子回答说：“不要违背。”樊迟给孔子驾车，孔子对他说：“孟孙氏询问怎样算尽孝道，我回答说：不要违背。”樊迟问：“您这话是什么意思啊？”孔子说：“父母在世的时候，要按照礼制的要求来赡养；父母去世后，要按照礼制要求来办理丧事和进行祭祀。”

孟懿子是鲁国显赫的大贵族，孟懿子的父亲是孔子的忘年交，是他最早发现孔子的勤奋与高尚的品德，要求两个儿子都向孔子学习。可能正是孟懿子的邀请，使孔子在二十岁左右曾获得一次公费到首都洛阳访学的机会，正是这次访学使孔子见到了老子，二人还留有对话，成为一件中国文化史上的盛事。孔子能够在鲁国站住脚并获得发展机会，都与孟孙氏的关照有关。

应当注意的是，关于仁、孝等问题，孔子在回答不同的提问者时答案也不同，并不做理论思辨方面的回答，而总是回答应该如何去做。本话题针对的也许是孟懿子在生活中僭越礼制的行为，也许是季孙氏、孟孙氏、叔孙氏三家争相扩大自己势力，而削弱鲁国国君权力的行为。总之，孔子的回答是有针对性的。从本条也可以引申出来一个道理，官员的孝道不仅仅是赡养父母，还在于做好官，不做违法乱纪的事。

不让父母操心就是孝

孟武伯[①]问孝。子曰："父母唯其疾之忧。"

【注释】

① 孟武伯：孟懿子的儿子，谥武。

【细读】

孟武伯询问孔子什么才是孝。孔子说："儿子最大的孝心就是各方面行事都能让父母完全放心，只为他的身体担心。"孟武伯询问孔子怎样才算是孝，这是孔子回答他的话。意思是说，一个人行为端正，品德好，不走任何歪门邪道，能够让他的父母完全放心，这就是孝。可能孟武伯是个很勇猛的人，容易惹祸，因此孔子告诉他，别让父母操心就是孝。孔子回答问题很有针对性，不同的人问同样问题，孔子会给出不同的答案。这也是孔子因材施教的具体体现。同时，这一道理对今天的人们也同样适用，自己行为不端，让父母操碎了心，就是不孝。

孝的关键在于敬

子游[①]问孝。子曰："今之孝者，是谓能养[②]。至于犬马，皆能有养；不敬，何以别乎？"

【注释】

① 子游：孔子的弟子，姓言名偃，字子游，比孔子小四十五岁。② 养：赡养。

【细读】

子游问老师什么叫孝。孔子说："如今所谓的孝道，是说能够养活父母就行。但对于狗和马，也同样能够饲养；如果没有尊敬顺从的心理，那么这两者之间用什么来区别呢？"本条的关键之处在于对"至于犬马，皆能有养"这句话的理解。孩子能养父母，也能养犬马，如果只是养活了他们就算孝，而没有内心的敬畏和亲情，那么，养父母和养犬马也就没有什么区别了。

古今一理，如今很多年轻人好像很爱自己的父母，给父母赡养费、为父母提供好的住所，却借口工作忙长时间不去看望父母，去了也是扔点钱、吃顿饭就走，很少与父母沟通，了解他们真正的需求；有的则是心安理得地享受父母照顾家庭和自己的下一代所带来的安逸，不为父母的晚年精神生活真正地考虑。这样的孩子看起来也是在养着父母，并没有抛弃他们，但实际上却没有从心底里为他们着想，给予他们应有的尊重和爱护。这能算是真正的孝心吗？更有甚者，有的人关心自己的宠物更甚于自己的父母。孔子在这里做如此比喻，实际上是说人们对父母在生活上的供给赡养和在感情上的关怀体贴两者缺一不可，而后者更为重要。对于老人来说，舒心比物质条件带来的舒适更为重要。

对父母和颜悦色也是孝

子夏问孝。子曰："色难①。有事，弟子服其劳；有酒食，先生馔②，曾是以为孝乎？"

【注释】

① 色难：《礼记·祭义篇》说："孝子之有深爱者必有和气，有和气者必有愉色，有愉色者必有婉容。"保持如此和气、亲切、愉快的表情必定是发自内心的孝，是最高层次的孝。② 馔（zhuàn）：本义是名词，指饭菜，这里做动词，吃喝。

【细读】

子夏问老师什么是孝。孔子说："儿子在父母面前总保持愉快的表情，这是很难的。有事情，年轻人出力效劳，有酒食饭菜，让年长的人吃，难道这样就能被认为是孝吗？"本条强调真正的孝是对父母发自内心的敬爱，心理情感要通过外在的表情容颜来表现，内外一致才是真正的孝心。否则，有些人虽然也供给父母生活费用，但内心不情愿，甚至流露在表情上，会令父母感到伤心；又或是为父母做了好吃的饭菜，但端给父母时没有好脸色，甚至往桌上一蹾，父母也会非常伤心。故始终和颜悦色是孝道的最高表现。只有不断培养对于父母养育之恩的感恩思想，才能逐渐强化报答父母的愿望，从而真情流露，这才是孝道的根本。

善于聆听

子曰："吾与回①言终日，不违，如愚。退而省其私②，亦足以发，回也不愚。"

【注释】

① 回：颜回，孔子的弟子，姓颜名回，字子渊，鲁国人。比孔子小三十岁。② 退而省其私：回到家里反思他私下里的言行。

【细读】

孔子说："我整天和颜回讨论问题，颜回从来不提反对意见，好像有些愚笨。可是回到家里反思他私下里的言行，也足以启发我，看来颜回并不愚笨。"

从本条来看，颜回是一位沉默寡言的人，他很注意聆听别人的意见，更何况是老师的教导呢？这一点很重要，也是对他人的尊重。在现实生活中，专心聆听也是人际交往中的一种修养，所以颜回在人们心目中是儒雅君子。孔子曾经说，他自从得到颜回，他的弟子们便很团结了，可以看出颜回的凝聚力。颜回是孔子最得意的弟子，同学们也都很佩服他。颜回对于孔子的思想理解最深透，孔子在困于陈蔡时曾先后找子路、子贡、颜回三个学生单独谈话，提问的问题完全一样，而只有颜回最能理解孔子的心，使孔子最满意。颜回是真正的得道者。"不容然后见君子"确实是极为深刻的见解。颜回还是安贫乐道的典范。从《论语》全书及相关记载来看，颜回性格内向，爱思考，很沉默，但思想确实很深刻，多次受到孔子的赞扬。

识人之妙法

子曰："视其所以①，观其所由②，察其所安③。人焉廋④哉？人焉廋哉？"

【注释】

① 所以：所用来。② 由：经由、经过，引申为经历。③ 安：安心，心安理得。④ 廋(sōu)：隐藏、藏匿。

【细读】

孔子说："看他言谈处事所采用的方式与途径，观察他人生轨迹的始末，体察他对什么事情安心和不安心，就可以知道他的为人。人怎么能够掩饰得住呢？人怎么能够掩饰得住呢？"这是孔子教导学生如何观察人的方法，是人生经验之谈，也很实用，可见儒家思想的实用理性特征。的确，从这三个方面就可以考察出人的品性。知人是从事社会活动和人际交往的前提，也是从事行政管理的头等大事。

具备识人的能力是一种大智慧，这样至少可以避免被奸人所骗。中国古代就有相面术，孔子这里虽不属于相面，却有点“神相”或者“心相”的意味，即相由心生，相随心转，都是说从外在的表情和面相上可以看出人的心理活动，从而可以看出人的品格来。这里的“视”“观”“察”便是观察对方的表情，从表情体察其心理，便可以大致了解该人的人品。但这确实需要很强的观察力和宽阔的社会视野。孔子无疑是知人识人的典范，他对于不同弟子采用不同的教育方法，前提便是对于弟子的深入了解。而清代名臣曾国藩在这方面也有独到之处，他善于相面，也善于观察人的心理，故在用人上很明智、很理性，这是他最终取得成功的前提。

温故知新

子曰：“温故而知新[①]，可以为师矣。”

【注释】

① 温故而知新：皇侃《义疏》说：“所学已得者，则温焨之，不使忘失。是月无忘其所能也。知新，则日知其所亡也。”

【细读】

孔子说：“温习过去的知识，使其牢固掌握，再学习新的知识，这样就可以当老师了。”本条是人们耳熟能详的格言，有几层意思，一是要经常温习思考书本上已经掌握的知识，在重新思考时往往会有新的认识，加深并巩固对原有知识的理解。二是重视学习掌握历史经验，从以往的历史中提炼总结经验，推测预知未来的走向和趋势。记录与保存历史经验是中国文化传承的重要手段，因此，中国的历史书内容最为丰富。《资治通鉴》编撰的目的就是从已经取得的经验中悟出新的知识。三是每天要温习学过的知识使之掌握记牢，同时每天还要学习新知识，也就是“日知其所亡，月无忘其所能”。不断温习已有的知识，不断学习新的知识，是人们不断进步的正确途径与方法。

君子重品格

子曰：“君子不器[①]。”

【注释】

① 器：器皿、器物、东西。包咸说："器者，各周其用。至于君子，无所不施。"

【细读】

孔子说："君子不是器物，不是工具。"孔子特别强调人的主体品格，即要求弟子不要成为某一方面的工具，如挣钱的工具，打仗的工具，而要永远保持自己的独立人格和主体判断能力，尤其是科技发达的今天，这一点更加重要。这是"君子不器"的一层含意。另一层含意就是知识和能力的广泛通博，要有很全面的人文修养。孔子的学生中各方面专业人才都有，包括德行、外交、文学、军事、经济、行政管理等方面的专家，可以看出孔子本人知识领域很宽广，社会科学各方面几乎无所不包。

孔子告诉我们，君子是有独立思想和意志的人，要有"苏世独立，横而不流"之品格，与没有思想的器物是完全不同的。《礼记·学记》中说："君子：大德不官，大道不器，大信不约，大时不齐。"同样也提到"大道不器"的观点，可以作为理解本条的参考。

先做后说

子贡问君子。子曰："先行[①]其言而后从之。"

【注释】

① 行：行动。

【细读】

子贡问怎样做才能成为君子。孔子说："先把事情办好然后再说出来。"说得好而做得不好虽然不能说是小人，但肯定算不上君子，而做得比说得好肯定就是君子，因此少说多做永远是做人的原则和经验。子贡比较爱说，好表白自己，所以孔子提醒他要少说多做。当然，子贡是能够说到做到的人，而不是光说不练的假行家和说大话空话的人。但孔子还是提醒他尽量做在前而说在后，因为万一先说了但没有做到就属于说空话了，只要说空话便是失德，便不是君子。这在现实生活中是很重要的，故有现实指导意义。孔子曾经在这方面反复教育弟子们，他提出的"敏于事而慎于言"基本上也是这个道理。但对他的话都不能机械地去理解，应当灵活运用。

君子远离小圈子

子曰："君子周①而不比②，小人比而不周。"

【注释】

① 周：完备周全。② 比：反"从"为比。因为共同私利而相互勾结。"从"是为正义公理而跟随，故二人面向前行。"比"是为私利或不正当利益而跟随勾结，故二人面向后行。

【细读】

孔子说："君子能够公正对待一切人，普遍关怀善待周围的人。小人专门搞小团伙，偏袒徇私而不能公正对待大众。"孔子思想中一直主张公正、博爱，反对徇私，反对行小惠，这种思想也是我们区分现实生活中君子和小人的一个重要标尺。利用职权或者通过施小惠拉帮结伙，都是孔子所说的"比而不周"的行为。

反观社会上一些利益集团形成的各种圈子，进入圈子里的人便可以获取利益，于是便朋比为奸，相互吹捧、相互包庇，而不顾社会公德和其他社会成员的利益。但这种利益集团并不稳固，如同群猴生活在一棵大树上，大树一倒，便"树倒猢狲散"，或共同遭殃。明末大奸臣魏忠贤被迫自杀时，他的党羽便被株连一大片。当今社会反腐工作中，常会出现所谓官场"地震"现象，即一个领导班子集体腐败，出现一个贪官就会连带一大片。这种现象其实就是孔子说的"比而不周"所带来的恶果。以此为标尺来衡量人的德行，对于匡正社会风气有着重要意义。

读书与思考并重

子曰："学而不思则罔①，思而不学则殆②。"

【注释】

① 罔：通"惘"，迷惘，迷惑不解。② 殆：危险。

【细读】

孔子说："如果只知道读书和实践而不进行思考，就会疑惑糊涂；如果只知道思考而不读书和实践，就会很危险。"

孔子非常重视读书和思考，也重视实践，此处的“学”包括读书与实践两层意思。实际上是要求知识和行动的统一，读书和思考的统一。康德说：“感性无知性则盲，知性无感性则空。”是说只有感性认识而没有理性认识就会盲目，只有理性认识而没有感性认识就会空疏，意思与此相同。人生处处都可以学习，也都需要思考。在这个过程中，读书是前提，不读书就不需要思考，也没有思考的方向和问题，只有通过读书才能发现问题、进行思考；但只读书而不思考则无法吸收、判断书中的内容和知识，就达不到读书的效果，二者是相辅相成的，缺一不可。在读书中思考，遇到问题带着思考再去读书，这是一切有成就之人的必由之路。

避免走极端

子曰：“攻①乎异端②，斯③害也已。”

【注释】

① 攻：深入专门研究。② 异端：事物都有正反两个方面，如果站在某一点看对方都是异端。③ 斯：这，代指这种做法。

【细读】

孔子说：“看问题要全面，要有两点论，如果只在一个方面下功夫，那就容易偏激，是有危害的。”仔细体会孔子的思想，他在个人修养方面始终坚持仁义道德，在思想方法方面始终坚持忠恕之道，在社会公德即社会政治方面始终坚持礼乐制度，在处理现实事物方面始终坚持中庸之道。中庸之道是贯穿孔子一生的处世准则。中庸就是把握适度的原则，无论什么事情都有度，过度就有问题。这也体现在他对于学生的评价中。《先进篇》记载：“子贡问：‘师与商也孰贤？’子曰：‘师也过。商也不及。’曰：‘然则师愈与？’子曰：‘过犹不及。’”“过”和“不及”是一样的，因为都超过适中的原则。以中间一点来参照，“过”和“不及”确实是同样性质的，如果程度相同，那么它们距离中间点就相同。“过”和“不及”都需要改正和提高，而“异端”指的是事物两端的一端，是到了极点，更是非常有害的。

不懂绝不装懂

子曰："由[1]！诲女[2]知之乎！知之为知之，不知为不知，是知[3]也。"

【注释】

① 由：孔子学生，姓仲名由，字子路，又字季路。卞（故址在今山东平邑县东北仲村）人，比孔子小九岁。② 女：通"汝"，第二人称，你。③ 知："知"通"智"，聪明智慧。

【细读】

孔子说："子路，我教导你对待知和不知的正确态度吧！知道的就说知道，不知道的就说不知道，这样的态度才是真正的聪明智慧。"

孔子很喜欢子路，但总是批评他。子路为人豪爽，心直口快，有时候没有想好就发表意见，因此孔子总是提醒他要慎重。本条则是在学习态度方面提醒子路。孔子历来强调实事求是，教导子路不要不懂装懂，那样不但别人无法告诉你正确的答案，你自己也不想再学习了，这是人生大敌。知识是无限的，每个人所掌握的知识却很有限，因此即使对有些知识不了解也是正常的。不知道不是耻辱，不懂装懂才是真正的耻辱。这不仅是重要的学习态度，也是做人应该注意的问题。

对于领导干部来说，这种修养尤其重要。一位优秀的领导不一定面面俱到各方面都强，而在于能否正确发挥下属的长处，有效调动他们的积极性。

慎言多闻

子张[1]学干禄[2]。子曰："多闻阙疑[3]，慎言其余，则寡尤；多见阙殆，慎行其余，则寡悔。言寡尤[4]，行寡悔，禄在其中矣。"

【注释】

① 子张：孔子弟子，姓颛名孙师，陈人，比孔子小四十八岁。② 干禄：追求当官挣俸禄。③ 阙疑：怀疑的就不说。 ④ 尤：过错。

【细读】

子张向孔子请教如何当官。孔子说："多听别人说，保留那些有疑问的地方，谨慎说那些可以肯定的地方，这样就会少犯错误；多观察，不干那些有危险的事情，谨慎办那些有把握的事情，就不会失误后悔。说话很少犯错误，办事很少后悔，官职和俸禄就在这里面了。”

子张向孔子请教怎样才能当官拿俸禄，孔子便给出了这样的答案，可见孔子是很关注现实的，并不是专门的学问家，而是积极鼓励弟子们从政。其实，到孔子这里来学习的，多数还是为了谋生，为了当官，专门为修身养性而来的人可以说很少。这样，子张的问话和孔子的回答便很容易理解了。

孔子的话很有指导意义，多听多看，没有把握的话不说，有把握的话也谨慎说，没有把握的事不干，有把握的事也小心认真干，在官场便可以站稳脚跟，这的确是经验之谈。当官不求发达而求不败，如同打仗不求胜利而先求不败，只要不败就有求胜的机会。而且，多干活少说话在任何场合都很重要。有的人就是太爱说、太能说，往往令人讨厌惹人烦，是取败之道。谨言慎行永远都是做人做事最好的原则。

选贤任能则民服

哀公[①]问曰："何为则民服？"孔子对曰："举直错[②]诸枉，则民服；举枉错诸直，则民不服。"

【注释】

①哀公：鲁国国君，姓姬名蒋，定公之子。在位二十七年。②错：放置、安置、废置，引申为废弃、罢黜。

【细读】

鲁哀公问孔子："应该怎样做百姓才能心服口服呢？"孔子回答说："提拔那些正直廉洁的人当官，废黜那些不正派的人，百姓就信服；提拔那些邪佞贪婪的小人当官，罢免那些正直清廉的人，百姓就不信服。"

这是孔子周游列国回到鲁国后回答国君时说的话。孔子主张贤人政治，官吏的提拔任命对于任何时代、任何国家都是非常重要的。即使是对一个小企业来讲，用人是否得当也是其成败盛衰的关键。孔子可谓抓到了治理的关键。大到国家小到企业，只要秩序混乱，群众怨声载道，就肯定是管理出现了严重的问题，管理出现问题的根源则是用人不当。孔子不仅指出了问题，还提出了解决办法，是一种大智慧。这一观点对于古今中外一切管理部门都适用，具有普遍真理性。

唐玄宗李隆基前期英明睿智，所用之人多是贤臣，早期的姚崇、宋璟是和房玄龄、杜如晦齐名的贤相，中期的张九龄、裴耀卿也是名臣贤相。但由于他后来厌政贪图享乐而重用李林甫，才使李唐王朝的政治由开明转向黑暗，其后的杨国忠更是奸佞轻佻，最终酿成安史之乱，这一事件成为唐朝历史乃至中国历史的转折点。这便是用人成败的典型事例。

爱民者民敬

季康子①问："使民敬、忠以劝②，如之何？"子曰："临之以庄，则敬；孝慈，则忠；举善而教不能，则劝。"

【注释】

① 季康子：季孙肥，鲁哀公时为正卿，鲁国当时的权臣。② 忠以劝：以，连词。劝，鼓励、勉励。

【细读】

季康子请教孔子："要使百姓恭敬顺从，尽心竭力而又相互鼓励劝勉，应当怎么做呢？"孔子回答说："你用严肃认真的态度来对待百姓，百姓对于你的命令也会恭敬对待并听从；你对待百姓尊老爱幼，百姓就会尽心竭力地为你效忠；你提拔奖励劳动效率高的人而教育培养那些能力差的人，百姓自然就会相互鼓励和劝勉了。"

这是孔子晚年周游列国回来之后与季康子的对话。季康子是鲁国权臣，在当时的鲁国最有权势，他向孔子请教如何统治百姓，使百姓顺从。孔子的回答很智慧，实际上是要求季康子先做出表率，这样才能得到相应的回报。只有慷慨施与才能得到回报是本条的核心。你对于别人有所要求，前提是你要先施与，这样才能有回报。你尊重百姓，百姓自然也会尊重你；你对百姓仁慈关爱，百姓自然也会尽心竭力为你工作。

最后一句则更有价值。"举善而教不能，则劝"，实际上提到了职业培训问题。"教不能"就是培训指导那些劳动技能差的百姓，人们自然就努力勤勉了。这种思想在春秋时代就出现了，难道不是很进步吗？孔子给出的回答核心依然是推行仁政，用道德感化的力量取得百姓的信任，这种思想实质上深深植根于血缘家庭伦理关系上的父慈子孝、兄爱弟恭，并将其推广到了社会政治方面。

为政不是狭义地当官

或[1]谓孔子曰："子奚不为政[2]？"子曰："《书》[3]云：'孝乎惟孝，友于兄弟，施于有政。'是亦为政，奚其为为政？"

【注释】

① 或：根据前后文可以翻译成有人、有的、有时。

② 为政：从事政治。为，动词。③《书》：先秦时专指《尚书》。

【细读】

有人问孔子："你为何不从事政治？"孔子说："《尚书》上说：'孝道啊，只想着要孝敬父母、友爱兄弟，并把这种感情和关系推及政治方面。'这样就是从事政治啊，什么样的做法才算是从事政治呢？"

古代国和家同样需要维护秩序和进行治理，大家与小国差不多，何况一个国君的家族也是家。这样，对大夫和国君来说，管理家事和管理国事很多内容都是重合的。因此，孔子说教育管理家庭就是从事政治。从历史演进来看，人类从远古时期类似动物的群居逐渐发展到父系氏族，家庭出现，家庭与家庭之间又结合成氏族联盟发展为部落，再到部落联盟，最后发展成小型国家。人际关系首先表现为家庭伦理关系，然后再与政治、政权紧密联系起来。这种观念和感情的依存不断积淀，而有见识的统治者便利用这种观念和意识来强化统治。

因此，孔子整个仁政思想的基础是孝悌，是由个人修养影响家庭，由家庭推及家族，由家族推及部族，再延伸至整个国家的。这便是儒家思想"内圣外王"，"修齐治平"内核形成的社会历史原因。这就是孔子说教育弟子和践行孝悌就是从政的道理，而不是指狭义地当官。

没有信用寸步难行

子曰："人而无信，不知其可也。大车无輗[1]，小车无軏[2]，其何以行之哉？"

【注释】

① 輗(ní)：古代牛车大，车辕前端有横木，连接横木和车辕的部件销子叫輗。② 軏（yuè）：古代马拉的车叫小车，连接车辕和横木的销子叫軏。

【细读】

孔子说："人如果没有信用，真不知道那怎么可以。牛车车辕上没有连接牛鞅子的部件，马车车辕上没有连接马脖子上横木的部件，车怎么能行走呢？"

守信是任何社会群体都要遵守的普遍礼俗和道德规范，是维系社会秩序的关键。讲信用的反面就是说谎造假，造假的结果是相互欺骗，不说谎是道德的最低要求，也是最高要求。《论语》中经常有精妙的比喻，輗和軏是车上连接横木和车辕的销子，也是传动装置的关键，没有此物，车当然不能动弹。人的信用就像輗和軏一样重要，没有信用就寸步难行，这是多么精彩的比喻，多么深刻的议论。

守信是个人成功，也是一切企业成功的关键，这在我们生活中很容易找到许多例证。孔子在提到自己的志愿时，便包括"朋友信之"这样的内容，而曾子的每日三省，第二条便是"与朋友交而不信乎？"他们都把守信作为自己道德自律的内容。

中唐名相裴度在一座寺庙外为一名陌生女子看护一个包裹，女子因太匆忙而忘记来取。裴度第二天早晨还回到那个位置去等，那女子果然又想起来回来找包裹，裴度原封不动地将其奉还，女子大为感动，因为那个小包里有三件价值连城的宝物。当那名女子要给裴度极其丰厚的馈赠时，他坚决不要。后来，裴度进京赶考，不仅进士及第，后来还位极人臣。讲信用的人最易赢得人心，在事业上必定无往不利，而不讲信用的人必定人人远离，最后寸步难行。

由史可推知百世

子张问："十世①可知也？"子曰："殷因②于夏礼③，所损益，可知也；周因于殷礼，所损益④，可知也。其或继周者，虽百世，可知也。"

【注释】

① 世：一代为一世，古代以三十年为一世。② 殷因：殷，地名，故址在今河南安阳，为商朝古都，故商朝也称殷朝，又称殷商。因，因袭、沿袭、继承的意思。③ 礼：即孔子反复强调的礼，即典章制度。④ 损益：减少和增加。

【细读】

子张问老师："今后十代的礼仪制度可以预先知道吗？"孔子说："殷朝沿袭夏朝的礼仪制度，所减少什么和所增加什么，是可以知道的。周朝继承殷朝的礼仪制度，所减少什么和所增加什么，也是可以知道的。有哪个朝代继承周朝，即使是一百代，也是可以知道的。"

这是子张和孔子关于历史发展与未来展望的对话，内容丰富而深刻。孔子多次谈到自己"述而不作"，即强调其继承前代已有的知识和文明，不是自己创造。孔子反复提倡的礼，就是对于西周礼乐制度的恢复和修整。而他认为礼是一代一代流传下来的典章制度，每一代对前代都有所损益，即继承和革新，按照这个逻辑推演下去，百代以后也永远是损益而已。既不能全面继承，也不能全面废除，代代损益而已。这充满了辩证法，睿智而高明。

中国有五千年绵延不断的文明，这是全世界都承认的。而孔子正是生活在这五千年的中间时期，他用毕生精力研究、收集、整理、传述前代两千五百年的优秀文化，使这些文化得以流传下来。在这样的基础之上，当孔子回答弟子子张的问题时，便一语道破未来中国历史三千年的发展走向。

孔子生活的春秋后期，出现礼崩乐坏的趋势，天下动荡不安，战乱频仍，百姓生活在水深火热之中，前景渺茫难测。未来发展趋势是很多人都想知道的问题，于是子张便向老师提出这个疑问：三百年后天下将会是什么样子，老师可以知道吗？孔子的预言绝对不是灵光一现，而是经过深思熟虑的推理。孔子是真心想为普天下的百姓创立太平世界的模式，并永远传承下去，正因为有这种伟大的抱负，孔子一生都在积极追求。他仔细思考天下不安宁的原因，并从历史上寻求规律性的制度和社会状态。离孔子最近的历史便是三代，因此他寻求的只能是夏商周三代的制度，从中寻找最合适、最优秀的文明。他在夏禹后代封国杞找到夏代遗留的历法，在宋国发现了殷商时代的"易"，注意到商朝的车实用简朴。因此当颜回向老师请教如果担任宰相该如何治理国家时，孔子当即回答说："行夏之时，乘殷之辂，服周之冕。"（《论语・卫灵公》）推行夏代的历法，乘坐商朝的车，穿戴周朝的衣服。可以看出孔子对于前代优秀文化的全面继承。

值得深思的是，老夫子的预测是准确的，至少直到今天，中国依旧是三代文明的延续。中国的语言、文字、伦理风俗甚至生活习惯都没有本质的变化。今天的人们之所以能够根据文献推测出古人的生活状况，也是基于这种延续不断的文明。孔子的回答也表现出他对于华夏文化持续发展的坚定自信，这是一种文化自信。

行事不谄媚阿谀

子曰："非其鬼[1]而祭之，谄也。见义[2]不为，无勇也。"

【注释】

① 鬼：古代人死后都称鬼，这里的鬼指祖先。② 义：正义的事情。

【细读】

孔子说："不是自己应该祭祀的鬼神而进行祭祀，就是献媚溜须。看见应该做的事情却袖手旁观，就是怯懦。"上古祭祀的鬼神很多，孔子对这种现象有明确的意见。这里的鬼应当包括天地神灵和祖先，而以祖先为主。孔子提倡每个人都应当祭祀自己的祖先，这是一种深沉感恩的思想感情，是恭敬缅怀感谢先人的恩德。这是中华民族最重要的传统之一，即极端重视家族血缘的传承，并将其转化为潜在的精神动力。很多大家族的族谱可以一直延续两千多年几十代，这在其他任何民族中都是不可能的。

孔子认为，如果不是自己的祖先而去祭祀，就是献媚阿谀，企图谋求额外的幸福，是不应该的，也达不到目的。就像现代社会中，出于各种目的去给不该送礼的人送礼，也是谄媚；如果是送大礼送大钱买官办事，则更是罪过。另外在语言行为上对他人过度奉承或讨好也属于这种情况。盛唐贤相姚崇得病后，一个下级小官来看望他，居然流泪了，但其实他们之前都不太认识。他走后，姚崇感慨道："他的眼泪是怎么流下来的呢？"反而对这个人印象不太好。此人本来想套近乎，以便有机会得到好感而被提拔，结果却恰恰相反。

孔子还在本条中强调了见义勇为，前面祭祀祖先是家族内部的孝悌，见义勇为则是勇于承担社会道义的重担，两个方面共同构成了儒家品格的全部内容，即仁义的具体表现。

八佾篇第三

是可忍也，孰不可忍也

孔子谓季氏[1]，“八佾[2]舞于庭，是可忍也，孰不可忍也？”

【注释】

① 季氏：也称季孙氏，鲁国三大家族之一，势力最大。② 八佾（yì）：古代歌舞，以八人为一行，称一佾，八佾就是八行，共六十四人。

【细读】

孔子说季氏：“他在自己的庭院中就观赏八佾的歌舞，这样僭越的事情他都能忍心做，还有什么样的事情不忍心做呢？”本条可以看出两个问题：一是当时礼崩乐坏的现实，季氏就是大夫，按照天子、诸侯、大夫的等级，在享受礼乐规定上处于第三等级。当时规定，只有周天子才有资格观赏由六十四个人组成的大型歌舞表演，鲁国国君都没资格看，何况是季氏？但季氏就是在自家大院里公开观赏，鲁国国君对此却无可奈何。可见当时政治制度被破坏的程度。二是孔子对于这种情况愤慨、忧虑却没有办法，因为不在其位，而且类似的情况还有很多，是整个天下的问题。当时周天子名存实亡，各诸侯国也都分崩离析，执政能力大有问题，根本控制不了本国的政治局面。强大的晋国不久便被三大家族瓜分，成为韩、赵、魏三国。孔子忧心忡忡的正是这种情况，对季氏大张旗鼓公开僭越礼制的行为进行了批评。在今天看来，观赏由几个人组成的舞蹈似乎用不着分等级，没那么严重，但在当时，这种行为意味着对国君不尊，也反映了当时国内政治局面已经失控。这对于推崇礼乐的孔子来说是不能容忍的。也由此诞生了千古名句："是可忍也，孰不可忍也。"

仁心是礼乐的根本

子曰："人而不仁，如礼何[①]？人而不仁，如乐何？"

【注释】

① 如礼何：怎么能遵守礼？

【细读】

孔子说："人如果没有仁爱之心，还能讲什么礼？人如果没有仁爱之心，还能讲什么乐？"本条强调外在的礼乐形式与内在心理情感的统一性问题。只有具备仁爱的心理，才能自觉遵守礼乐制度，在参加礼仪活动中，在日常生活中都能够自觉按照礼乐的要求来行事。如果内心缺乏仁爱情怀，那么表面文章做得再漂亮也没有什么意义，只能是对于礼乐的破坏和亵渎。故儒家思想的核心内容便是内仁外礼，内在的仁心和外在的遵守礼乐制度结合起来才是人的最起码的修养。本条强调了仁心的决定作用，见解深刻而尖锐。西汉后期王莽表面上遵守礼法最为严格，得到了人们的赞美和统治者的信任，但当权力到手后，便开始篡权，是历史上著名的伪君子。后来白居易的诗中才有了"周公恐惧流言后，王莽谦恭未篡时。向使当初身便死，一生真伪有谁知"的描绘。

夷狄亦知尊君

子曰："夷狄[①]之有君，不如诸夏[②]之亡[③]也。"

【注释】

① 夷狄：泛指少数民族。一般称东方为夷，北方为狄。② 诸夏：指奉行礼制的诸侯国。③ 亡：通"无"。

【细读】

孔子说：“那些少数民族国家还有君主观念，不像中原各华夏民族诸侯国连国君观念都没有。”本条仍是针对当时“礼崩乐坏”的现实发出的感叹，批评中原各华夏族诸侯国不遵守礼制。这里有一个故事，在鲁昭公执政后期，实在忍受不了季平子的专横，便发动国君的卫队包围季平子的住宅想要杀他。季平子看逃不出去，便提出愿意归还封地，搬出曲阜，昭公没有答应。于是季平子拼死一搏，并得到孟孙氏和叔孙氏的支援，结果昭公的军队失败，昭公率领一百多名随从出逃。后来虽经其他诸侯国调停，但昭公始终未能回到鲁国。有华夏文化传承的鲁国居然把国君赶走并在数年内国家没有君主，可见当时国家乱到什么程度了，甚至还不如那些没有经过礼乐熏陶的少数民族国家。

君子无所争

子曰：“君子无所争。必①也射乎！揖让②而升，下而饮③。其争也君子。”

【注释】

① 必：一定。② 揖让：古代射礼，要先揖让登堂。③ 下而饮：射完后，看结果，输的一方下堂后要饮酒。详见《仪礼·乡射礼》。

【细读】

孔子说：“君子没有什么可争的。如果有所争，就一定是比赛射箭吧！相互作揖然后升堂，射完后下来饮酒，在那种竞争中也是彬彬有礼的君子风度。”孔子认为君子不应该主动争什么，如果一定讲争的话，就是射箭。孔子这里所说的“争”是指功名利禄方面的竞争，不是学习和道德修养方面的竞争。

射箭是当时的礼之一。起源于现实生活中的实际技能要求，和御有同样的性质。如果相比较，射的出现肯定先于御，因为最早的狩猎技术之一就是射箭。孔子开设的六门基础课就包括射箭，但实用技术的训练不是最主要的，主要是演练礼仪。因为只要是射箭就存在胜负和技术高低的竞争，但由于是演礼，因此上台相互揖让，下台输者饮酒，文质彬彬。其实，真正的君子不应该在功名利禄上主动争夺，而是应该谦让。无论什么时代，谦让都是美德。对孔子品德的评价便有“温、良、恭、俭、让”之说，其中的“让”便是谦让。孔融让梨的故事能够广为流传，也是因为孔融那么小就具有谦让的品格，实在难能可贵，这是提倡谦让美德的典型事例。

教学相长

子夏问曰："'巧笑倩①兮，美目盼②兮，素以为绚③兮。'何谓也？"子曰："绘事后素。"

曰："礼后乎？"子曰："起予④者商⑤也！始可与言《诗》已矣。"

【注释】

① 倩：容貌美丽。② 盼：眼睛黑白分明。③ 绚：文采美丽。④ 起予：引起我思考，即启发。⑤ 商：子夏名卜商。

【细读】

子夏问道："'巧妙的笑容，酒窝微微动人；美丽的眼睛，眼珠转动有神；洁白的底色，上面色彩缤纷。'这几句诗是什么意思啊？"孔子说："绘画要在白色的素娟上进行，因此要先有洁白的底色，然后才有绘画的过程。"子夏说："这么说，那么礼在后吗？"孔子说："启发我的人就是你卜商啊！现在可以开始和你讨论《诗经》了。"

本条记载了子夏和孔子关于《诗经》中三句诗意义的讨论。孔子认为，一切人类文化都应该用礼来约束，以礼为基础。子夏问孔子那三句夸奖美人的诗是否太夸张了，关键是第三句。孔子的回答还是从诗句原义出发，但很精彩，主要是解答"素以为绚兮"的含意，即素的原色是绘画的前提，先有素才能进行绘画，才能显示出画的文采和美丽。于是孔子用"绘事后素"来回答。意思是说，素是绘画的基础，绘画后才能显示素的可贵。子夏没有回答自己是否明白老师的意思，而是在用询问的口气说："礼在后吗？"孔子马上给予高度的肯定和赞美，其实已经超出了《诗经》诗句原来的意义。子夏的意思是说，绘画好比是各种人文现象或礼仪形式，是在最后的表现形式，而"素"是基础，素便是淳朴的仁义之心，如果没有仁义之心为基础，一切礼仪就都没有了意义。这一点孔子在对话开始时可能并没有想到，是子夏的话提示了他。在白色的底子上才能创作美妙的图画，在淳朴的心灵上才能进行文明的教育，这是多么精彩的议论。从这里也可以看出孔子实事求是、不故作高深的谦谦君子风范。

重视文化继承

子曰："夏礼，吾能言之，杞①不足征②也；殷礼，吾能言之，宋③不足征也。文献④不足故也。足，则吾能征之矣。"

【注释】

① 杞：杞国，夏禹的后代封在杞地，故址在今河南杞县。② 征：验证、证明。③ 宋：商汤的后代封在宋地，即春秋时期的宋国，故址在今河南商丘。④ 文献：据朱熹说，这里的文献包括古代典籍和贤人两项内容，与现代的文献意义不同。

【细读】

孔子说："夏朝的礼仪制度，我能够讲述，但如今杞国的礼仪不足以证实；殷商朝代的礼仪制度，我也能说，但现在宋国的礼仪不足以证实。这是文献资料不足的缘故，如果文献资料充足或者有贤者口述，那么我就能够证明夏朝和商朝的礼仪情况。"

孔子非常重视历史继承问题，孔子自己"好古"，"述而不作"，通过这段话也可印证。孔子直接继承周礼，但周礼肯定是通过对殷商"礼"的损益得来的。而孔子时代距离周公制定礼乐已五百年，西周的礼乐已遭到破坏，孔子生活的鲁国关于礼乐文献应该是很完备的，孔子年轻时曾专程去洛阳查看文献，并会见老子，因此孔子应当是当时掌握周礼的权威。

孔子为了厘清周礼对于前代礼乐制度的继承与变革的关系，曾亲自到夏朝后裔的杞国和殷商后裔的宋国进行考察，很有现代田野作业的味道，这样他就最大限度地掌握了夏朝和商朝礼乐制度的依存，所以他才有把握说三代的典章制度是一脉相承的，这非常关键。礼乐不仅是典章制度，更是文化生活，而文化生活是不能随着时代的改变而发生突变的。中国历史悠久的关键是文化，是建立在文字基础上的共同文化心理和认同感。因此，保存古代文化的精髓，保留传统的优秀部分是任何一个民族获得进一步发展的根本。孔子正是在总结前代优秀文化的基础上极力维护和继承，起到了承前启后的作用。中国五千年文明绵延不断，孔子的作用是非常关键的。

看不下去的祭典

子曰："禘[①]自既[②]灌而往者，吾不欲观之矣。"

【注释】

① 禘（dì）：古代极为隆重的祭祀大典，只有天子才能使用。因为周公旦功绩太大，周成王准许鲁国使用这一大典，其后便延续下来。② 灌：祭祀中第一道程序，即第一次献酒。

【评析】

孔子说："举行禘祭大典的时候，在第一次献酒之后，我就不想往下看了。"本条的意义说法很多，禘是天子之祭，鲁国因为周公的原因一直延续这一大典。从孔子的话来看，孔子可能不止一次参加。但他为何不愿意坚持到最后而在举行第一道程序后就不愿意观看了呢？有人说天子之礼周公时使用是天子特批，以后再用就是僭越，因此孔子不愿意参加到底；也有人说鲁国在君位继承上有一些违背礼制的做法，因此孔子才这样说。前一种原因可能也有，但不重要，重要的是在孔子生活的时代鲁国的几位国君所作所为令孔子失望，而举行这样的典礼则与社会现实反差较大，不大相配。

另外，禘祭是古代最隆重的祭奠，主祭人要斋戒沐浴，参与人都要有满怀虔诚、极其严肃的态度。而当时鲁国政治情况不好，国君没有实权，三大家族把持权力，这样的祭礼可能也只是走一走形式而已。没有虔诚的态度，没有严格的秩序，所以孔子看不下去，才会发出如此感叹。

祭祀要真诚

祭如在，祭神如神在。子曰："吾不与[①]祭，如不祭。"

【注释】

① 与：参与、参加。

【细读】

孔子祭祀祖先时，好像祖先真在那里；祭祀神灵时，好像神灵真在那里。孔子说："我如果不亲自参与祭祀的话，那么即使请别人代替祭祀了，我觉得也好像没有祭祀一样。”本条鲜明而生动地表现出孔子对于祭祀的态度，祭祀活动是增进人们对祖先崇敬和缅怀的情感，从而间接教育人要以先祖先为榜样，兢兢业业做人做事，那么自己将来也可以得到后人的敬仰和祭祀。虽然是潜意识的，但这种感情因素肯定存在，因此孔子反复强调参加祭祀活动时内心情感的重要性，要真诚、敬畏、缅怀、继承、学习，就好像你祭祀的人在看着你一样。这种心理是非常重要的，如果真是这样，又焉能不敬不穆不肃？焉能不获得心灵的洗礼？

高人之间的对话

王孙贾[①]问曰："'与其媚于奥[②]，宁媚于灶[③]'，何谓也？"子曰："不然，获罪于天，无所祷[④]也。"

【注释】

① 王孙贾：卫灵公大臣。② 媚于奥：向处在奥的神灵献媚讨好。奥，古代屋里西南角的位置，比较深邃隐秘，古人认为有尊神在。③ 媚于灶：向灶神献媚讨好。灶，厨房之炉灶，做饭之所。古代认为那里有灶神。④ 祷：祈祷。

【细读】

王孙贾问孔子："'与其讨好巴结屋里西南角的神，还不如去讨好巴结灶王爷'，这句话是什么意思啊？"孔子说："不是这样的，如果得罪了上天，巴结讨好谁都不管用了。"

王孙贾是卫灵公手下的大臣。孔安国解释说："王孙贾，卫大夫。奥，内也。以喻近臣。灶，以喻执政。贾，执政者，欲使孔子求昵之。故微以世俗之言感动之也。天以喻君，孔子拒之，曰：'如获罪于天，无所祷于众神。'"这一解读与原文较为相契。这段对话有点外交辞令的性质，两个人都没有把话说破，但都明白对方的话是什么意思。王孙贾是卫国的执政大臣，处于重要位置，而卫灵公周围的近臣如弥子瑕、雍渠等都处在隐秘处，故王孙贾将近臣比喻为奥神，将自己比喻为灶神，暗示孔子，你靠近和巴结近臣还不如讨好结交我更有用。孔子的回答很巧妙：你说得不对，如果我得罪了国君卫灵公，结交你们谁都白搭。"与其媚于奥，宁媚于灶"应该是当时的俗语，也可以从中看出人们急功近利的心理。孔子离开鲁国开始周游列国时，第一个先到卫国，而且住在了子路的连襟弥子瑕家。王孙贾的这句话有可能暗指孔子交结弥子瑕。而孔子的回答堂堂正正，国君才是最重要的。二人都没有说破，但都明白对方的意思。

周文化精彩完美

子曰："周监①于二代②，郁郁③乎文哉！吾从周。"

【注释】

① 监：通"鉴"。《尚书·酒诰》："人无于水监，当于民监。" ② 二代：指夏、商两个朝代。③ 郁郁：形容文采浓郁。

【细读】

孔子说："周朝借鉴了夏商两代礼乐文化的经验，礼乐制度是多么完美精彩啊！我遵循采纳周朝的礼乐制度。"孔子主张遵循周礼，因为周礼是借鉴了夏、商两代的优秀文化遗产并加以改造充实后建立的更加完备的礼仪文化制度，具有强烈的人文精神和丰富多彩的内容。应该说，西周的礼乐制度是周公姬旦制定的，有极其丰富的内容，是一整套关于国家政治生活、文化生活以及经济制度的规则，具有现实的规范意义和可操作性。西周时期这种礼乐制度得到了遵守，故西周前期基本上没有战争和动乱，天下秩序井然。直到周穆王开始失德，周厉王、周幽王昏庸而不守正道，才出现混乱致使西周灭亡。周平王东迁后，开始出现礼崩乐坏的苗头。孔子生活的时期，礼乐制度还是维持天下大局的主要制度，上层贵族以此来从事政治和文化生活。当时也没有出现新的文化可以取代礼乐，故孔子提出采用周礼的主张。孔子并不是保守的复古派，也不是激进的革新派，而是稳健的文化积累进化论者，这是符合历史发展实际的。

勤奋好问也是礼

子入太庙①，每事问。或曰："孰谓鄹人之子②知礼乎？入太庙，每事问。"子闻之，曰："是礼也。"

【注释】

① 太庙：帝王的祖庙。② 鄹（zōu）人之子：《史记·孔子世家》："孔子生鲁昌平乡鄹邑。" 孔子的父亲叔梁纥曾做过鄹大夫，鄹人指叔梁纥而言。

【细读】

孔子进入太庙时，每件事都要发问。有人就说："谁说鄹地人的儿子懂得礼？他进入太庙后，每件事都要发问。" 孔子听到这些话，说："这正是礼啊！" 本条表现了孔子认真求实的治学精神和谦虚谨慎的治学态度。孔子的父亲叔梁纥死后，孔子的母亲带他回到曲阜城中的阙里居住，离太庙不远。故孔子在孩提时便有机会到太庙去，少年时可能得到帮助而进入太庙，这对于他的成长有着极大的益处。少年或者青年的孔子对于太庙中的知识未必全懂，也未必不懂，他只是在具体的礼仪程式中，在具体的实物面前将自己掌握的知识逐一进行确认。他到东周首都洛阳问礼也是出于对已知知识的确认和补充。这与他提倡的"不耻下问"的精神是一致的。对于他人的耻笑，孔子也能正确对待，用幽默而合适的语言回答。这应当是孔子少年或青年时发生的问答，可见孔子已经比较成熟了。

礼仪射箭求准不求狠

子曰："射不主皮[①]，为力不同科[②]，古之道也。"

【注释】

① 皮：这里指皮制的箭靶。古代箭靶多用皮做，也有用布做的。② 同科：同等。

【细读】

孔子说："比赛射箭，不以是否射穿皮的靶子为准，因为每个人的力气大小不同，自古以来就是这个规矩。"《仪礼·乡射礼》说："礼射不主皮。" 即仪礼上比试射箭不以能否穿破皮靶定胜负，而是看仪态与精准度。既然有专门的"礼射"，就有相对的"军射"，即专门用于军事训练的射箭。可见这种仪式在孔子时代已是由来已久。这种礼仪之射箭与军事训练射箭的目的不同，故不较量力气。孔子这是在指导学生上射箭课时说的话，或者是在礼仪射箭现场说的。通过本条可以了解古代礼仪射箭的比赛规则。

尊君守礼不畏人言

子曰："事君尽礼[1]，人以为谄也。"

【注释】

① 尽礼：完全按照礼制的要求去做。

【细读】

孔子说："侍奉国君，一切都按照礼制规范，别人却以为是在谄媚巴结国君。"春秋时代，天子弱，诸侯强，诸侯不敬天子；诸侯国则君弱臣强，大臣不敬国君。这正是礼崩乐坏的表现，在这种情况下，孔子进宫或面见国君时完全按照礼节进行，在《乡党篇》中我们也可以看到谨慎小心、循规蹈矩的孔子形象。孔子这样做却遭到一些人的攻击，可能认为他巴结逢迎国君，有所企求。这些言论恰恰说明他人不能按照礼制的规定侍奉国君而采用傲慢的态度。孔子不在乎这些，只要是符合礼制，就坚持做下去。只要自己是真心地遵守规矩，不是溜须拍马，问心无愧就行了。其实，不管别人怎么看怎么说，只要是正确的就应该坚持下去。这才是正确的态度和宝贵的品格。

如何处理君臣关系

定公[1]问："君使臣，臣事君，如之何？"孔子对曰："君使臣以礼，臣事君以忠。"

【注释】

① 定公：鲁定公，名宋，昭公之弟，在位十五年（公元前509—前495年）。

【细读】

定公问孔子："国君使用大臣，大臣服侍国君，都应该怎样做？"孔子回答道："国君要按照礼制来使用大臣，大臣对于君主要尽心竭力。"本条是孔子对于君臣关系的根本看法和意见，需要仔细体会分析。鲁定公当时可能是感受到了大臣的威胁，因此问孔子这一问题。鲁昭公在位时，经常受到三大家族即孟孙氏、叔孙氏、季孙氏的轻慢，他非常生气，于鲁昭公二十五年讨伐季氏，想用武力解决。结果关键时刻孟孙氏和叔孙氏都去支援季氏，鲁昭公被迫流亡。八年后死在国外。昭公死，弟弟姬宋立，也就是鲁定公。在这样的背景下提出这样的问题，其实是很难回答的。孔子的回答辩证而智慧，他兼顾到了事情的两个方面。国君处于主导地位，因此他要求国君首先要按照礼的制度来要求和规范自己，按规矩行使权力，领导和支配大臣。而大臣则要尽忠，尽忠不是献身而死，而是尽心尽力。在君臣关系、父子关系方面，孔子历来提倡双方各尽其责，“君君，臣臣，父父，子子”，明确的说法，明确的排序。君要像君，昏君没有资格要求大臣贤良；父亲要先做好父亲，劣迹斑斑的父亲没有资格对儿子提要求。后世提倡的愚忠愚孝都是为适应专制制度而强制实行的，与孔子本来的思想没有丝毫相同之处。孔子的思想中有相当浓厚的民主意识。孔子在回答子路提出的如何“事君”的问题时，明确说“可犯之，勿欺也”，即可以冒犯而不能欺骗，这才是忠。

艺术表现应恰到好处

子曰：“《关雎》①，乐而不淫②，哀而不伤。”

【注释】

① 关雎：《诗经·国风》中的第一篇，是一首爱情诗。② 淫：古人认为凡是过分的都叫淫，祭祀过多叫“淫祀”，雨水过多叫“淫雨”。

【细读】

孔子说：“《关雎》这首诗，快乐而不过分，哀愁而不感伤。”这里提出了艺术表达感情的尺度问题，“乐而不淫，哀而不伤”，无论是快乐或是感伤都要控制在理智的范围之内。因为过度的快乐和悲哀对于人的身心都有害处。这里，理性和情感相互融合、相互浸透、相互调和而妙不可分，感情是真实纯粹的，但却在理性的控制范围之内，这一原则奠定了“温柔敦厚”的诗教传统，并影响到其他文学与艺术领域。后来所说的“发乎情，止乎礼义”也是这种精神。因此，孔子对于《关雎》的评价超出了这首诗本身的意义，具有普遍的引导意义，对后世的诗歌评价和创作都产生了深刻的影响。

既往不咎

哀公问社[①]于宰我[②]。宰我对曰："夏后氏以松，殷人以柏，周人以栗，曰，使民战栗。"子闻之，曰："成事不说，遂事不谏，既往不咎。"

【注释】

① 社：祭祀土神的地方叫社。② 宰我：孔子学生，名予，字子我。

【细读】

鲁哀公问孔子的学生宰我，社庙里都栽植什么树木。宰我回答："夏朝栽松树，商朝栽柏树，周朝栽栗树，栽种栗树意在使百姓战栗恐惧。"孔子听说后，说道："已经做完的事就不要再说，已经实行的事就不要再劝，已经过去的事就不要再追究了。"

由本条可以看出，孔子不赞成令百姓恐惧的宗教式政治，提倡仁爱、孝道并重的行政统治方式，因此对周朝在社庙里栽植栗树这种使百姓畏惧的做法并不赞成，体现了其仁政思想。另外，孔子很重视现实，反对纠缠历史旧账，提倡向前看。栗树问题由来已久，应该是周朝建国后的行为，已经过去了几百年，属于陈年老账，因此就不必再追究了。

"既往不咎"这个词很有意思，"不咎"的意思是虽然那件事本身是错误的，但不再追究了。那件事就是周朝在社庙里不栽松树和柏树，而栽栗子树，意在使民战栗。当然这也许是宰我理解和解释的错误，或许栽栗树的目的是警醒周朝统治者时刻保持警醒战栗的态度，不要像桀纣那样因残暴昏庸而丢了天下。但宰我已经那样回答哀公了，所以孔子没有再做这方面的解释，而是说即使是错误，也不要再追究了。这是大智慧，也是人们处理现实生活中问题的一个带有启示性的观点，即过去的事情不要总是纠缠不放。要向前看，向前走，人生如同行走，总回头看不仅没有意义，还会阻碍前行。

不以私德否定公德

子曰："管仲[①]之器小哉！"

或曰："管仲俭乎？"曰："管氏有三归[②]，官事不摄，焉得俭？"

"然则管仲知礼乎？"曰："邦君树塞门[③]，管氏亦树塞门。邦君为两君之好，有反坫[④]。管氏亦有反坫。管氏而知礼，孰不知礼？"

【注释】

① 管仲：春秋时齐国著名政治家，名夷吾，齐桓公的宰相，政绩突出，辅佐齐桓公称霸。② 三归：指管仲有三个归处，即三个府邸，三个夫人。③ 树塞门：栽大树遮挡住大门，是后世照壁的前身。④ 反坫（diàn）：按照前人注解，是国君在大堂正前方下修的土台，外国国君来时，供两位国君举行会见仪式时放置各种礼器。

【细读】

孔子说："管仲的器量见识太窄小啊！"有人问："管仲节俭吗？"孔子说："管仲有三个府邸三房夫人，他手下的官员都不兼职，编制严重超额，怎么能算节俭呢？"又有人问："那么管仲懂得礼制吗？"孔子说："国君宫门建设照壁，管仲家也建设照壁。国君为了接待外国领导结盟友邦，在大堂设有专门用来接待的司礼台，而管仲家也有这种司礼台。如果说管仲知礼，那么还有谁不知礼呢？"

本条表现了孔子对管仲的看法。孔子说管仲小器，是以高标准来说的。因为管仲有能力和条件干得更好，取得更高的成就。对于管仲俭德和知礼两方面的问题，孔子持批评态度，这正是孔子批评其小器的具体表现。孔子提倡节俭，反对奢侈浪费，管仲的奢侈生活确实应该被批评。关于礼的问题，管仲则有更多僭越之嫌。但如果从《论语》全书来看，孔子对管仲肯定的方面更多，认为管仲"仁"，但不俭，也不知礼，可见在孔子心中，仁比礼更重要。换言之，孔子能够客观对待管仲的历史功绩和个人品格的缺陷，他认为如果一个人对于国家和百姓有大功德，就算他在个人私德方面有一定的缺点也不应该抹杀其功绩。

代天传达旨意的人

仪封人[①]请见，曰："君子之至于斯也，吾未尝不得见也。"从者见之。出曰："二三子何患于丧[②]乎？天下之无道也久矣，天将以夫子为木铎[③]。"

【注释】

① 仪封人：仪，地名，有人说当在今河南开封市内。封人，管理边境事务的官员。② 丧：丧失。③ 木铎：铜质木舌的大铃，古代公家宣布政令时摇动木铎召集百姓。

【细读】

仪地管理边境事务的官员请求孔子接见他，说："凡是有道德的君子来我这里的，我没有不能见到的人。"孔子随行的弟子请求孔子接见了他。他出来后对孔子的弟子说："你们这些人还怕失去什么啊？天下已经混乱无序太久了，上天将以你们的老师作为领袖和导师。"

孔子虽然没有官位，但也不是随便什么人都可以见到的。本条足以证明这一点。这位仪封人是见过世面，见过许多名人的人，从他求见孔子时说的话里可以看出这一点。从地名上看，应当是在孔子周游列国时发生的事。通过仪封人见过孔子之后的评价，可以看出这是一个很有见识的人。"天将以夫子为木铎"是仪封人对孔子从事传播人文文化事业的理解和赞叹，也是他对孔子即将成为文化传播者的充分自信。说明这是一位有眼光和见地的伟大人物，可惜有关他的身份等材料流传下来的太少了。

事物尽美亦应尽善

子谓《韶》①，"尽美②矣，又尽善③也"。谓《武》④，"尽美矣，未尽善也"。

【注释】

①《韶》：也称《韶虞》，古代乐曲名，传说是虞舜向夏禹禅让时演奏的音乐，当时的指挥是夔，音乐非常悠扬祥和，孔子非常欣赏该乐曲。② 美：当指音乐效果而言。③ 善：当指乐曲所表达的内容而言。④《武》：古代乐曲名，又称《武象》，是表现武王伐纣内容的。可能还伴随舞蹈。

【细读】

孔子谈到《韶》的时候，说："美极了，而且也好极了。"谈到《武》的时候，说："美极了，可是还不算最好。"本条专门谈论古代乐曲，折射出了孔子对于音乐的审美观。对于《韶》和《武》在音乐韵律的表现上，孔子都给予了同样高度的评价，都用"尽美"来形容，但对于两者内容的评价则有很大差异。认为《韶》尽善尽美，《武》则"未尽善"。孔子主张以德治国，反对战争，反对使用暴力。从孔子对伯夷和叔齐的赞美上就可隐约看出孔子的政治态度。对于商汤革命和武王伐纣，孔子没有做过正面的回答和阐释，也没有提出过任何反对意见，但他对于昏君深恶痛绝。孔子在《周易正义》“革”卦象辞中说，“天地革而四时成，汤武革命，顺乎天而应乎人”，是对汤武革命的肯定。但此书在春秋战国时期好像未得到学术界的重视，故后来在孟子时期才会有武王伐纣是否合理的谈论。孔子把美和善明确区分开来，对于中国文艺思想的发展有着重要的影响。

为官须有度量

子曰：“居上[①]不宽，为礼不敬，临丧不哀，吾何以观之哉？”

【注释】

① 居上：在上位，当指国君、卿、大夫等地位高的人。

【细读】

孔子说：“处在高高的位置上而不宽宏大量，举行仪礼的时候也不恭敬严谨，参加丧礼的时候也没有悲哀的表情，这种样子我怎么能够看得下去呢？”这是孔子对于身居高位者的严厉批评，三句话批评了三个方面。“居上不宽”是指占据高位的人心胸狭窄，不宽厚慈爱，目光短浅，没有高瞻远瞩的情怀。对于领导干部来说，宽宏大量是非常重要的品格。中国传统戏曲中有一个《打金枝》的剧目，在百姓中非常流行，当年演出很火爆。《打金枝》的剧情是歌颂代宗皇帝处事宽厚，安史之乱中，郭子仪平定叛乱的功劳最大，代宗皇帝把女儿下嫁给了郭子仪的儿子郭暖。小两口因为家庭琐事发生口角，郭暖说了一句很犯忌讳的话，大意是你们家的天下还是我父亲给夺回来的，否则你还当什么公主。公主跑回宫中向父亲代宗皇帝告状。郭子仪听说儿子打了公主，并说出那么犯忌讳的话，吓得够呛，就把儿子绑起来进宫请罪。代宗皇帝不但没有发怒，反而安慰郭子仪道：“不聋不痴，莫作家翁。”表现出他宽宏大度的情怀。在对这个问题的处理上，代宗皇帝不失为一位明君。

“为礼不敬”是指对待严肃的礼乐制度不恭敬，不能严格遵守，谨慎行事。同时也是批评其不能依照礼的规定恭敬对待下级，这也是领导干部的弊病。“临丧不哀”是指参加丧事而没有悲哀的表情，缺乏同情心。

心胸狭窄、办事不认真、临丧而不哀，一点同情心都没有，这样的统治者又怎会得到百姓的拥护呢？

里仁篇第四

居处应选良俗之境

子曰："里①仁为美，择不处仁，焉得知②？"

【注释】

① 里：古代比较基层的居民区。② 知：通"智"。

【细读】

孔子说："住处应选择在充满仁爱的乡里才好，如果不选择在风气好的地方居住，怎么能算得上聪明智慧呢？"本条谈到了人文环境对于人的幸福指数的直接影响与重要作用，因此古人很注意选择邻居。

本条有两层意思，一是尽量选择道德水准高的居住区居住，这在现代社会较难实现，只能选择文明程度相对较高的社区；二是通过本人的道德熏染影响和提高邻里的道德水平，因为人是可以相互感化的。孔子曾经打算移民到夷狄地区即当时文化落后的少数民族地区去，学生们反对，说那里很落后。孔子则回答说："君子居之，何陋之有？"意思是说，虽然那个地方文化落后，但是如果我去居住，又怎么会落后呢？这体现了孔子对于影响教化他人的充分自信。另外，本条也表现出孔子对于现实人生的脉脉温情，这是一个儒家的理想世界。

这里的"里仁"也可以理解为修养自身时内心要处在"仁"的境界里，后面就可以相应地解释为：修养自身如果不选择"仁"的品格，怎么能算得上是智慧的？孟子也多次提到以“仁”为心灵的居处。他的“居天下之广居，立天下之正位，行天下之大道”便是居于仁、立于礼、行于义的意思，而居的正是“仁”，故可以看出孟子认为孔子是“居于仁”的典范。

仁者不随境转

子曰：“不仁者不可以久处约①，不可以长处乐。仁者安仁，知者利②仁。”

【注释】

① 约：贫困。② 利：利用。

【细读】

孔子说：“没有仁义道德的人无法长时间生活在困苦环境里，也无法长时间生活在快乐环境里。仁爱的人安心享受仁，聪明的人追求利用仁。”

这是孔子对于人生世相的深刻观察和总结，强调的是内心仁义的决定作用。如果一个人内心纯正、有仁义之心，那么无论客观生活环境如何变化都不会受影响。反之，这个人则会受到客观生活环境的影响和制约，贫穷时走歪门邪道，偷鸡摸狗、坑蒙拐骗；富有时吃喝嫖赌、挥霍无度。

真正具备高尚道德的君子在贫穷时也能够安贫乐道，孔子曾高度赞美颜回“一箪食，一瓢饮，居陋巷，人不堪其忧，回也不改其乐”的品格；而有智慧的人在富裕发达时则懂得以仁爱之心投入慈善事业。因此，仁者无论是贫穷还是富贵都不会改变自己的美好道德，也正因为能够保持美好道德，故做事通常都会获得成功。

仁者一言九鼎

子曰：“唯仁者能好人①，能恶人②。”

【注释】

① 好人：意动用法，即认为某人好。② 恶人：也是意动用法，认为某人坏。这里有价值判断具有普遍性而被广泛认可成为终审判断的含义。

【细读】

孔子说："只有具备仁义道德的人才能使人获取好名声，能使人留下恶名声。"

关于本条之意，古今说法甚多。概括起来有两种说法：一说只有仁者才能爱人，能厌恶人；一说仁者能够知道别人喜好什么、厌恶什么，然后各从其好恶。笔者认为前者过于主观霸道，任何人都有爱和恨的感情，不能将仁人以外的爱好和厌恶都否定；后者则有揣摩人心而逢迎之嫌。《论语正义》说："凡人用情，多由己爱憎之私，于人之善不善，有所不计。故不能好人恶人也。若夫仁者，情得其正，于人之善者好之，人之不善者恶之，好恶咸当于理。斯惟仁者能之也。"朱熹注曰："惟仁者无私心，所以能好恶也。"意思接近，但未能说明白。其实，孔子的意思是说只有仁者能够对人的道德好坏做出公正的最终裁判，仁者评定好人或坏人，都可以被普遍认同，这样的评判具有权威性。简言之，只有仁者的评价才能确定某人品质的好坏。如孔子高度赞美泰伯，司马迁在《史记》中便将其列为世家第一。孔子高度赞美伯夷叔齐，司马迁在《史记》中便将其列为列传第一。蘧伯玉、子产等都是因为孔子的赞美而名垂史册的，这是很好的例证。这里还需要强调一点，即这里的好、恶是形容词的动词用法，是指人的品质善与恶，而不是个人的爱与憎。

仁者远离恶行

子曰："苟①志于仁矣，无恶②也。"

【注释】

① 苟：假设连词，如果、假如。朱熹注："苟，诚也。" ② 恶：恶事，坏事。

【细读】

孔子说："如果立志走仁义的道路，就不能做坏事了。"孔子反复强调"仁"的重要性，只要内心仁爱向善，则一定不会再做恶事、坏事，因此，人的内心情感和追求是非常重要的。如果一个人决心做善良的人，那么虽然可能还会做错事，但绝不会做坏事。其实，做错事是难免的，不涉及人的品质问题，做坏事则肯定是恶人了。"仁"的道德含意就是善，就是有利于他人，助人为乐，因此如果有志做个仁者，就不会有恶行。颜回便是"仁"的表率，他能够"三月不违仁"，孔子高度赞美颜回，就是这种追求仁的精神。

君子取财有道

子曰："富与贵，是人之所欲也；不以其道得之，不处也。贫与贱，是人之所恶也；不以其道得之，不去也。君子去仁，恶乎[①]成名？君子无终食[②]之间违仁[③]，造次[④]必于是，颠沛[⑤]必于是。"

【注释】

① 恶乎：于何处、怎么。② 终食：吃完一顿饭的工夫。终，竟、尽。③ 违仁：违背仁的要求。④ 造次：急遽，仓促。⑤ 颠沛：马融注："偃仆"是本义，引申为流离奔波，不得安宁。

【细读】

孔子说："发财和升官都是人们希望得到的，但如果不通过正当途径得到，就不能接受。贫困和卑贱，都是人们所厌恶的，但如果不通过正当途经摆脱它们，就不要摆脱它们。君子如果离开仁义，那还怎么成就他的名声呢？君子，没有一时一刻是离开仁义的，在匆忙紧急的时候是这样，在颠沛流离、困苦奔波的时候也是这样。"

孔子一再强调要保持仁义的心性和品质，使其成为一种自觉的行为。"仁"是通过后天教育熏染培养而逐渐形成的思想品质和理性感情，不是先天固有的，也不是外在强加的，其特点是感情与理智的融合与统一。孔子说"性相近，习相远"，先天的"性"其实差别不大，后天的"习"才使其有所区别。因此，教育环境、生活环境、社会环境的影响非常重要。通过本条也可知孔子深察人性，并提出了追求富贵是所有人的共同愿望，但一定要坚定信念，将仁义放在首位，通过正当的方法去获取富贵，如果是损害仁义的富贵则要坚决拒绝。人应该永远记住：道德标准永远都是第一位的，金钱富贵则永远都处于第二位。

观友知其仁

子曰："人之过[①]也，各于其党[②]。观过，斯知仁矣。"

【注释】

① 过：一般都讲解为"过错""错误"，不准确。这里是拜访、结交之意。

② 党：居民区单位。古代一般指团伙，这里不是指职业类型，而是指人格类型、性格类型、道德类型。

【细读】

孔子说："人们去拜访结交的人，分别有自己不同的类型。观察与他交往的人，就可以知道他是不是仁者了。"关于本条很多把"过"解释为"过错"，但是仅观察一个人的过错，是无法知道其品性如何的。而观察其交往的人，则确实可以知道他是否具有"仁"的品性。俗语说，"鲇鱼找鲇鱼，嘎鱼找嘎鱼，虾米找虾米"，就是说什么人找什么人，故通过观察一个人的朋友圈便可以基本了解他的品性和品位。孔子经常在日常生活中教育弟子如何观察人，《论语》中关于这方面的论述不少，本条则是从人与人之间的交往来观察一个人是什么类型，这是非常重要的人生经验。

生命的价值

子曰："朝闻道①，夕死可矣。"

【注释】

① 道：即做人的基本道理。朱熹注："道者，事物当然之理。苟得闻之，则生顺死安，无复遗恨矣。"

【细读】

孔子说："早晨体认了真理，明白了做人的道理，即使晚上就死也没什么遗憾。"这条语录涉及人生价值与生命意义的大问题，联系着生与死两个人生最受关注的点，是一个严肃的话题。如果人浑浑噩噩一辈子，什么也不明白，而且缺乏人的理性意识，就等于白活了一世，这样的人生岂不可悲？而这里"道"的含义是仁义，即自己的一生能否有利于社会，并在这种利他的行为中获得幸福与满足。因此，只有获得"道"并能够实现"道"，生命本身才充实而有意义，即使死亡降临也无所谓了。

人生在世，能够了解生命的价值和规律是最重要的，活着顺应天意，轻松愉快，面对死亡时也会心安理得，即朱熹概括的"生顺死安"，这是一种人生境界。中国历史上著名的民族英雄文天祥在活着的时候以身许国，为国家和民族战斗到了最后，所以在死的时候，也非常从容平和。

温饱足矣

子曰："士志于道，而耻[1]恶衣恶食者，未足与议[2]也。"

【注释】

① 耻：以……为耻。② 议：交谈、讨论。

【细读】

孔子说："如果知识分子立志追求真理，却以粗衣淡饭，生活水平低下为耻辱，那么就不值得跟他讨论什么真理问题了。"孔子生活的年代礼崩乐坏，很多人不择手段地谋求财富，因此孔子特别强调要安贫乐道。在社会秩序混乱的衰世和乱世，往往是不择手段、不知廉耻者得势，而坚守正道者却难以施展才华。也正是在这样的社会环境下，能够坚守仁义正道才更加可贵。

能够坦然面对花花世界，确实需要有很高的境界，而这正是优秀知识分子必须具备的品格。当然，人生首先需要解决温饱问题，如果连温饱都达不到，再谈什么大道理就显得迂腐了。孔子和弟子们基本上是可以维持温饱的，即使颜回只有"一箪食，一瓢饮"，孔子只能"饭疏食，饮水，曲肱而枕之"，也一样有吃有喝，能够维持生命的正常状态，这样就可以通过读书学习追求仁义道德来获得快乐了。

君子无可无不可

子曰："君子之于天下也，无适[1]也，无莫[2]也，义之与比[3]。"

【注释】

① 适：适合、合适。② 莫：没有、不能。③ 比：靠近、并列。

【细读】

孔子说："君子对于天下各种事情，没有什么一定要遵循的规则，也没有什么一定要禁止的规则，只要依据公理和正义来做就是了。"关于本条解释很多，但由于"比"字的存在，便一定是指对于事情的态度而非与人相处。既然是做事的态度，就可以排除远近亲疏的解释。

本条表现了孔子对于具体事物的处理要有灵活性的主张，具有实用理性的特点。对于一切事物既不要盲目排斥，也不要盲目崇拜。对于具体事物，只要是合理的、符合正义的就可以去做。本条所表达的思想与“无可无不可”相似。孔子是个很机智灵活的人，以孔子要去见卫灵公的夫人南子的事为例，这一决定当初遭到了子路的反对，但孔子还是坚持去见。因为见不见南子并不是什么原则性的是非问题，南子在政治方面并没有什么恶行，并且在卫国的政治舞台上还有很大作用，她力邀孔子一见，孔子去见一见又有什么呢？由此可以看出孔子是一位很灵活、很有策略的人。

司法公正最重要

子曰：“君子怀①德，小人怀土②；君子怀刑③，小人怀惠④。”

【注释】

① 怀：思念、关心。② 土：本义指田地，这里引申为生活。③ 刑：古代法律制度称“刑”。④ 惠：恩惠、待遇。

【细读】

孔子说：“君子关心政治是否仁德，小人关心自己的生活待遇；君子关心司法是否公正，小人关心自己能否得到利益。”本条说明了君子和小人的最大区别是其关注点是在公共道德还是个人实惠的方面。道德建设和司法公平是衡量一切社会形态优劣的两大指标，也是关系到社会公平的大问题，因此是君子所关注的。而小人只关心一己之私利。孔子主张施行仁政，主张社会公平，尤其是刑罚一定要公正，这是理想的社会制度最基本的要求。那些目光短浅的人只关心自己的利益和待遇，只要对自己有利就好。中国过去有一句话这样形容商人：“杀头的生意有人做，赔本的生意无人做。”这是很深刻的，现代社会依然如此。毒贩子、人贩子都知道一旦被抓到就有杀头的危险，但依然有人在做，这就是“小人怀惠”的典型。应该说，孔子这句话非常重要，体现了他道德建设和法治建设并重的思想，以前把儒家和法家对立起来的观点是很偏颇的。

利益至上则多怨

子曰:“放[①]于利而行，多怨。”

【注释】

① 放：放纵，引申为完全依据。

【细读】

孔子说:“只是依据利益来行事，一定会招致很多怨言。”利益公平原则是一切社会追求的共同目标，但如果仅从利益角度去考虑，则很难有绝对的公平，也没有办法衡量。况且人在物质利益方面的欲望是无法满足的，因此要有道德约束。如果将物质利益放在第一位，那么大多数社会成员将不择手段、不讲道义，社会风气将会极端恶劣，这样整个社会就会怨声载道，人们的幸福感会消失。

目前，世界最大的弊端，就是利益高于一切而忽略人文关怀。两次世界大战都是为了所谓的国家利益由西方国家发动的。他们打着维护国家利益的旗号公然侵略别的国家。当然，一旦发生战争，最后便会由实力来决定。但是从最长远的历史来看，道德和文化才具有决定的作用。军事、政治都不是最后的决定力量。因此公平、正义、道德才是最重要的，不加强仁义道德建设将会导致社会最大的灾难。

礼让是治国的前提

子曰:“能以礼让为国乎？何有[①]？不能以礼让[②]为国，如礼何？”

【注释】

① 何有：春秋时代的常用词，是“有什么困难”的意思。② 礼让：礼的本质内容含有谦让的意思。

【细读】

孔子说:“如果能够以礼制和谦让治理国家，那还会遇到什么困难呢？如果不能以礼制和谦让来治理国家，那么应该怎样对待礼制啊？”本条讲述了礼和让的关系，礼最本质的内容就是谦让。当人类逐渐走向文明，如何处理人类自己内部关系的问题便成为首要问题。人的欲望没有止境，首先要解决的就是人们之间的物资分配问题，这需要带有契约性的制度来制约，这便成为礼产生的历史根源。荀子说：“礼起于何也？曰人生而有欲，欲而不得，则不能无求，求而无度量分界，则不能不争，争则乱，乱则穷，先王恶其乱也，故制礼义以分之。”孔子的用心了然分明，他认为以利益来引导百姓治理国家是行不通的，一定要以礼治国、以德治国。“礼让”二字要联系起来，依照礼的规矩来谦让，不能离开礼的规定来空谈谦让。儒家也提出了“当仁不让”的观点，这样来全面理解，才能体会孔子的真实思想。当时，争夺国君之位、大夫之位的斗争异常残酷激烈，动辄流血甚至死亡，因此孔子的议论具有强烈的现实针对性。

是金子总会发光

子曰：“不患无位，患所以立①。不患莫己知，求为可知②也。”

【注释】

① 所以立：朱熹注：“所以立，谓所以立乎其位者。”可信。② 可知：可以被他人所知。

【细读】

孔子说：“不要忧虑没有职位，而要忧虑用来谋求职位的本领。不要忧虑没人了解自己，而要努力追求使别人刮目相看的本领。”本条讨论的是个人如何谋求职位的问题，强调了个人的品行与能力。俗语说，是金子总会发光，但历史上确实有优秀人才长期被埋没的情况。君子怀才不遇是常态，故若能坚持正道，不为功名利禄所诱惑才是真君子。凡是通过不正当途径谋求官职的人都会被历史所嘲笑，事实是隐瞒不住的，唯有正道直行才是最好的选择。荀子有一段议论恰到好处地阐释了这一问题：“君子能为可贵，不能使人必贵己；能为可信，不能使人必信己；能为可用，不能使人必用己。故君子耻不修，不耻见污；耻不信，不耻不见信；耻不能，不耻不见用。是以不诱于誉，不恐于诽；率道而行，端然正己，不为物倾侧，夫是之谓诚君子。”颜回也说：“不容然后见君子。”都与此意相近。

忠恕为儒家之道

子曰："参乎！吾道一以贯①之。"曾子曰："唯。"

子出。门人问曰："何谓也？"曾子曰："夫子之道，忠恕②而已矣。"

【注释】

① 贯：贯串、贯通。② 忠恕："中心"为忠，以中正之心对待一切就是忠。"恕"字是会意，"如心"，即用自己的心情去推测体会他人的心情。

【细读】

孔子说："曾参啊！我的思想和学说始终是贯通一致的。"曾参回答："是。"孔子出去后，别的学生问曾子："老夫子说的是什么意思啊？"曾子说："他老人家教育我们的，无非是'忠'和'恕'罢了。"

本条记载了一次生动的对话。当时的情景应该是孔子在屋子里当着其他弟子的面对曾子说的一句话。由于曾子理解孔子这句话的意思，便直接应答，意思是明白了。孔安国说："直晓不问，故答曰唯。"而"忠恕"确实是孔子终生提倡和身体力行的两个方面的德行。"忠"是自己对待事物应有的心理状态，"恕"是在处理与他人关系时要有的心理状态，终生能够奉行此二字者便是真君子。

君子喻于义

子曰："君子喻①于义，小人喻于利。"

【注释】

① 喻：明白。

【细读】

孔子说："君子懂得应当与不应当的道理，小人只知道是否有利可图。"本条引起不少争论。《论语》中君子与小人对举时往往有两种含意，一是从社会地位上分别，二是从道德修养上分别。这里两种意义都讲得通，但孔子的原意究竟是哪一种呢？根据孔子一贯的主张来推断，应该指的是后者，即主要是从道德修养方面来讲的。义、利之辨首先是孔子提出来的，后来孟子在这方面的论述较多，而义、利关系是人生修养与社会统治的原则问题，只有处理好两者关系社会才能和谐。现实社会中，为求利而忘义的行为太多了，大到官员，小到商贩，眼中只盯着自己的一亩三分地，而忘记了社会道义，做了许多不应该甚至危害社会的事。只有彻底改变自己的行为，才能获得真正的富足。孔子在这里强调的是做人做事最基本的道理，也起到警醒世人的作用。

见贤思齐

子曰："见贤思齐①焉，见不贤而内自省②也。"

【注释】

① 思齐：想要与之相等。② 自省：自我反省。

【细读】

孔子说："看到贤良的人，就要想着向他看齐；看见不好的人，就要反省自己有没有那些缺点。"孔子教育弟子，要提高和完善自己的道德修养，就要不断进德修业，时刻反省自己是否有不足的地方，这是人不断提高自我修养的重要途径。现实生活中，人们不应当"见贤思揣焉"，即看见别人贤于自己便嫉妒，便想办法诋毁或者压制。能否"见贤思齐"是检验一个人品质的试金石。不蔽贤才、不妨贤才、不害贤才是最起码的要求，而知贤才、举贤才、荐贤才则是身为君子的首要任务。因此，当仲弓问孔子，如果新到一个部门该如何执政时，孔子给他的三句话便是："先有司，赦小过，举贤才。"可见举贤才是领导干部必须做到的。鲍叔牙因为推荐管仲而千古流芳，徐庶由于"走马荐诸葛"而光照史册，他们都是举荐贤才的榜样。

劝谏父母应恭敬

子曰："事父母几谏①，见志②不从，又敬不违③，劳而不怨。"

【注释】

① 几谏：几，古代几案，是老人休息时身体依凭之器物。几谏指当父母在内宅休息时对其进行

劝谏。② 志：意志，即意见。③ 违：触忤，冒犯，顶撞。

【细读】

孔子说："服侍父母要注意劝谏的方式，要在合适的时候委婉地劝说，发现他们坚决不听从意见，仍要敬重而不违背他们，虽然忧伤但也不要埋怨。"本条讲的是孝道，指出当父母有错误倾向时，儿女不能盲目地绝对顺从，而应该进行劝谏。但在劝谏时应采取正确的对策和态度。"几谏"的意义主要是给父母留面子，不能丧失其尊严。不仅在古代，即使是在今天这一点也值得借鉴，做后辈的既要有明确的是非观念，又要顾及父母的名声；如果不是特别重大的有关国计民生的大问题，就不能宣扬，不能当着别人的面给父母提意见，更不能当众指责父母；当父母不接受意见时，也不要消极抵抗，而是要继续孝敬父母、继续尽心服侍而没有怨言，寻找合适的机会再进行劝谏。

让父母知道你的行踪

子曰："父母在，不远游，游必有方①。"

【注释】

① 方：方向、地方。

【细读】

孔子说："父母在世的时候，做儿女的不应远行。如果出门，也一定要告诉父母要去的地方。"孝敬父母是儒学的出发点。孔子的学说都是针对具体情况建立的，虽然现在社会交通发达，但"游必有方"这一要求仍然非常重要，就是要时刻与父母保持联系，让父母知道你在哪里、情况如何，免得惦念。"儿行千里母担忧，母行千里儿不愁"，儿女在外不与父母联系，时间一长父母主动联系而联系不上时的那种焦躁、惦念的心情是难以名状的。故儿女一定要主动多联系父母，随时告知自己的现状，这也是孝道的一个方面。现在有的孩子动不动就离家出走，更不应该。

不忘为父母庆生

子曰："父母之年[①]，不可不知也。一则以喜，一则以惧。"

【注释】

① 年：指年龄。

【细读】

孔子说："父母的年龄，是不可以不知道的，一方面为他们年高而欣喜，另一方面为他们衰老而担忧。"本条旨在具体培养子女的孝道感情。要求子女时刻记住父母的年龄，为父母高寿健在而欢喜，同时也为他们逐渐衰老而忧虑。孝道不应当仅仅停留在孝心上，而要在具体事情上表现出来。而且这种孝心是有影响和熏陶作用的，如果正当年的子女不孝敬老人，那么就会直接影响自己的后代，等到自己年迈时也很难得到子女的孝敬。俗语说："老猫炕头睡，一辈留一辈。"话糙理不糙，孝道之中是蕴含家风的。记住父母的年龄并且知道父母的生日，并及时给父母过生日，其实是儿女必须做的，因为父母年迈，生日过一个少一个，机会并不是很多。即使不能回家，也应该打个电话或者通过其他方式表示一下，这是最起码的孝心。

言出必行

子曰："古者言[①]之不出，耻躬[②]之不逮也。"

【注释】

① 言：这里指诺言。② 躬：自身、亲身。

【细读】

孔子说："古人不轻易说话许诺，是害怕本身做不到而为自己带来耻辱。"言行一致、诚实守信、说到做到是古今中外概莫能外的基本道德要求，如果没有诚信，其他一切都免谈。因此孔子反复强调，自己所说的话一定要兑现，要少说多做，宁可做到之后再说。一般来说，轻易不要许诺，话不要说满，即使是很有把握也要留有余地，因为会有一些意想不到的情况发生。不轻易许诺是一切仁人君子最起码的道德准则。

轻诺者必寡信，寡信者难取信于人，不能取信于人则难成事。这是经验之谈。《礼记·缁衣》引用孔子的话说："言从而行之，则言不可饰也，行从而言之，则行不可饰也。故君子寡言而行，以成其信。"也是提倡言行一致，提倡尽量少说多做。

自我约束力很重要

子曰："以约[①]失之者鲜矣。"

【注释】

① 约：约束。

【细读】

孔子说："因为约束自己而出现失误的情况是非常少见的。"本条讲人时刻要提醒和约束自己，掌握住度，这样就能避免错误了。约束实际上就是控制的意思，即要时刻控制自己的情绪和言行。常言道，"一失足成千古恨"，失足往往是不能理智地处理事情的结果。《礼记·大学》中说："此谓诚于中，形于外，故君子必慎其独也。曾子曰：'十目所视，十手所指，其严乎！'"在独居的时候依然谨慎行事，仿佛时刻有十双眼睛在看着你，有十只手在指着你。儒家所讲的"慎独"也是自觉自律的意思。

讷于言而敏于行

子曰："君子欲讷[①]于言而敏于行。"

【注释】

① 讷：说话迟钝，少说话。

【细读】

孔子说："君子说话要少，要迟钝些，但做事一定要敏捷爽快。"孔子一贯提倡多干事少说话，认为行动优于语言，要求人表里如一，要求人做得比说得好，这确实都是经验之谈。孔子身体力行教化人们向善，将自己的主张运用到实际生活中并反复实践，体现了儒家的基本精神。因此儒学不仅是理论哲学的思辨，更是实践。其仁义道德的主张被后世称为“体”，对于这些主张的实际运用被后世称为“用”，因为强调终生修行仁的功夫，故与宗教有相通点，这也是儒家学派被称为儒教的原因之一。《学而篇》中“敏于事而慎于言”的说法与此一致。努力工作和劳动本身就近于仁，故勤劳是人的优秀品质之一。

有德者不孤单

子曰：“德不孤[①]，必有邻[②]。”

【注释】

① 孤：孤独、孤单。② 邻：邻居，居住在附近，这里引申为感情上的亲近。

【细读】

孔子说：“有道德的人是不会孤单的，一定会有人来亲近。”人类区别于动物的关键点便是有理性判断，有是非之心。这样便自有公理在，自有正义在，而有德者便是坚持公理与正义的人，那么就一定会得到有社会良知者的拥护和赞同，因此有道德的人肯定会有同道，不会孤单。尤其是现在信息交流畅通，有道德者更容易获得支持和信任。这是社会性公德存在的前提，也是标志。本条也体现了儒学的现实生活指导性，因为人本性中都有向善的基因，都向往美好的道德，因此有道德的人便一定会有同类来主动接近。坚持仁义道德永远是做人成功最关键的因素和前提。何晏对此条有一句经典的评价：“方以类聚，同志相求。故必有邻，是以不孤。”

劝谏有限度

子游曰：“事君数[①]，斯辱矣；朋友数，斯疏矣。”

【注释】

① 数：屡次、多次。这里有琐碎义。

【细读】

子游说：“侍奉国君，如果太琐碎烦扰，就会受到侮辱；对待朋友，如果太琐碎烦扰，就会被疏远。”本条讲的是处理君臣关系和朋友关系的一个侧面，语言上有省略，实际上指的是对于国君和朋友错误的规劝。如果对同一件事反复劝说多次，那么不但不会有效果，反而会招致对方反感。如果是君臣则会受到侮辱，是朋友也会被疏远。这其中涉及主体人格独立的问题，你要独立，那么对方也要独立，你针对一个问题反复提意见，不管你的意见多么正确，对方都会反感，认为你在干涉他的主体人格，因此这样做很不明智。其实，现实生活中应该奉行一个原则，那就是小事糊涂、大事明白。教育孩子亦是如此，什么事都反复唠叨，孩子也不能接受，严重了还会产生逆反心理。对于同一件事或同一种行为，相劝顶多两三次，就是尽到义务了，因为多说是起不到什么作用的。

公冶长篇第五

孔子将女儿嫁给囚犯

子谓公冶长[①]，“可妻[②]也。虽在缧绁[③]之中，非其罪也”。以其子妻之。

【注释】

① 公冶长：孔子弟子，齐人。② 妻：动词，嫁女为他人妻。③ 缧绁（léi xiè）：捆绑犯人的绳索。这里代指被监禁。

【细读】

孔子评论公冶长道：“可以把女儿许配给他做妻子。他虽然在拘禁之中，但那不是他的罪过。”于是他把自己的女儿嫁给了公冶长。孔子的品格很完美，当自己的学生还在被监禁时，便很干脆地把女儿嫁给了他。这既需要很强的是非判断能力，也需要敢于正视现实的勇气。可能孔子的这一举动也有点与当时的黑暗政治抗争的意味。公冶长是个有特殊本事的人，传说他能够听懂鸟语。孔子把女儿许配给公冶长，很可能是孔子的女儿自己愿意嫁给公冶长，而当公冶长被错误监禁时，孔子毅然决然地答应了女儿的请求，同时也解救了公冶长。孔子是不会主观武断地将女儿许配给一个被监禁的人的，这其中一定有许多丰富的细节。

谨慎而有才能最可靠

子谓南容①，“邦有道，不废②；邦无道，免于刑戮”。以其兄之子妻之。

【注释】

① 南容：孔子弟子南宫适，字子容。② 不废：不被废弃，指当官发挥作用。

【细读】

孔子评价弟子南宫子容，“这个人在国家政治清明的时候，不会被荒废，能够发挥作用；在国家政治黑暗的时候，也能够洁身自保而不被刑罚杀戮。”于是把哥哥的女儿嫁给了他。看来南宫子容是一位有才能而又谨慎的人，这样的人非常可靠，因此孔子放心地将侄女嫁给了他。《论语》记载这样的家庭琐事表现了孔子对人评价与选择的标准，有示范意义。孔子有一位同父异母的哥哥叫孔孟皮，腿脚有毛病，或者当时已经去世，故孔子为自己的侄女做主。可以看出孔子是敢于担当的人。

君子品格需培养

子谓子贱①，“君子哉若②人！鲁无君子者，斯焉取斯？”

【注释】

① 子贱：孔子的弟子，宓不齐，字子贱，比孔子小四十九岁。② 若：本义是你，这里指宓子贱。

【细读】

孔子评价宓子贱，“这个人是君子啊！假如鲁国没有君子，这个人的美好品德又是从哪里来的？”宓子贱是孔子的弟子中德行很高的人，孔子在赞美自己弟子的同时也委婉地肯定了自己的德行和教育成果。美好品德不是先天就有的，是由后天环境，尤其是教育环境所决定的。孔子终生从事教育事业便是出于这种认识，当自己的政治主张无法实现时，便寄希望于未来。由弟子的门人，徒子徒孙代代传续下去，斯文便可以不坠地矣。应当强调的是，这是儒学的关键点：即人的仁义道德品性需要培养、教育、熏习，因为“性相近也，习相远也”。后世的“性善说”“性恶说”都是没有真正领会孔子的思想而产生的争论，提出者都是儒家大师，代表人物是孟子和荀子，当然这种争论的产生有时代背景和思维方法的原因。

可爱的子贡

子贡问曰："赐也何如？"子曰："女，器也。"曰："何器也？"曰："瑚琏[①]也。"

【注释】

① 瑚琏：古代礼器，由玉制成。很尊贵。

【细读】

子贡问老师："您看我怎么样？"孔子说："你好比是一种器物。"子贡又问："什么器物？"孔子说："就是宗庙里祭神的礼器瑚琏。"孔子与学生之间的关系很亲密，子贡是孔子最得意的弟子之一。子贡有时会表现出自负的情绪，这从他的话里便能感受出来。他见老师夸奖另外几名同学，便主动问老师自己如何。孔子的回答很巧妙，先将子贡比喻为"器"，子贡可能紧张了一下，因为老师说过"君子不器"的话，于是赶紧问是什么器物。孔子回答是"瑚琏"，瑚琏是宗庙祭祀时才能使用的高贵礼器，当然也象征着子贡的才能和高贵的气质。在幽默中准确地评价了子贡的气质，但与"仁者"还有一定距离。这样，师生对话的情境便活灵活现地表现了出来。

巧言令色惹人烦

或曰："雍[①]也仁而不佞[②]。"子曰："焉用佞？御人以口给[③]，屡憎于人。不知其仁，焉用佞？"

【注释】

① 雍：孔子学生冉雍，字仲弓。② 佞：这里是中性词，指会说话。③ 口给：说起话来滔滔不绝。

【细读】

有人说："冉雍是个仁者，但是口才不好，不能说。"孔子说："何必要能说会道呢？用伶牙俐齿来对付人，次数多了就会被人厌恶。我倒不知道冉雍是个仁者，但何必要巧嘴利舌呢？""佞"就是会耍嘴皮子、会来事、会溜须拍马。孔子注重实际行动而反对空话连篇，反复强调“敏于行而慎于言”，他听到关于冉雍的议论，便发出了这几句感慨。看来孔子对口若悬河、伶牙俐齿之人很反感，这是儒学思想的一贯精神，强调身体力行，强调实践的功夫。可以体会出，孔子对于“仁”的要求是非常高的，他没有给过任何弟子以“仁”的评价，但对“巧言令色”则明确表达了反感之情。

谦虚永远是美德

子使漆雕开仕①。对曰：“吾斯②之未能信。”子说。

【注释】

① 漆雕开：孔子的弟子，姓漆雕，名开，字子开。仕：出仕，当官。② 斯：指前文的“仕”。

【细读】

孔子让漆雕开出去当官。漆雕开答道：“我对于这一点还没有自信。”孔子很高兴。孔子虽然很少处在高位，但他推荐学生做官可能很容易，因此才会有这样的对话。而漆雕开并没有积极响应，表示还要再学习一段时间。孔子之所以高兴，是因为他认为学者不可以满足于小成，而应当追求更高远的目标，故在学习期间便应该专心致志而不急于工作挣钱，而他学生的表现与他的观点相符。孔子在后面还说过学习三年而不想着去挣钱是很不容易的，进一步验证了他的这一观点。而对于漆雕开来说，可以看出他有勤奋好学而不满足的优点，也可以看出他对于仕途很淡漠，这一点得到了孔子的赞美。我们应该了解到，孔子教学的目的也有让学生“干禄”即想办法当官的意图，但最主要的仍是自我人格完善；另外，当时就业形势不错，孔子的很多学生都获得了不错的职位。谦虚永远都是美德，这是应该肯定的。

被误解的幽默

子曰：“道①不行，乘桴②浮于海。从我者，其由与？”子路闻之喜。子曰：“由也好勇过我，无所取材。”

【注释】

① 道：这里指政治主张。② 桴：古人用竹子或木头连在一起，可以在水上划行，大的叫筏，小的叫桴。

【细读】

孔子说："如果我的政治主张不能推行，就乘坐木排，到海上去漂流。能跟随我的，大概就是子路吧？"子路听说后很高兴。孔子说："子路的勇气超过我，就是不知道去哪里弄到制造桴的大木材。"

孔子在处于困境的时候也灰心过，因此才会说出这样的话。儒家的特点是保持独立的人格，当社会黑暗、正义沦丧的时候，宁可退隐山林，也不同流合污。但这是极端无奈的选择，决非他们的本意，而且孔子实际上一天也没有隐居过。最后一句话中孔子与子路之间的幽默，有些解释是子路无可取之处，或者子路不能裁度于事理。笔者认为这是误解，这里引用钱穆先生的解释："由也好勇过我，无所取材：孔子转其辞锋，谓由之好勇，过于我矣，其奈无所取材以为桴何？材，谓为桴之竹木。此乃孔子更深一层之慨叹。既无心于逃世，而无所凭借行道之感，则曲折而更显矣。或曰：材与裁同，子路以孔子之言为实然，孔子美其勇于义，而讥其不能裁度于事理。惟乘桴浮海，本为托辞，何忽正言以讥子路。就本文理趣言，当从前解为胜。""此章辞旨深隐，寄慨遥深。嬉笑婉转，极文章之妙趣。两千五百年圣门师弟子之心胸音貌，如在人耳目前，至情至文，在《论语》中别成一格调，读者当视为一首散文诗玩味之。"评价精彩而准确，真实地表现出孔子的幽默和子路豪爽的性格。

由实际能力评价弟子

孟武伯问："子路仁乎？"子曰："不知也。"又问。子曰："由也，千乘之国，可使治其赋①也，不知其仁也。"

"求也何如？"子曰："求也，千室之邑②，百乘之家③，可使为之宰④也，不知其仁也。"

"赤也何如？"子曰："赤也，束带立于朝，可使与宾客言也，不知其仁也。"

【注释】

① 赋：古代的兵赋。② 邑：从人与田地关系上看，古代人少地多为田，实际上相当于现代的农

村，人多地少为邑，即城镇。从行政关系上看，《左传》（庄公二十八年）云："凡邑，有宗庙先王之主曰都，无曰邑。" ③ 家：春秋时卿、大夫由国君封给一定的地方，由他管理并征收租税，叫采邑，有一定的家兵。④ 宰：主宰，古代一县之长官称宰。大夫家的总管也可以称宰。

【细读】

孟武伯向孔子打听弟子的情况，先问子路是否具有仁德。孔子说："不知道。"他又追问子路到底如何，孔子说："仲由嘛，一个拥有一千辆战车的中等诸侯国，可以让他去领导兵役和军事工作，至于是否具有仁德，那我不知道。"孟武伯又问："冉求怎么样？"孔子说："冉求啊，一千户人口的私人采邑，拥有一百辆战车的大夫的家，都可以交给他管理，当个总管。至于他是否具有仁德，我就不知道了。"孟武伯又问公西赤怎么样，孔子说："公西赤啊，可以让他穿着礼服，站立在朝廷之上，接待宾客并与之交谈。至于是否具有仁德，我不知道。"

这是一段生动的对话。前文提到，孟武伯是鲁国大臣，很有权。可能是他准备提拔几个人，于是到孔子这里来考核。从对话情形看，应该是他与孔子的单独谈话。孟武伯首先问到子路，而且直接问的是仁德，对于"仁"的回答，孔子非常慎重，因此他对自己的弟子都说不知道，其实就是达不到仁者的高度。而且"仁"是思想品德，并不能代表实际能力，可见孔子强调的是"仁"的本体作用，在仁心统率下的实际工作能力才是选拔官员的关键，因此孔子是针对每个学生实际才能来回答孟武伯的问题。由此可见孔门弟子才能的多样性，还可看出孔子对自己的弟子非常了解，是难得的好老师。"万世师表"，名不虚传。

子贡赞颜回

子谓子贡曰："女与回也孰愈[①]？"对曰："赐也何敢望回？回也闻一以知十，赐也闻一以知二。"子曰："弗如也！吾与女弗如也。"

【注释】

① 愈：孔安国注："愈犹胜也。"更胜一筹的意思。

【细读】

孔子问子贡："你和颜回相比，谁更贤良？"子贡回答说："我怎么敢和颜回相比呢？颜回是听到一件事便可以推演出十件事，我是听说一件事只能推演出两件事。"

孔子说："你是不如他，我和你都不如啊！"

子贡的回答并非完全出于谦虚，在理解孔子的思想方面，颜回确实比子路和子贡都高出许多。孔子周游列国极度困难时，曾就同一个问题分别询问这三个人，结果只有颜回的回答水平最高，与孔子本人的想法不谋而合。最后一句，孔子说自己和子贡都不如颜回，一是安慰子贡，二是充分肯定颜回修学进步非常快，更显得孔子谦虚可亲。

朽木不可雕

宰予昼寝。子曰："朽木不可雕①也，粪土之墙不可杇②也；于予与何诛③？"子曰："始吾于人也，听其言而信其行；今吾于人也，听其言而观其行。于予与改是。"

【注释】

① 雕：雕琢刻画。② 杇：木制抹墙工具，当是今日瓦匠找平所用的工具。③ 诛：责备。

【细读】

宰我白天睡觉。孔子说："朽了的木头没有办法雕琢，粪土堆砌的墙壁没有办法粉刷，对于宰我，我还有什么可以说的呢？"孔子说："开始时我对于人，听他说什么就相信他能那样做；如今对于人，我听他说了之后还要看他的行动。对于宰我嘛，我改变了以前的看法。"

这是《论语》中争论较大的一条。"昼寝"一般都解释为睡午觉，可以接受，但笔者认为理解为大白天睡觉更恰当。孔子要求学生奋发上进，自强不息。古代每天两顿饭，没有照明条件，白天的时光特别主要，因此孔子才会对白天睡觉的行为有这样的批评意见。要求学生言行合一，说到做到。至于为什么孔子语气这么重，可能有"恨铁不成钢"的意思。南怀瑾先生的理解也有一定的道理，即宰我身体不好，所以孔子的意思是说，如果不把身体调养好，是没有办法刻苦用功的，就像朽木不可雕琢一样。

无欲则刚

子曰："吾未见刚①者。"或对曰："申枨②。"子曰："枨也欲③，焉得刚？"

【注释】

① 刚：刚强而不可屈服。② 申枨：鲁国人，有人说是孔子弟子申党。③ 欲：这里指有欲望，这种欲望主要指贪欲，或过分偏爱的嗜好。

【细读】

孔子说："我没有见过刚强不屈的人。"有人说："申枨啊！"孔子说："申枨有欲望，怎么会刚强不屈呢？"关于"申枨"的身份说法甚多，包咸只说"鲁人也"。后来有他是孔子的弟子申党、申傥等说法。"无欲则刚"这一著名的成语就是从这里演化出来的。应当指出，人是不可能没有一点欲望的，这里的欲望实际上是指贪欲，即在某一方面超出正常需求的嗜好，也就是欧阳修所说的"智勇多困于所溺"的"所溺"。正常的欲望即使是圣人也不能反对，后来宋明理学提倡的"存天理，灭人欲"，完全扼杀人欲，便有些不近人情了。康有为在为本条作注时说："一有嗜欲，气即馁败，神明消沮。"将"欲"解释为"嗜欲"是很准确的。因为一旦有超出正常需求的欲望，就会有求于人，那么就不可能刚正不阿了。

人只能把握自己

子贡曰："我不欲人之加[①]诸我也，吾亦欲无加诸人。"子曰："赐也，非尔所及也。"

【注释】

① 加：强加，即硬性要求。

【细读】

子贡说："我不想让别人强加给我什么，我也不想强加给别人什么。"孔子说："子贡啊，那不是你能够做到的。"前人对于本条的解释有很多歧义，有人解释本条与"己所不欲，勿施于人"相通，表面上看可以这样解释，但二者却有很大不同。"己所不欲，勿施于人"的主体是我，主动权在我，是说我不愿意的事也不强迫别人去做，这是可以做到的。但子贡说的情况是或然状态，而且更大的主动权在别人手里。孔安国注曰："言不能止人使不加非义于己。"就是说，你没有办法决定别人不强加给你什么东西。因此，孔子立即回答说，那不是你能做到的，因为主动权不在你这里。子贡的要求是合理的，但他只能把握自己而无法要求别人。

内修为本

子贡曰："夫子之文章[①]，可得而闻也；夫子之言性[②]与天道，不可得而闻也。"

【注释】

① 文章：文是文采，章是音乐完成一个单元或一段。先秦时期文章不是文学作品之义，而是指文化艺术方面所有成果与表现。② 性：指人性。

【细读】

子贡说："我们老师关于诗书礼乐文献方面的知识，是可以听到的。但关于人性和天道的言论，是听不到的。"这是理解和把握孔子思想与儒学特点非常关键的一条，后世众说纷纭，也有的将儒学神秘化，说是孔子和几位大弟子有什么秘学心传等。说孔子只是把知识传授给弟子们，而没有把有关人性与天命的秘密直接传授给学生。其实，我们可以从两个方面来看待和理解这个问题。一是孔子不讲无法体验和搞不清楚的问题，只是在具体的日常生活中，在可以感知的人生体验中来指导教育弟子去身体力行，将"仁"与"礼"这些比较抽象的道德内容和行为规范与具体的人生经验相结合，给人以现实可感性，具有可操作的特点；二是孔子并没有搞清楚人性和天命到底是怎么回事。客观地讲，直到今天，也没有人能够真正搞明白这两个问题。孔子所说的"性相近也，习相远也"是对于人性最接近真实的描述，即人本性相近，原本没有什么善恶之分，是后天的环境和教育使之产生了天壤之别。而关于天命，就算孔子感知到了天命的存在，但人是无法对其进行了解和破译的。既然如此，就不必苦苦追寻了。孔子的"五十而知天命"，说的是完全理解天命对于人生的作用，即人努不努力是自己可以把握的，但能否成功还要看天命，这是一个难以破解的问题，因此孔子才不讲。简言之，孔子更注重人内心的道德建设，更注重人类自身文化心理的建构。

做事讲实效

子路有闻，未之能行，唯恐有[①]闻。

【注释】

① 有：通“又”。

【细读】

子路听到一件符合道理和正义的事，但如果还没有去做，便很怕再听到第二件。本条表现了子路勇于实践的精神，生动表现了儒学的社会实践性。子路的可贵之处就在于勇于实践、敢于担当。通过《论语》全书可以感知子路勇敢坦率的性格和积极做事的果敢精神。子路先后在季氏家做过家臣，在孔子执政实施“堕三都”的过程中，子路是具体负责人。可以想象出当时斗争的激烈程度，而“堕三都”的工作也完成了大半，即季氏和叔孙氏采邑的城墙都被成功拆毁。由此可以看出孔子的魄力和子路强大的执行力。因此，子路是孔子弟子中非常能干的人。儒学强调知行合一，子路的这种品格便是在这种学说下培育出来的。

敏而好学，不耻下问

子贡问曰：“孔文子[①]何以谓之‘文’也？”子曰：“敏而好学，不耻下问，是以谓之‘文’也。”

【注释】

① 孔文子：卫国大夫孔圉。文，这里指谥号。

【细读】

子贡问老师：“孔文子依据什么谥号为‘文’呢？”孔子说：“他这个人聪明敏捷而又爱学习，不以向比自己地位低，水平不如自己的人求教为耻辱，因此便封给他‘文’的雅号。”

这里涉及古代谥号与谥法的问题。“文”是谥号，古代重要人物死后，官方根据他生前的行为和人品追封称号。欧阳修谥“文忠”，王安石谥“文正”，韩愈、苏东坡都谥“文”。孔子的回答是对“文”的解释，也是对这种美好品格的赞美。这里的“敏”侧重于聪敏，即聪明机敏、反应快，这样的人往往不好学，爱耍小聪明。“敏而好学”本身就很难得。“不耻下问”的“下”不但包括自己的晚辈、下级，也包括学识不如自己的人，做到这一点必须虚怀若谷、实事求是。人永远都不可能穷尽知识，因此永远都要学习。

行君子之道

子谓子产[①]，“有君子之道[②]四焉：其行己也恭，其事上也敬，其养民也惠，其使民也义”。

【注释】

① 子产：春秋后期郑国宰相，著名贤相，郑穆公之孙，称公孙侨。执政二十二年，很有政绩。② 君子之道：君子的道德品行。

【细读】

孔子评价子产道：“子产有四个方面符合君子的道德行为：他自己总是保持庄严恭谨的态度，对于上级恭敬而尽心竭力，对待养育百姓宽厚恩惠，役使百姓合理公平而适度。”子产是中国历史上著名的政治家之一，具有一定的民主精神。孔子经常在对他人的评价中寄托自己的政治理想。从他对子产的评价中也可看出孔子对于执政者评价的标准和他的执政理想。可惜历史并没有为他提供合适的机会和舞台。子产最著名的政绩之一是不毁乡校，乡校是当时地方上议论品评政治的场所。韩愈有《子产不毁乡校颂》，对子产的民主作风给予极高评价。子产比孔子年长二十多岁，孔子一生未见过子产，但对子产充满敬仰之情，在听到子产去世的消息时，曾经流涕悲伤。

日久见人心

子曰：“晏平仲[①]善与人交，久而敬之。”

【注释】

① 晏平仲：即晏子，名晏婴，齐国贤相，著名政治家。

【细读】

孔子说：“晏平仲善于与人交际，时间久了别人越发敬重他。”朋友之道是五伦之一，对每个人都很重要。朋友与父子、兄弟的关系不同，是因为志趣相投才走到一起的，并非天生的血缘关系，在选择上有很大的自由度，能够长期保持友谊并不容易。要想维护这份友情需要做到两点，一是君子之交淡如水，完全是道义之交，而非功利酒肉之交；二是要经常往来，并保持相互尊敬的态度。这都很重要。常言道“日久见人心”，时间越久便越亲近尊敬，这样的交友之道值得效仿和提倡。晏婴是管仲后齐国著名的贤相，也是中国古代著名的政治家，善于发现人才和提拔人才，最重要的是他们都是出于公心，因此能够得到人们的尊敬。孔子到齐国时，齐景公曾准备重用孔子，但晏婴提出了不同意见，齐景公便打消了这个念头。但孔子并没有怨恨晏婴，照样赞美他，可见其胸怀宽广，对人有公平之心。

不寄望神秘力量庇佑

子曰：“臧文仲居蔡①，山节藻棁②，何如其知也？”

【注释】

① 臧文仲：鲁国大夫臧孙辰。居蔡：居，使居住。蔡，古代称大龟为蔡。② 山节藻棁（zhuó）：节，梁上斗拱。棁，梁上短柱。

【细读】

孔子说：“臧文仲养着一种大龟，专门给大龟建造了豪华的房屋，又雕刻了像山一样的斗拱，还有画着画的梁柱，这怎么能算聪明智慧呢？”先秦时期人们很相信占卜，重大的事情都要用龟卜，于是龟甲便成为重要的象征灵验的宝物，因此“龟玉”连称，都被视为珍宝。将占卜用的龟当成宝贝属于迷信，当然是不理智的行为；给龟修建如此高档的豪宅，严重违背礼制，更是不理智。依靠一种无法掌握的神秘力量来祈求幸福，本身就是愚蠢的行为，因此臧文仲遭到孔子的严厉批评。相比之下，孔子对于天地神祇和祖先才会有这种发自内心的敬畏，并怀着敬畏的心情来谨慎约束自己的行为，而从不寄希望于神灵赐予幸福。

臧文仲是孔子的前辈，是孔子时代前一个世纪左右鲁国的大贵族和执政者，与著名的柳下惠是同一时代的人。他明明知道柳下惠是位贤人而没有提拔重用，曾经遭到孔子委婉的批评。但臧文仲还是比较开明的，当他认识到柳下惠是贤人后，命令当时的史官记录下了当时发生的事情。

仁是最高的品格

子张问曰："令尹子文①三仕为令尹，无喜色；三已②之，无愠色。旧令尹之政，必以告新令尹。何如？"子曰："忠矣。"曰："仁矣乎？"曰："未知，焉得仁？"

"崔子③弑齐君④，陈文子⑤有马十乘，弃而违之⑥。至于他邦，则曰：'犹吾大夫崔子也。'违之。之一邦，则又曰：'犹吾大夫崔子也。'违之。何如？"子曰："清矣。"曰："仁矣乎？"曰："未知，焉得仁？"

【注释】

① 令尹子文：楚国宰相称令尹。子文即斗谷於菟（音 dòu gòu wū tú）。② 三已：三次被停止工作，等于被罢官。③ 崔子：指齐国大夫崔杼。④ 齐君：指齐庄公。⑤ 陈文子：也是齐国大夫，名须无。⑥ 弃而违之：抛弃那些家产而离开齐国。违，背离。

【细读】

子张问孔子："楚国的令尹子文三次出仕担当令尹，也没有高兴的表情；三次被罢免，也没有生气的表情。而且还把自己原任令尹的政事都告诉了新令尹。老师看他做得怎么样？"孔子说："可以说是忠诚了。"问："算是仁吗？"孔子说："不知道，这怎么能算仁呢？"

又问："齐国大臣崔杼杀了齐国国君，陈文子家有十挂大马车的财产，因看不惯崔杼弑君的行为而放弃家产离开齐国；等到了其他国家一考察，就说道：'这里的执政大臣也像我们齐国的崔杼啊！'马上离开了那里。到了另一个国家，又说：'这里的执政大臣也像我们齐国的崔杼啊！'又离开了。您怎么评价他这种行为？"孔子说："是够清廉洁白的了。"又问："他算是仁者吗？"孔子说："不知道，这怎么能算是仁者呢？"

子张想通过老师对前人具体事迹的评价来理解和把握老师的思想，因此先后对孔子提出了两个人物的行为。从孔子的回答中可以看出，孔子对于仁者的要求是相当高的。孔子将仁作为道德本体的最高标准，在孔子心中，"仁"涵盖宇宙、贯通一切，是可以与天地同在的品性。一般的具体表现只能算是"仁"的一个方面。"忠"和"清"已经是很高贵的品格了。又可知孔子对于人和事的评价客观公正，有道德裁判的味道。他对于陈文子的评价很高，但仍没有达到"仁"的高度。后来孟子曾经对古代圣贤有过一段评价，评论伯夷具有"清"的品格，伊尹具有"任"的品格，柳下惠具有"和"的品格，而孔子才是集大成的圣人。可能是受了孔子这段话的启发。

做事三思而后行

季文子[①]三思而后行。子闻之，曰："再[②]，斯可矣。"

【注释】

① 季文子：鲁国大夫季孙行父，孔子生前已去世。② 再：同样的举动进行两次。

【细读】

季文子做事总是要思考三次之后才行动。孔子听说后，说："思考两次就可以了。"季文子是季氏在鲁国长期执政的重要人物之一。季氏起家建立门户，最开始是季友，然后便是季文子、季武子、季平子、季桓子、季康子。和孔子交往最多的是季平子和季桓子，等孔子周游列国回到鲁国后，交往最多的就成了季康子了。季文子人品好，水平也高。其实孔子一向是提倡慎重行事的，本条可能是根据某件具体事情或某种弟子的行为而言的。孔子的观点是有道理的，遇到事情考虑两遍其利害关系或者其他方面的问题就差不多可以做决定了，再多思考反而容易犹豫不决，显得优柔寡断。所以，孔子说思考两遍就可以。但如今这句话好像被误解了，为了强调行事慎重这一点，人们都提醒做事应当"三思而后行"。

大智若愚

子曰："宁武子[①]，邦有道，则知；邦无道，则愚。其知可及也，其愚不可及也。"

【注释】

① 宁武子：卫国大夫，姓宁名俞。

【细读】

孔子说："宁武子在国家政治清明的时候就表现得很聪明，在政治黑暗的时候就表现得很愚蠢。他的聪明可以赶得上，但他的愚蠢无法企及。"

宁武子是卫国大臣，连侍两朝。宁武子在政治清明时表现得很有才干，后来在政治昏暗时也尽量拯救衰败的政治，还能够自保，这确实需要很高的智慧和修养，对一般人来说是很难做到的。孔子一生，固然有坚忍不拔推行仁政主张的一面，但也有在政治黑暗的情况下洁身自好、保身全生的一面，因此他提出了这样充满智慧的做法，但无论何时都要保持人格的独立和清白。当然，需要指出的是，这里的“愚”不是真的愚蠢，而是聪明人懂得衡量利弊，适时保持沉默，甚至装聋作哑，而且这种假装“愚”的行为还不被别人察觉。这是一种大智慧。清代郑板桥曾经说过“难得糊涂”，就是这种做法的一种写照。

弟子不负师恩

子在陈①，曰：“归与！归与！吾党②之小子狂简③，斐然④成章，不知所以裁⑤之。”

【注释】

① 陈：诸侯国名，姓妫，周武王灭殷后，寻求到舜的后代，得妫满，将其封于陈。春秋时期拥有河南开封以东，安徽亳县以北地方。② 吾党：我家乡。党，《周礼》五党为州，五州为乡。这里也含有我的这批弟子的意思，因为孔子弟子不都是鲁国人。③ 狂简：志大言大。狂，本义是一种凶猛的狗，会突然发起攻击。④ 斐然：花纹很漂亮的样子。⑤ 裁：指剪裁。

【细读】

孔子在陈国时说：“回去吧！回去吧！我家乡这批弟子有能力、有志向、有文采，我都不知道该怎么剪裁培养他们了。”朱熹在解释本条时说：“夫子初心，欲行其道于天下，至是而知其终不用也。于是始欲成就后学以传道于来世。”孔子在陈国时很苦闷，鲁国内政也出现了变化，执政大臣季桓子死后，季康子继任执政，派人来召冉求。于是孔子才发出这样的感叹。孔子最大的理想是推行自己的政治主张，推行仁政，恢复周礼，恢复政治秩序，使天下政治走上健康发展的道路。但当时对孔子的主张很感兴趣，并想重用孔子的楚昭王刚刚病死，他已经没有了下一个可以寄托希望的对象，已经预感到“吾道不行”，于是便把希望寄托在传道给弟子，急于回到自己的家乡继续培养弟子。

不念旧恶消人怨

子曰：“伯夷①、叔齐②不念旧恶，怨是用希。”

【注释】

① 伯夷：殷商末期孤竹国国君之长子。② 叔齐：伯夷之弟。

【细读】

孔子说："伯夷、叔齐不记念过去的仇敌，因此别人对他们的怨恨就少。"伯夷是孤竹国国君的长子，孤竹君去世时未明确接班人，伯夷认为弟弟叔齐贤良，便坚决要把国君之位让给叔齐，他也因此成为古代著名的"让国君子"。为了表示让国的决心，他还离国出走了。叔齐见伯夷一定要让自己当国君，坚决不肯。见伯夷出走，便随后跟来。二人投奔西岐，时文王死，武王起兵伐纣。二人扣马而谏，武王不听。周灭商后，二人耻食周粟，饿死于首阳山。

伯夷、叔齐距孔子时代五百年左右，对孔子来说也是古人。孔子对伯夷、叔齐多赞美之词，主要是从礼让方面来评价的。这里赞美其"不念旧恶"应该是指对武王伐纣灭商的行为而言。兄弟二人坚决反对武王伐纣灭商，因为二人与殷商王朝同宗，孤竹国在今辽宁西部地区，应该是殷商民族的先祖所在地，因此其反对武王起兵也有民族感情的成分。但武王灭商后，二人除了不食周粟，采薇而食外，并没有采取激烈的反抗行动，在采薇歌中也是反对"以暴易暴"的做法，而这也是孔子所提倡的。因此，不念旧恶、既往不咎成为儒家精神宝贵的一面。时至今日，也值得我们深思和借鉴。

做事不拐弯抹角

子曰："孰谓微生高①直？或乞醯②焉，乞诸其邻而与之。"

【注释】

① 微生高：人名。孔安国说："微生，姓，名高，鲁人也。"《庄子》《战国策》等书记载有个叫尾生的守信用的人，很多学者认为他就是微生。② 醯（xī）：醋。

【细读】

孔子说："谁说微生高这个人直率真诚？有人向他要点醋，他不直接说自己没有，却向邻居要点给了那人。"孔子很注重人真实正直的品性，反对虚伪，这点从他对于微生高的评价中便可看出。其实，醋不是生活必需品，你没有便直接告诉对方，用不着到邻居家去要来给别人。这样做有点故作姿态充好人而有虚伪的嫌疑，至少是想给对方一个"我是好人"的印象。当然，我们也可以换个角度来思考这个问题，其实微生高的做法在现实生活中并不算错，因为既然那人向微生高要醋，说明这个人和微生高认识或者有交情。而微生高自己家没有，向邻居要点给对方也没有什么不对，这种情况在现实生活中是应该被肯定的。但孔子也没有说微生高是错的，而只是说不算直而已。

以阿谀伪饰为耻

子曰："巧言、令色、足恭，左丘明①耻之，丘亦耻之。匿怨②而友其人，左丘明耻之，丘亦耻之。"

【注释】

① 左丘明：鲁国史官，《左传》和《国语》的作者。② 匿怨：隐藏掩饰怨恨之情。

【细读】

孔子说："花言巧语，满脸献媚的笑容，过分的恭维，左丘明认为那样做是可耻的，我也认为很可耻。怨恨对方，却把怨恨藏在心里，假装和对方交朋友，左丘明认为这种人很可耻，我也认为很可耻。"

孔子强调诚信、真实、庄重，鄙视阿谀逢迎、表里不一的虚伪做法。这似乎也体现了政治与伦理的矛盾，一种普遍的观点认为，伦理上真诚可信的人在政治上往往很难取得成功，甚至无法搞政治；能从事政治的只能是那种圆滑阿谀的人。但笔者认为，不能把政治庸俗化、阴谋化，只要坚信"政治"是真正的"正治"，不搞阴谋、搞权术，最终取得成功的还会是真诚可信的人。因为真诚可信并不意味着没有智慧、处事过刚过直，而是懂得艺术地处理事情，两者并不矛盾。

这是《论语》中孔子唯一提到左丘明的地方，孔子对左丘明非常尊重，二人关系较为密切，观点也很一致。孔子在修撰《春秋》时，左丘明在撰写《左传》，二人可能是同时进行的。左丘明对中国春秋历史的记载是有大功绩的。《古文观止》中前四十多篇文章都出自《左传》和《国语》，都是左丘明所著。

拥有博爱之心

颜渊季路侍①。子曰："盍②各言尔志？"

子路曰："愿车马衣轻裘，与朋友共，敝之而无憾。"

颜渊曰:“愿无伐善[③],无施劳[④]。”

子路曰:“愿闻子之志。”

子曰:“老者安之,朋友信之,少者怀之。”

【注释】

① 侍:陪侍,即孔子坐,弟子站立。② 盍:何不。③ 无伐善:孔安国说:“不自称己之善。”④ 无施劳:孔安国说:“不以劳事置施于人。”即不把自己该做的事推到别人身上。

【细读】

颜回和子路陪侍老师。孔子说:“何不各自谈谈你们的理想和志向?”子路说:“我愿意把自己的车马、裘皮大衣,与朋友共同享用,即使用坏了也不遗憾。”颜回说:“我愿意不夸耀自己对人的好处,不把劳动推到别人身上。表白自己的功劳。”子路说:“愿意听一听老师的志向。”孔子说:“我的志向是使老年人安心,使朋友信任,使年轻人怀念。”

本条记载了孔子和两大高徒子路和颜回谈话的情景,生动逼真。子路率真豪爽的性格表现得淋漓尽致。应当稍加说明的是“衣轻裘”的“轻”字属于衍文,即多出来的字。据考证,汉代《石经》上没有“轻”字,而且“车马衣裘”为古代成语,在其他典籍中也有出现。颜回谦虚谨慎的性格很突出。孔子的三句话充分表现了其注重人文关怀的精神,三句话说到三个年龄段,只有拥有一颗博大的爱心才可以做到这一点。能够使老年人安心,能够取得同年人的信任,能够使年轻人怀念,这需要多么高尚的道德才能够做到啊!能够做到这一点便是拥有了完美的人格。

时时反省自身

子曰:“已矣乎,吾未见能见其过而内自讼[①]者也。”

【注释】

① 自讼:自己在内心中责备自己。

【细读】

孔子说:“唉!算了吧!我没看见有能够认识到自己错误而自我责备的人啊!”《论语》中涉及反省的内容有一个共同特点,即都是以提高自身修养,完善道德为目的，是为了在日后的行动中改进，这样就会少犯错误而提升自己的道德。这与宗教中的“忏悔”“悔罪”有本质的区别。儒家始终追求的是现世的不断进步和完善，而不追求来世和彼岸世界，这是儒家思想最大的特点和亮点。俗话说，“好汉赖自己，赖汉怨别人”，是指遇到事情或者失误时，君子是推功揽过，小人是诿过揽功，敢不敢承担责任实际上就是君子与小人很重要的一个区别。其实，仔细研究，孔子这里所提倡的实际上便是我们现代所说的“自我批评”精神，能够自我批评确实需要自知之明和勇气，是提高道德修养的重要途径。

最深刻的一句实话

子曰：“十室之邑①，必有忠信如丘者焉，不如丘之好学也。”

【注释】

① 邑：这里指普通居民区。

【细读】

孔子说：“只要是有十户人家的地方，就一定会有像我这样忠诚守信用的人，只是不像我这样勤奋学习罢了。”很多人都具备忠信品格，但能做到勤奋好学并将有用的知识发扬光大的不多。这里的学包括文献知识的学问和为人处世的道理以及一切生活技能。学习对每个人来说都是一件益事，是通过对自然人性的加工和修剪，使其成为有用之材。学习也是人不断进步最关键的动力和源泉，是不断提升自己认知能力的最佳途径。从更高层次上说，学习不仅是个人的事，还关系到全人类的进步和发展。勤奋好学确实是使人取得进步最关键的因素。

雍也篇第六

仲弓堪负大任

子曰："雍也可使南面①。"

【注释】

① 南面：面朝南而坐，古代各级长官的座位都是坐北朝南。

【细读】

孔子说："冉雍具有做侯王的资质。""南面"一词至少是诸侯国国君才可以用的。联系孔子一生的遭际以及孔子的其他言谈，可以隐约感觉出孔子自己对没有政治基础而无法施展政治抱负的郁闷，孔子也自恃有治理天下的德行和才能，只是没有这个机会，故他认为自己的弟子有担任国君的才能也在情理之中。

孔子对弟子的才能有充分而准确的认识，他对仲弓评价很高。仲弓是孔子非常器重的弟子，而且确实很有学识和才干。因此孔子认为他完全胜任诸侯国国君的职务，具有可以独当一面的地方领导或者部门领导所具备的能力。这里也可以看出孔子是希望自己的弟子出仕的。这样不仅可以在实践中锻炼学生，也可以推行自己的主张，可谓曲线从政。

做事简而不疏

仲弓问子桑伯子[①]。子曰："可也，简[②]。"

仲弓曰："居敬[③]而行简，以临其民[④]，不亦可乎？居简而行简，无乃大[⑤]简乎？"子曰："雍之言然。"

【注释】

① 子桑伯子：鲁国人，具体难证。但其身份是卿、大夫无疑。② 简：可理解为简单、简明、简易。③ 居敬：平常自己独处时内心严谨恭敬。④ 临其民：对待他的百姓，这里是治理百姓。⑤ 大：通"太"。

【细读】

仲弓向孔子请教子桑伯子这个人怎么样。孔子回答："这个人可以，比较简易。"仲弓说："如果平常自己内心严肃认真，行为谨慎，而用简易的方式来治理百姓，当然可以啊！但如果自己内心简单，行为草率，治理百姓再用简单的方法，不是太简单了吗？"孔子说："冉雍的话对。"

子桑伯子的身份虽然不好确定，但毋庸置疑他是一位成功的执政者，因此仲弓便请孔子评价其执政如何。孔子给予肯定，并说该人的成功主要在"简"，赞美其政令简明而不扰民，这无疑是执政要务之一。而仲弓却从内心之简和行事之简两个方面来探讨问题，对孔子的回答提出一个疑问。其实，孔子的回答只是从执政方面的特点来高度肯定子桑伯子，并没有涉及人的自我处世态度，因此仲弓之问显得多余。孔子不会不知道弟子问的与自己回答的内容不是一回事，但他还是给予了肯定。从仲弓之问可见其求学欲望之强，从孔子之答亦可见其鼓励弟子之心，更显孔子循循善诱的长者形象。

不迁怒，不贰过

哀公问："弟子孰为好学？"孔子对曰："有颜回者好学，不迁怒[①]，不贰过[②]。不幸短命死矣，今也则亡[③]，未闻好学者也。"

【注释】

① 不迁怒：不将怒气转移到他人身上。② 不贰过：郑玄注："有不善，未尝复行。"不犯同样的错误。③ 亡：通"无"。

【细读】

鲁哀公问孔子："你的学生哪个好学？"孔子回答说："我有个学生叫颜回，爱学习，心情不好时也不拿别人出气，从来不犯同样的错误。不幸短命去世了。如今没有这样的人了，再也没听说过这么爱好学习的人了。"

孔子最得意的弟子是颜回，可惜早逝。他"不迁怒，不贰过"的品格给孔子留下了很深的印象。这是两种非常具体的行为要求，看起来很简单，但一般人却很难做到。很多人一遇到烦心事或者受了气，自己不会调整，便容易拿周围人出气，尤其是拿自己最亲近的人出气，实在是不明智。同样的错误不犯第二次也需要有很高的修养和控制力，尤其是当这种错误行为中夹杂着利益诱惑时。从本条也可以看出儒学的"学"侧重于实践和行为的层面，不是空头学问。在日常生活中如果能够做到"不迁怒，不贰过"便是有一定道德修养的人了。达到这两种行为要求并不难，但对有些人来说却很难坚持。有相当一部分人一直都在犯同一种错误，甚至终生都毁在这种错误上。比如有人好赌、有人吸毒，最后都落得家破人亡。所以孔子提倡"不迁怒，不贰过"，做到这两点才是真君子。

君子周急不继富

子华[①]使于齐，冉子[②]为其母请粟。子曰："与之釜[③]。"请益。曰："与之庾[④]。"冉子与之粟五秉[⑤]。

子曰："赤之适齐也，乘肥马，衣轻裘。吾闻之也：君子周急[⑥]不继富。"

【注释】

① 子华：孔子的弟子，姓公西，名赤，字子华，比孔子小四十二岁。② 冉子：指冉有。《论语》中孔子弟子称某子的只有有子和曾子是常称，冉有和闵子骞偶尔这样称。③ 釜：古代容积单位，马融说："六斗四升曰釜。"④ 庾：古代容积单位，包咸说："十六斗曰庾。"⑤ 秉：马融说："十六斛曰秉。"⑥ 周急：周济贫穷紧急之人。

【细读】

孔子的学生公西华出使齐国，冉求替公西华为他的母亲请求粮谷。孔子说："给他六斗四升。"冉求请求再增加一些，孔子说："给他十六斗。"冉求给公西华母亲八十斗。孔子说："公西华出使齐国时，乘坐高头大马拉的车，穿着名贵而轻暖的裘皮大衣。我听说：君子只雪中送炭，不锦上添花。"

关于这里的"釜""庾""秉"究竟都是多少，学者们说法不一，恐怕难以确定。但有一点是肯定的，三者之间是逐渐增加的关系。本条有几个问题值得探讨，其一，孔子当时是什么职位？他怎么会有如此大的权力？公西华出使是代表国家、代表季氏还是代表孔子？如果是代表国家，他母亲的生活补给则应当由国家来负责。这些粟从哪里支付？怎么会由孔子决定？这些问题有待于考证研究。笔者推测，公西华出使他国是代表国家，这项支出很可能是由国家府库来出。冉有在季氏那里当家臣，而且有一定的权力，孔子对季氏一直不满，因此当冉有慷慨多给粮谷时，孔子虽然谈了自己的看法，但并没有严厉批评。其二，本条表现出孔子在如何对待财物支出方面的看法。最后的"周急不继富"是很仁德而有警世意义的名句。如果反过来说，就是"小人继富不周急"，睁大眼睛看看尘世，这种现象不是非常普遍吗？

按劳获酬不固辞

原思为之宰①，与之粟②九百，辞③。子曰："毋！以与尔邻里乡党乎！"

【注释】

① 原思：孔子弟子原宪，字子思。为之宰：替孔子当总管。② 粟：一般解释为小米，代指粮谷。③ 辞：推辞。

【细读】

原宪到孔子的采邑当总管，孔子给他粮谷九百，原宪推辞不肯接受。孔子说："不要推辞，如果有剩余的就给你的邻居乡亲吧！"本条是个生活细节，原宪给孔子当管家，孔子给他开工资。孔子给他的到底是九百石还是九百斗现在已无法考证。这里只需要确定如下情况：一是原宪给孔子家当总管，管理其采邑；二是孔子支付其一定的报酬；三是原宪推辞不要；四是孔子坚持如数支付，如果原宪用不着那么多，可以用来周济其邻居乡亲。至于孔子支付的报酬究竟是多少，不必过分追求，是月薪、季薪还是年薪更无法求证。这里我们只需要思考一件事，就是孔子求实的精神和按劳付酬的思想。既然原宪为我做事付出劳动了，那么我就要按照你的贡献支付相应的报酬，应该给多少就给多少，不能因为我是老师就无偿占有你的劳动。如果你不需要那么多粮食，也应当由你周济你的乡邻。

这其中大有深意：即只要每个人对社会或他人做出贡献，就应当心安理得地领取相应的报酬，不应当不要，因为这样会给别人带来不好的影响，或不具备示范意义。后来子贡出国赎回鲁国人，没有按照规定领取政府补贴金，孔子不但没有表扬，反而批评了他，道理就在这里。该得的就得，不该得的也不苟取，一切以合理、公平为原则，这是儒家思想在分配问题上的主要特点。

君子不问出身

子谓仲弓，曰："犁牛之子骍[①]且角[②]，虽欲勿用[③]，山川其舍诸[④]？"

【注释】

① 骍（xīng）：赤色。② 角：牛角长得好而正。③ 用：这里是用来祭祀神灵的意思。④ 山川其舍诸：山川，山河神灵。诸，之乎的合音。

【细读】

孔子评价仲弓说："耕牛的孩子毛色又红又亮，色彩纯，而且犄角端正，这样好的毛色和品质，虽然不想用它来做牺牲，但山川神灵怎么会舍得它呢？"古代注重祭祀，祭祀用的牲畜叫作牺牲，用来祭祀的活牛都要经过挑选，要毛色好的。冉雍的父亲出身贫贱，但冉雍却天分好而且有修养，孔子非常喜欢他并寄予厚望。可见孔子并不讲血统论，也不保守，而是注重后天的教育。他这样鼓励弟子克服自己的自卑感，实在是令人敬仰的好老师。仅此一点就可以看出孔子对弟子没有贫富贵贱等级的偏见，本条也可以说是"有教无类"的具体事例。耕牛的儿子可以成为被神灵器重的高贵祭祀品，出身贫贱的父亲的儿子当然也有理由成为贵族，只要经过自己的后天努力即可。

时时保有仁德之心

子曰:“回也,其心三月不违仁①,其余则日月至焉②而已矣。”

【注释】

① 违仁:指心里离开了仁德。② 至焉:至,到来,出现。焉,指仁德。

【细读】

孔子说:“颜回几个月的时间里内心不离仁德,其余的弟子只是偶尔有仁德的体验而已。”

这涉及儒家思想的内容、特征等问题。孔子弟子中最能理解和体会孔子思想的人是颜回,虽然在《论语》和其他相关文献资料中看不出颜回有其他方面的杰出才能,但孔子却几次高度赞美颜回,子贡也极其佩服颜回,可以推知颜回定有过人之处。这样就可以知道孔子追求的最高人生境界是在获取人生自我价值的认识之后的一种心灵满足,这种满足是感觉到作为人本身存在的价值融入了自己周围的人际关系中,在对其他人关怀爱护的同时自己也感觉到很幸福。这种幸福是内心的感觉,与外在的物质条件没有必然的联系。

孔子说过“饭疏食,饮水,曲肱而枕之,乐在其中矣”,这与他一再赞美颜回“一箪食,一瓢饮,在陋巷,人不堪其忧,回也不改其乐”的生命状态完全一样。这种快乐一是“闻道”的快乐,二是通过推行自己的主张,使人类社会和谐发展,人们生活在和平幸福之中,从而得到快乐。儒家思想的最本质的内容就是先修养自己,再推己及人,并以天下为己任,在推行仁德的思想和价值观中提升生命的价值。

有所长方能从政

季康子问:“仲由可使从政也与?”子曰:“由也果①,于从政乎何有?”

曰:“赐也可使从政也与?”曰:“赐也达②,于从政乎何有?”

曰:“求也可使从政也与?”曰:“求也艺③,于从政乎何有?”

【注释】

① 果：果断、果敢。② 达：通达，善于变通。③ 艺：才艺。

【细读】

季康子问："子路可以当官治理百姓吗？"孔子说："子路坚决果断，对于他来说，当官治理百姓还会有什么困难吗？"又问："子贡可以当官从政吗？"孔子说："端木赐通达事理，对于他来说，当官治理百姓还会有什么困难吗？"又问："冉求可以当官从政吗？"孔子说："冉求多才多艺，对于他来说，当官治理百姓还会有什么困难吗？"

孔子非常了解自己的学生，也极力推荐他们到社会上去发挥才能。季康子分别询问了子路、子贡、冉有是否可以从政，孔子也分别指出三个人各自的长处，给予肯定。这里体现了孔子看问题的全面性，他分别指出的三名弟子的长处都是能力方面的特点，并非指仁德修养。因为仁德是内在品性，是心理基础，是根本条件，而从政需要的是具体才能。从这里也可以看出，人只有具备一定的长处，才能得到别人的肯定，做出一番事业，所以若想从政，自身修养非常重要。

这段对话可能是在孔子刚刚回到鲁国后不久发生的，可以推测季康子想要起用孔子弟子的意图。但孔子回到鲁国后不久，子路就在卫国去世了，所以子路没有为季康子所用，而冉有和子贡肯定得到了重用。

出仕选贤主

季氏使闵子骞[①]为费[②]宰。闵子骞曰："善为我辞焉！如有复我者，则吾必在汶上[③]矣。"

【注释】

① 闵子骞：孔子弟子闵损，字子骞，比孔子小十五岁。② 费：季氏采邑所在地，故址在今山东平邑东南七十里。③ 汶上：汶水之北。汶水，即山东大汶河。水以阳为北，或者说，水北为阳，阳为上，因此说某水之上就是水之北面。

【细读】

季氏派人请孔子的弟子闵子骞出任自己采邑费地的行政长官。闵子骞对来人说："请替我推辞掉这种职务，如果再有人来请我出任，那么我就一定会在汶水之北了。"

季氏是当时鲁国的权臣，多有僭越之举，孔子对他非常不满。孔子的弟子子路和冉有都在季氏家当过家臣，但并没有到费邑去。季氏派人请孔子的弟子前去当总管，或许是出于要和孔子搞好关系的目的，也可看出孔子的弟子非常有才能。但闵子骞坚决回绝了，原因可能出于对季氏的政治行为不满，不愿意为这样的人办事。这一观点对于后世如何对待出仕问题是一个重要的参考。即出仕也要选择时机、上级或地方，否则就会留下遗憾。

君子安贫乐道

子曰："贤哉，回也！一箪①食，一瓢饮，在陋巷②，人不堪其忧，回也不改其乐。贤哉，回也！"

【注释】

① 箪：古代用来盛饭食的器具。以竹或苇编成，圆形，有盖。② 陋巷：贫困简陋的居民区。

【细读】

孔子说："真有贤德啊，颜回！每天用一只粗糙的竹碗吃饭，用一只水瓢喝水，住在简陋的贫民区，别人忍受不了那样的贫穷和困苦，可颜回依旧不改快乐的心态。真是贤德啊，颜回！"这里涉及一个儒学大问题，即"忧道不忧贫""安贫乐道"的问题。孔子提出追求真理、体认真理是人生的最高境界。颜回因为不断悟得真理，因此对于贫穷不在乎、不忧愁。其实，如果人能够体认到真理，就算只是得到温饱内心便会非常平静，而内心平静就是一种快乐。这就是颜回之乐、儒家之乐，也是现代人应当注意学习并力求达到的一种境界。这也是儒家学说中所谓的"内圣"，通过这种"内圣"的感化教育，并通过礼乐行政的管理与引导，使整个社会的人都达到这种境界，这便是所谓的"外王"。"内圣外王""修齐治平"八个字便是儒家的最高理想和全部修炼内容。

学习忌故步自封

冉求曰："非不说①子之道，力不足也。"子曰："力不足者，中道而废。今女画②。"

【注释】

① 说：通“悦”，喜欢，这里是信服的意思。② 画：截止；停止。何晏《论语集解》引孔安国曰:“画，止也……今女自止耳，非力极。”

【细读】

冉求说:“老师，不是我不信仰您的主张和学说，是我的能力不够。”孔子说:“能力不够的人，是走到中途走不动而停止了。如今你是自己划定界限而不往前走了。”冉求是孔子著名的弟子，在对话中他表示自己信仰孔子的学说，但是孔子的学说对于道德的要求很高，他感到自己能力不足而无法企及，他的话遭到了孔子批评和反驳。任何一种学习和训练都有一定的难度，可能面临各种各样的障碍，但只要坚持就有可能学有所成，而如果连尝试都不肯去尝试，而是自己为自己划定了一个不能达到的界限，就会连一点学成的可能性都没有了。其实孔子也是要求弟子不断学习，不断提升自己的道德修养，并没有给他们设定一个具体的目标。冉求这样说实际有故步自封的意思，也就是孔子批评的“今女画”，是自己给自己划定界限，不肯再前进了。生活中以“能力”“愚笨”为托词而不肯下功夫的人很多，要警惕不要因此而失去了自信，彻底埋没了自己。

做心怀天下的儒者

子谓子夏曰:“女为君子儒！无为小人儒！”

【细读】

孔子对子夏说:“你要做君子型的儒家学者，不要做小人型的儒家学者。”本条中究竟什么是“君子儒”，什么是“小人儒”，说法很多。大概分为三种：一是君子儒以担当天下道义为己任，小人儒以苦苦修炼自己为要务；二是君子儒以求真理正义为宗旨，时刻关注社会人生，小人儒恪守典籍而拘泥于训诂字词之学；三是君子儒气度恢宏，有远大目标，不拘谨于小信、不搞小恩小惠，小人儒则相反。这里提醒子夏不要拘泥于典籍，而要以世道为出发点，心胸要开阔高远。从这句话中也可以感觉到孔子对子夏的殷切希望。孔子死后，对儒家学说的传播贡献最大的实际上要数子夏,《春秋谷梁传》《春秋公羊传》都是子夏的传经弟子所作，成为今天研究《春秋》的重要著作。而《诗经》最主要的传播者也都是子夏的弟子。

做事光明磊落

子游为武城[①]宰。子曰："女得人焉耳乎？"曰："有澹台灭明[②]者，行不由径[③]，非公事，未尝至于偃之室也。"

【注释】

① 武城：鲁国城邑，在今山东费县西南。② 澹台灭明：字子羽，也是孔子的弟子，司马迁《史记·仲尼弟子列传》中记有澹台灭明，从本条看当是孔子后收的学生。③ 径：可以供人或牛马行走的步道或小路。

【细读】

子游担任武城县县令，孔子问他："你在那里有没有得到什么人才？"子游回答道："有位叫澹台灭明的人，他走路从来不走小道，如果不是公事，他从来不到我屋里来。"澹台灭明做事光明磊落、不徇私情，他的行为值得今人效仿。走小道、抄近道、走后门、进内室，这种做法难免有办私事的嫌疑。澹台灭明的这种行为在当时受到如此高的赞美，说明能够这样做的人太少了，应该推广。从这里也可以看出儒家提倡光明正大的品格。子游是孔子弟子中年龄比较小的，孔子死时他还不到三十岁，因此他当县令时只是二十出头，是年轻干部。

有功不居可避祸

子曰："孟之反[①]不伐，奔而殿[②]，将入门，策其马，曰：'非敢后也，马不进也。'"

【注释】

① 孟之反：鲁国人，《左传》（哀公十一年）作"孟之侧"。② 殿：军队撤退时在最后面负责掩护的部队或人。

【细读】

孔子说："孟之反不夸耀自己，在军队败退时他在最后面，将要进城门的时候，他一边打马一边说：'不是我勇敢殿后掩护，而是我的马跑得太慢。'"

本条赞美不居功的美德，这是鲁国抵抗齐国军队的一次战争，鲁军右翼溃败，孟之反在掩护全军安全撤退进城后打马进城，他不炫耀自己的功绩，反而说是因为自己的马跑得慢，确实很可贵。寥寥几笔，便将人物的语言和行为都展示了出来，生动鲜明。不争功是美德，有功而不居更难能可贵，因此孔子赞美他。

孔子赞美孟之反是大有深意的，当时每逢有大的活动，尤其是战争结束后，便有不少人争功，甚至争得不可开交。著名的“二桃杀三士”的故事就是由争功引起的。孟之反一句话就把自己勇敢殿后的功绩轻轻抹去，避免了他人的嫉妒。在现实生活中也是这样，一个人如果能力超群、业绩超群，就一定会引来很多同行同僚的嫉妒。俗语说：“能受天磨真铁汉，不遭人嫉是庸才。”故能够像这样有功不居，便可以避免很多纷争。

为官不惑于巧言美貌

子曰：“不有祝鮀[①]之佞，而有宋朝[②]之美，难乎免于今之世矣。”

【注释】

① 祝鮀：卫国大夫，字子鱼，口才佳，尤其擅长外交辞令。② 宋朝：宋国公子朝，貌美，初仕卫为大夫，通于襄夫人宣姜，又通于灵公夫人南子。

【细读】

孔子说：“如果没有祝鮀那样的伶牙俐齿和宋朝那样的美貌，在今天这样的世道里就难免要寂寞沉沦了。”本条当是孔子在卫国时有感而发，具体背景不详，总的意思是感叹当权者好色不好德。祝鮀因为会逢迎讨好而得到了卫灵公的喜爱，宋朝则因为貌美而得到了南子的宠爱和保护，两个人都不是善人，一个以佞受宠，一个以貌受宠，这样的社会怎么会安定清平呢？这种情况古今中外都常见，可见孔子之叹具有普遍性。今天的社会也有不少人迷惑于一些不学无术的人的巧舌如簧或者美色，对其重用提拔，而冷了那些真正实干者的心，实在是不智之举。

走正途像出入房门一样正常

子曰：“谁能出不由户[①]？何莫由斯道[②]也？”

【注释】

① 出不由户：孔安国注："言人立身成功当由道，譬犹出入，要当从户。" ② 斯道：指仁义道德的人生道路。

【细读】

孔子说："谁能够不通过房门而走出屋子？为什么没有人走这条道呢？" 孔子认为人生要走正确的道路，就像出门一定要通过房门或院门一样天经地义。实际上是比喻人应该走大门、走正途而不能走歪门邪道，而实际上能够做到的人不多，因此孔子才有如此感慨。孔子一生汲汲奔走，极力推行的就是一条看似简单而很多人却难以坚持的人生道路。因为社会动荡不安，人们面临的诱惑太多，人们可以使用的歪门邪道的手段也太多。永远坚持走正路也正是儒家思想的可贵之处。其后孟子在《滕文公下》中说的"居天下之广居，立天下之正位，行天下之大道"就是从孔子这句话延伸出来的。

文雅而不失淳朴

子曰："质①胜文则野，文②胜质则史。文质彬彬③，然后君子。"

【注释】

① 质：朴实、淳朴。② 文：彩色交错。亦指彩色交错的图形。③ 文质彬彬：这里形容人既朴实又文雅，恰到好处。

【细读】

孔子说："质朴超过文采就粗野，文采超过质朴就文绉绉的，只有文采和质朴结合得完美匀称，才是君子。"这是非常有名的论断，要求人要处理好文与质的关系，既不要粗野，大大咧咧，显得很粗俗；也不要故意文绉绉的，显得做作古板。质是指人内在的未经雕琢的淳朴本质，有一种天然的美；文是指因后天接受教育而具备的文化修养，是人类特有的文明表现，也是人区别于动物的地方。做人必须兼顾这两方面，适度才好。但外表的粗鲁或文雅又都是表面上的东西，最关键的是内在品质。人的最佳状态是有很好的文化教养而又不装腔作势，文化水准高又不失纯真朴实才能达到这种文质彬彬的效果。"文质彬彬"今天也成为使用频率很高的成语，是最受人们喜爱的君子风度和气质。

为人真诚不矫饰

子曰："人之生也直①，罔②之生也幸而免。"

【注释】

① 直：正直，真诚，与"曲"相对。② 罔：枉曲，不直。

【细读】

孔子说："人生就应该正直真诚，那些不走正路、虚伪矫饰的人能够生存下来是因为幸运才避过了灾难。"儒家思想提倡真诚真实，而诚心是所有修养的基础，如果不能真诚就不能真实地生活，也不会有真正的幸福感。这既是人生修养的根基，也是人相互交往的基础，实际也是人类实现全面道德社会的前提。只有做到真诚、诚信，人们之间的相处才会融洽。真、善、美是幸福的根源，而真是善和美的基础，离开了真便不会有善和美。虚伪和言不由衷很难获得别人的信任，并且会将很大精力用于修复人际关系，无法获得生存的幸福感。只有自己坦诚友善、富有爱心才能获得别人同样的对待。

享受学习

子曰："知之①者不如好之者，好之者不如乐之者。"

【注释】

① 之：学习。

【细读】

孔子说："对于任何学问和事业，知道努力的人不如爱好的人，爱好的人不如以此为乐的人。"孔子这句话的"之"并没有指定的意义，但根据《论语》全书和孔子的思想，这个"之"应当是指代学习，与后面的"生而知之""学而知之"的"之"同义，这样就可以理解孔子这句话的准确含义。但因为没有确指"之"的内容，又使这句话获得普遍的启发意义。人生艰难，应当依靠自己对于生命意义的体认建立乐观精神。当人们领悟参透生命真谛的时候，就会感到快乐。颜回之乐就是这种快乐。另外，这对于教育也有很好的启发，即填鸭式的教育不会成功，关键在于调动学生学习的自觉性和主动性。因为学生知道学习就不如爱好学习，爱好学习就不如以学习为乐趣。一切教育和学习都是如此。

教育要有针对性

子曰："中人①以上，可以语上也；中人以下，不可以语上也。"

【注释】

① 中人：指智力和学识中等的人。

【细读】

孔子说："中等水平以上的人，可以与他讲上等的知识；中等水平以下的人，不可以与他讲上等的知识。"这是针对教学和谈话对象所发表的意见，很理性。即要从学生的实际水平出发，因材施教，循序渐进，针对不同的对象进行不同内容层次的教育，这是教育科学。现实生活中也是如此，要针对不同水平的对象使用不同的方法，否则便可能会"对牛弹琴"。这里的中人是从知识水平和理解能力两方面而言。孔子在回答弟子的提问时，即使是完全一样的问题，答案也不相同，这类例子在《论语》中随处可见。

勇于担当

樊迟问知。子曰："务民之义①，敬鬼神而远之，可谓知矣。"

问仁。曰："仁者先难②而后获，可谓仁矣。"

【注释】

① 务民之义：之，动词，走向。② 难：困难，劳动。

【细读】

樊迟问怎样做才算是有智慧。孔子说："务必要把全部精力用在引导百姓走正义的道路上，使用百姓合理而适度，尊敬鬼神而远离他们，这是智慧的做法。"樊迟又问怎样才算仁。孔子说："要先付出后得到，遇到困难先上，把获取荣誉放在后面，这就是仁。"

本条是儒家思想在现实社会中实际运用的指导性原则，即使是在今天依然适用，充满了智慧的光辉。大意可以概括为两点：一是重视民心、爱惜民力，引导百姓走上仁义之途；二是尊敬鬼神但要远离鬼神。前者是可以看得见摸得着的，百姓是国家的主体，百姓安则国家安，百姓好则国家好，是典型的民本思想。关于如何对待鬼神的问题，他建议采取敬而远之的态度。

知者乐，仁者寿

子曰："知者乐水，仁者乐山。知者动，仁者静。知者乐①，仁者寿②。"

【注释】

① 知者乐：聪明的人生活得快乐。② 仁者寿：具有仁德的人长寿。

【细读】

孔子说："聪明的人喜欢流水，仁爱的人喜欢山。聪明的人喜欢运动，仁爱的人喜欢安静，聪明的人快乐，仁爱的人寿命长。"

这是孔子对人生境界的精彩比喻。仁者宽厚、可靠、稳定、巩固，如同山岳；聪明人敏捷、快活、灵动、喜欢不断发展变化，如同流水。智者在不断处理事物的过程中获得乐趣，而仁爱之人心境平和，故能够长寿。将人的某种品德与山水联系起来，既有比喻的意蕴，也有回归自然的意蕴，因此这段议论也充满了美感，成为中国美学思想的重要论断。

治国贵在变革

子曰："齐一变①，至于鲁；鲁一变，至于道②。"

【注释】

① 变：这里有变革的意思。② 道：儒家最理想的人类生活图景就是大道。

【细读】

孔子说："齐国如果进行变革，就可以达到鲁国的道德水平；鲁国如果进行变革，就可以达到理想境界了。"这是孔子政治理想的具体表达，表现出他对于变革的向往。他希望通过变革来推进社会进步，当然这种变革具体是什么内容并未说清楚，于是后人便有不同的说法。鲁国是周公的封国，周公是制定礼乐制度的人，鲁国对于礼乐制度的保存在当时各诸侯国中算是最多的，因此孔子把恢复周礼的希望寄托在鲁国，其次便是鲁国的近邻齐国。孔子说这句话时，可能还没有开始周游列国，当时鲁国政治还不算太糟糕。又或许是在他开始行摄相事并实施"堕三都"时说的。当时他受到重用，开始加强国君权力而削弱三大家族势力并取得了进展，故有此雄心。因此孔子寄希望于鲁国和齐国，想通过对鲁国和齐国的改造重新建立西周初年的秩序，恢复大一统天下，使社会走上和谐发展的道路。孔子的政治理想没有实现，但孔子的学说却在后世被传承了下来。现实中的孔子失败了，历史中的孔子却胜利了，而且是任何政治家都无法相比的胜利。

君子可欺不可罔

宰我问曰："仁者，虽告之曰：'井有仁①焉。'其从之也？"子曰："何为其然也？君子可逝也，不可陷也；可欺②也，不可罔③也。"

【注释】

① 仁：指仁人。② 欺：欺骗。③ 罔：使其做错事，做不正之事。

【细读】

宰我问孔子："一个具有仁德的人，假如告诉他，'井里有个仁者'，他会跟从而去吗？"孔子说："为什么会这样呢？君子可以走去看，不可能下井；君子可以被欺骗，但不能被愚弄欺罔。"

宰我提出这样刁钻的问题，可以从侧面反映出儒家思想的社会实践性质。孔子的回答很巧妙，充满智慧，即听说这样的事后一定要走过去看看究竟，但不可能跳下井去冒险。尤其是后面的判断具有普遍指导意义：即任何人都有可能被欺骗，即使是君子、仁者或智者都难免被欺骗，但不可以使他做错事、做偏离正途的事。仁者还应该具备智慧，才能处理好各种复杂的情况。被欺骗不是问题，在被骗之后走歪道、干歪事则就不对了。

《孟子·万章上》记载：从前有人向郑国子产赠送活鱼，子产命校人把那条鱼送到池塘里放生，结果校人把鱼给烹调后吃掉了。回来报告子产："那条鱼刚放进水里时看起来很疲乏不爱动，过了一会儿就变得非常活泼，然后迅速地游到深水处去了。"子产说："总算是到了它应该去的地方，总算是到了它应该去的地方啊！"校人出来就说："谁说子产智慧？我已经把那条鱼做熟吃掉了，他还说，总算是到了它应该去的地方，总算是到了它应该去的地方啊！"那么，难道子产的智慧会因此值得怀疑吗？否！被欺骗不会影响他智者的名声，只能说明实施欺骗者是个小人。

勤学守礼才能进步

子曰："君子博学于文①，约之以礼，亦可以弗畔②矣夫！"

【注释】

① 博学于文：广泛学习文献典籍和一切文化知识。文，指广义的文化。② 畔：通"叛"，背离。

【细读】

孔子说："君子要广泛学习文献典籍，再用礼来约束统率自己，这样就能不违背道理了。"孔子最强调的是读书学习，这是人增长知识的关键，是发展的最佳动力，这样可以保证不断进步；其次就是遵守礼，"礼"在当时虽有特定内涵，其实也可以理解为社会公共道德。遵守礼便可以不犯错误，人如果能够不断进步，不停止发展的脚步，然后再避免犯错误，就可以立于不败之地了。故学习是前进的动力，遵守礼乐制度能够保证前进的方向，如果两者都能够做到，便可以保证不断前进且不犯错误了。

为政不避嫌

子见南子①，子路不说。夫子矢之②曰："予所否③者，天④厌之！天厌之！"

【注释】

① 南子：卫灵公宠爱的夫人，美丽有权势。② 矢之：矢，按照毛奇龄引《释名》是"指"的意

思；之，指的方向，当是去见南子的地方。③ 否：通“不”，《史记》便是“不”。④ 天：字面意思是上天，实际是比喻卫灵公。

【细读】

孔子去见南子。子路很不高兴。孔子指着去见南子的方向，对子路说道：“我如果不去见的话，上天就会厌弃我！上天就会厌弃我！”

孔子之所以要去见卫灵公宠爱的夫人南子，是因为她在卫国地位特殊，可以左右卫灵公的态度，而且是她主动要见孔子；另外，南子虽然貌美，但在政治方面没有恶行，且对卫国贤人蘧伯玉很尊重，而蘧伯玉是孔子非常赞美的人，也是孔子的朋友，这一点使孔子对南子没有很坏的印象；还有，孔子一直想在政治上有所作为，而南子的意见会起到很大的作用。出于这些原因，当南子迫切提出要见孔子的时候，孔子答应前去是可以理解的。子路忠正耿直，缺乏灵活性，认为老师不应该在这种情况下去见一个女人。这里的“天”，实际上是指卫灵公。前面孔子在回答卫国大夫公孙贾关于媚于奥和媚于灶的提问时曾说过“获罪于天，无所祷也”，其中的“天”比喻的也是卫灵公。这样的解释合情合理，言从字顺。

中庸之道

子曰：“中庸①之为德也，其至矣乎！民鲜久矣。”

【注释】

① 中庸：孔子提倡的对于道德具体执行方式的最高标准。中，是取中，庸是平常，中庸就是处理各种事情都正好适度，既不过分也不欠缺。

【细读】

孔子说：“中庸这种道德层次最高，人民缺少这种道德已经很久了。”中庸是儒家思想中非常重要的范畴，是指看待事物、处理事情应该掌握的原则与尺度，即适中、不偏不倚。当然这是一个原则性的提法，具体实行时要根据具体事物进行具体分析，总的原则是不偏激、不走极端。后世许多人将中庸误解为和稀泥、不讲是非，这是误解。孔子是非常强调是非观念的，中庸是在正确判断是非的前提下不采取极端的处理方式。再透彻点说，所有的生活，小到衣食住行，大到礼乐刑政，都要坚持适中的原则，这便是中庸。如前文提到的孔子见南子的问题，孔子对于南子有一定的评价和判断，但为实现自己的政治主张，去见见也无妨，便是中庸之道和灵活性的体现。

广济天下堪为“圣”

子贡曰：“如有博施①于民而能济众，何如？可谓仁乎？”子曰：“何事于仁！必也圣乎！尧舜其犹病诸！夫仁者，己欲立而立人，己欲达而达人。能近取譬，可谓仁之方也已。”

【注释】

① 博施：普遍而广泛地给予。

【细读】

子贡说：“如果有这样的人，能够广泛地给人民好处，救济帮助百姓，怎么样？可以算是仁吗？”孔子说：“这哪里仅仅是仁德啊，这简直就是圣人啊！尧舜都很难做到这样。所谓的仁，是说自己想要建立事业而去帮助别人建立事业，自己想要发达，也要帮助别人发达。从自己最近处做起，可以说是实行仁的方法。”

子贡是孔子弟子中理论和实践方面的能力都非常强的人，如果全面考核，子贡的成绩当为第一。子贡这样问，暗中表明他有这样的理想。孔子对于他的提问给出了最高的评价，也折射出孔子政治理想的目标是达到三代小康的水平。《论语》中孔子师生谈论最多的是“仁”，而很少提到“圣”，从本条可以看出孔子学说中“圣”高于“仁”。“仁”是对于个人品德的评价，“圣”是仁者将自己的仁心推广开来后实现的境界。通俗地说，“仁”加上事功才能成为圣人。如果没有事功则只能停留在“仁”的境界。以仁爱之心对待一切是儒家思想的精髓，而推己及人是实行这种仁爱精神的方式，是孔子反复强调的处世哲学。

述而篇第七

述而不作，信而好古

子曰：“述而不作[①]，信而好古，窃比于我老彭[②]。”

【注释】

① 述而不作：叙述阐释已有的文化而不自己创作。作，创作，创造。② 老彭：据大戴礼，老彭是商朝一贤大夫，是信古而传述古代文化之人。

【细读】

孔子说：“只阐释叙述而不创作，深信而且爱好古代文化，我私下把自己比作老彭。”“老彭”到底是谁，众说纷纭，有人说是老子和彭祖，有人说是商朝的一位贤大夫。从孔子和老子见过面并有交流这件事看，不可能是老子，当以后者为是。本条是理解孔子思想的关键，“述而不作”是孔子的自白，孔子确实是氏族传统的传承人和维护者，他重视礼乐，顽固地要“克己复礼”，都表现出这种爱好古代文化的倾向。但如果认为孔子只是传述而自己没有进行创作也不对，实际上孔子是在述中有作，是在继承基础上的创新，有自己的建树。有人说孔子是托古改制，有一定的道理，但孔子更主要的贡献是集古代优秀文化遗产之大成，是想通过自己对前代所有最优秀且适用的文化遗产整合起来，为以后的天下提供一个蓝图和范本，后人盛赞孔子“为万世开太平”便是指这一点。

读书育人不知疲倦

子曰："默而识[①]之，学而不厌[②]，诲人不倦，何有于我哉？"

【注释】

① 识（zhì）：记住。② 厌：厌烦、厌弃。

【细读】

孔子说："默记在心，学习起来而不厌烦，教导别人而不知疲倦，对于我来说，除此之外还有什么呢？"学习是为了自我心灵世界的提升和掌握知识，因此要默默记住，不断积累，而不必张扬炫耀。持有这样的学习态度，读书便是一种精神享受，当然不会感觉厌烦。而愿意把这种快乐与别人共享，在教诲别人的时候当然就不会感觉疲倦。为追求人生真谛而学习，不是为功利而学习，自然会如此，学习目的非常关键。因此，读书和教书都不是什么难事，只要肯努力就可以办到。

树立正确的学习态度

子曰："德之不修，学之不讲，闻义不能徙[①]，不善不能改，是吾忧也。"

【注释】

① 徙：本义是迁徙、移动，这里引申为行动。

【细读】

孔子说："不注意培养品德，不讲究刻苦学习，知道正义而不能实行，有了过失而不能改正，这些都是我所忧虑的。"道德必须不断修养，对待学业必须勤奋，见到善行能够学习，有了错误就要改正，这四个方面是人不断进步的关键，应当时刻注意。这是孔子在教育学生时发出的感叹。应该说，孔子的这些感叹是针对弟子的学习状况而发的。学风不正的问题在今天也是普遍存在，教育依旧是全人类最重要的事业。今天的人们更应该学习儒家勤奋不息、孜孜不倦的可贵精神。

道、德、仁、艺兼而有之

子曰："志于道，据于德，依于仁，游于艺①。"

【注释】

① 游于艺：在技艺中游刃有余。艺，指礼、乐、射、御、书、数等技艺。

【细读】

孔子说："立志向道，根据于德，依托在仁，游刃有余于六艺。"这是孔子的教学总纲，要求学生要有好的道德品质和娴熟精湛的技艺。四点要求层层推进，道是人的世界观的总纲，是用来指导人生方向的；德是道德，是人生所依据的正途；仁是对于人生和社会普遍关怀的情感；艺是具体的才能和技艺。孔子的教学课程是五经六艺，这里的"艺"是指六艺的课程内容，实际上也是可以被考核的。"游于艺"是指对全部课程都能够精熟，达到得心应手、游刃有余的程度，自然会乐在其中。当然，这里的艺不仅仅是指礼、乐、射、御、书、数，也包括一切文化艺术。通过对文化艺术的娴熟掌握而获得快乐，也是很高的享受。如今生产力极高，人们剩余的时间极其充分，因此健康的娱乐活动更加重要。

诲人不设高槛

子曰："自行束脩①以上，吾未尝无诲焉。"

【注释】

① 自行：自己主动。束脩：脩是干肉，一条叫一脡，十脡叫一束。

【细读】

孔子说："只要是主动送给我十条干肉的，我没有不收留做学生的。"本条是唯一记载孔子收取学费的地方。孔子收学费是可以理解的，学生交学费一是表明求学的诚心，二是孔子也需要收取一定的费用来维持生活。束脩是非常微薄的礼品，这一名词在孔子时代之前就有，有"束脩不出境"的说法，即束脩这种礼物不能出国界。孔子在这里使用这个词，实际上是说自己收学生的门槛很低，只要是真心向学，并送一点微薄的见面礼就可以成为他的学生，都可以得到教育。这句话也体现了孔子有教无类的思想。

举一反三

子曰："不愤[1]不启，不悱[2]不发。举一隅不以三隅反，则不复也。"

【注释】

① 愤：心求通而未通的精神状态。② 悱：心里明白却表达不出来的样子。

【细读】

孔子说："学生不发愤便不能得到启发，没有疑虑便不能有所发现。如果指出墙的一个角，而不能反映出另外的三个角，我就不再讲解了。"这是孔子著名的教育原则，也可以说是孔子"启发式教学"的宣言。即把重点放在对学生学习主动性的启发上，如果不能让学生积极动脑，教育是不可能成功的。学生不想学，再好的老师也无法取得好的教育效果。故学生求学的主动性和迫切性是第一位的。心里思索而想不明白，心里明白却说不明白，在已经积极思考的基础上进行点拨，对学生领悟能力的提高最有效。"启发"一词和"举一反三"的成语均出自此处。

现代教育的最大问题是填鸭式教育，这容易引发学生的厌学情绪。填鸭式教育再加上应试教育，便容易引发高分低能、理论脱离实际的问题。

怀有一颗恻隐之心

子食于有丧者[1]之侧，未尝饱也。

【注释】

① 有丧者：有丧事的人。

【细读】

孔子在穿丧服的人旁边吃饭，从来都吃不饱。

本条表现了孔子平常人的品性，因为人都有同情心，他人的丧事对于自己来说同样有悲哀的感受。对于死者表示深深的哀悼是儒家思想的一贯精神，体现了深沉的人文关怀，有浓郁的人情味。孔子没有任何神秘和超人的地方，正是对待弱者或不幸者的体贴和关怀，才最能体现孔子的人文关怀。同时也表现出孔子对于人的死亡的重视，因为生死连接着人的来去，而对于生命的终极关怀和思考是古今中外一切哲人都在思索的问题。

行事忌莽夫之勇

子谓颜渊曰："用之则行，舍之则藏，惟我与尔有是夫！"

子路曰："子行三军①，则谁与②？"

子曰："暴虎冯河③，死而无悔者，吾不与也。必也临事而惧，好谋而成者也。"

【注释】

① 行三军：统率三军，指行军打仗。② 谁与：与谁，愿意与谁在一起。③ 暴虎冯河：徒手打虎叫暴虎，徒步涉河叫冯河。冯通"凭"。

【细读】

孔子对颜回说："如果被任用，就努力工作，如果不被任用，就隐居起来，只有我和你能够做到这一点吧！"子路问孔子："如果统率三军，那么老师愿意和谁一起呢？"孔子说："赤手空拳打老虎，光脚过大河，死了也心甘情愿，我不赞成这种鲁莽的行为。如果一定要行军打仗，我赞成遇到事情时谨慎恐惧，周密考虑而能够干成事业的人。"

孔子在抒发自己感慨的同时也赞美了颜回。子路听到老师赞美颜回，便向孔子提出如果有军事行动他愿意带领谁的问题，子路向来以好战勇武自诩，想借在军事方面的长处得到老师的赞美，其直率的性格如在眼前。结果依然遭到了孔子委婉的批评，由此能看出孔子对于弟子的爱护和随时随地针对具体情况进行教育的良苦用心。孔子提醒子路要审时度势，不要鲁莽，要学会运用智谋。后来子路之死，真的如孔子所说的一样，如果他稍加注意，完全可以避免那样战死。甚至不用注意，稍微灵活一点也不会那样无谓地战死。从《论语》全书以及相关文献资料来看，孔子对子路的爱很深沉，希望也很殷切，故随时点拨他。

对待贫富不执着

子曰："富而可求也，虽执鞭之士[①]，吾亦为之。如不可求，从吾所好。"

【注释】

① 执鞭之士：据《周礼》载，先秦有两种人属于执鞭之士，一是天子或诸侯出行时在前面清道之人，一是市场门口维持秩序的人。

【细读】

孔子说："如果通过追求能够发财致富，就是做个提着鞭子在市场上看门的人，我也干。如果通过追求也得不到，那就干我愿意干的事。"

追求富贵是所有人的共同愿望，因此孔子丝毫没有故作高深的样子，而是非常平和。圣人也是平常人，只不过具有高尚的品德罢了。这句话也有"富贵在天"的意思。其实，严格来说，人所能追求的只有完善的自我道德、渊博的知识以及精湛的技艺，能不能发财还要依靠很多其他客观因素。孟子后来对此也有比较透彻的阐释，简言之，就是"求之则得，舍之则失，是求有助于得也"，这是求之在我，而"求之有道，得之有命"，是求之在外，即追求的是身外之物。富贵便属于身外之物。

闻乐三月不知肉味

子在齐闻《韶》[①]，三月不知肉味，曰："不图[②]为乐之至于斯也。"

【注释】

①《韶》：古代音乐乐曲名称，也称《韶虞》《箫韶》，据说是在虞舜传位给大禹的仪式上演奏的音乐，悠扬高雅，雍容华贵。② 图：想到。

【细读】

孔子在齐国欣赏《韶》乐，居然陶醉很长时间以至品尝不出肉的滋味，于是感叹道："没想到欣赏音乐竟然可以达到这种程度。"

孔子听到《韶》乐便陶醉到如此程度，表现了孔子对于音乐的教化作用非常重视，还体现了孔子对《韶》乐所表现的内容非常向往，体现了孔子对禅让制度，对尧、舜、禹这些古代圣人的向往之情。看来在孔子时代还可以听到《韶》的演奏。据李斯《谏逐客书》可知，战国后期还有此乐曲。《尚书·益稷》篇记载了《韶》曲的演奏背景和过程，如果仔细分析推敲的话，可以约略推演出虞舜向大禹交接权力时的情景。另外，司马迁在叙述这种情况时，有“习之”二字，更可信，单纯地欣赏乐曲恐怕难以达到如此程度，如果再学习演奏，不断体会、不断进步，就会进入痴迷状态，确实可以达到“三月不知肉味”的程度。

知师莫若徒

冉有曰：“夫子为卫君①乎？”子贡曰：“诺；吾将问之。”

入，曰：“伯夷、叔齐何人也？”曰：“古之贤人也。”曰：“怨乎？”曰：“求仁而得仁，又何怨？”

出，曰：“夫子不为也。”

【注释】

① 为：动词，帮助。卫君：指卫出公辄。

【细读】

冉有说：“咱们老师能帮助卫君吗？”子贡说：“好，我将要进去问问。”于是子贡进到屋里，问孔子：“伯夷、叔齐是什么样的人？”孔子说：“是古代的贤人。”子贡又问：“他们有怨恨吗？”孔子说：“他们追求仁德而得到了仁德，又有什么怨恨呢？”子贡出来后说：“老师不会帮助卫君的。”

这是弟子在一件具体事件上观察孔子态度的经过。孔子周游列国期间，在卫国待的时间最长，对卫国的政治情况非常了解。卫灵公执政时，卫国的政治局面还比较稳定。卫灵公已经立为太子的儿子蒯聩与南子有矛盾，蒯聩曾经设计杀害南子，未成，后来逃难到晋国。在这个过程中，看不出南子有什么罪过。后来卫灵公死了，按照顺序应该是太子蒯聩即位，蒯聩已在晋国多年，晋国派军队送他回国而卫国不接纳。这时在卫国当国君的是太子的儿子蒯辄。数年后，蒯聩用计谋回到卫国，夺回君位，原来的国君卫出公出国避难。子路就死在了这场父子争权的战斗中。从对话以及当时的背景看，孔子当时在卫国，但是他不愿意参与这场父子之间的权力之争，故不愿意帮助哪一方。回到鲁国后，孔子听说卫国发生内乱，马上判断说：“嗟乎！柴也其来乎？

由也其死矣。”柴是孔子的弟子高柴，字子羔；由便是仲由子路。子贡通过孔子对于伯夷和叔齐的态度，便知道老师不愿意管卫国的这些乱事，而且人家是父子之争，别人更不便插手，孔子对他们父子都不满意。孔子对学生的了解可谓极深，他听说卫国之乱后，立即判断自己的两个学生一个能够安全回来，另一个肯定会战死，结果与他判断的完全一样。孔子听说子路被“醢之”，即剁成肉泥后，挥手让家人把厨房里的肉酱倒掉，并终生再也不吃肉酱。从中可以体会出孔子伤心的程度，也可以看出他对子路的感情很深。

不做亏心事方可享受生活

子曰：“饭蔬食，饮水，曲肱①而枕之，乐亦在其中矣。不义而富且贵，于我如浮云。”

【注释】

① 曲肱：弯着胳膊。肱，胳膊。

【细读】

孔子说：“吃粗粮淡饭，喝凉水，弯着胳膊当枕头随便躺一会儿，快乐就在其中了。如果通过不正当的途经取得财富和官位，对于我来说，就好像天上的浮云一样不屑一顾。”

这是孔子一再表白的观点，即快乐是一种心满意足的精神状态，只要不饥不渴，能够吃饱饭、有水喝，就可以得到快乐。其实，快乐与幸福是一种精神状态，是建立在温饱之上的满足。孔子的要求很低，只要不饥不渴就可以感受到快乐，这是生动现实的人生经验，前提是体认到了真理，不断追求人格完善并为天下和谐尽最大努力。如果做了不合道义的事，即使得到了荣华富贵也会心中有愧，没有快乐可言，不做亏心事才会得到真正的幸福和快乐。

韦编三绝

子曰：“加①我数年，五十以学《易》②，可以无大过矣。”

【注释】

① 加：增加。② 易：即《易经》，儒家五经之一。

【细读】

孔子说："如果再给我数年时光，或者如果我五十岁时就开始学习《易经》，就不会有什么大的过错了。"孔子是周游列国归来，晚年才开始仔细研究《易经》，感到高深莫测才说了这番话。意思主要是说自己学习重视《易经》的时间太晚了，如果再多活一些年，或者早一点学习，从五十岁就开始的话，就可以参透人生世相而没有大的过错了。至于孔子所说的"大过"究竟指什么，我们不得而知。《易经》虽为占卜之书，但其中充满了生动的人生哲理，具有鼓舞人、警告人、启发人的作用，总的精神是鼓舞人自强不息、努力向善。孔子晚年对《易经》非常重视，几乎达到了痴迷的程度。著名的"韦编三绝"就是孔子阅读《易经》的故事，由于反复翻阅，把编连竹简的熟牛皮条都磨断了三回，可见其勤奋的程度。而孔子为《易经》所作的"十翼"更成为《易经》的重要组成部分，也是其受到重视和广泛流传的重要原因。

以雅言示敬意

子所雅言①，《诗》《书》、执礼②，皆雅言也。

【注释】

① 雅言：有两种含义，从语义上讲，是精练的、类似书面语的话；从语音上讲，是通用的普通话而不是方言土语。② 执礼：执行礼仪的形式。

【细读】

孔子运用高雅语言的时间和场所，是他讲授《诗经》《尚书》时和主持礼仪时。

这表现了孔子对这三件事情的重视和敬畏之情。这是有关孔子运用语言形式的明确记载。"雅言"如同注释中所讲的那样，包括意义和语音两个方面。中国的书面语言和口头语言从来就不完全等同，书面语言凝练简洁，口头语言通俗流畅，书面语言主要通过文字记录下来。仔细思考，可以推测出中国自从文字产生以来，便开始出现书面语言和口头语言分离的现象，这与中国文字的特点有直接关系。中国文字是以象形为基础的表意文字，不是表音文字，语音的变化并不影响文字意义的呈现，因此自从文字产生后便有了固定的意义。这种文字记录的书面语言可以千古流传，三千年前的文字我们今天依然能够识别，这是其他民族很难想象的。因此，文字是中国五千年文明不中断的基石，由这种文字形成的语言则是文化的主要部分，语言文字是表情达意的手段和工具，由这种文字记载的文献保持了古老文明的可靠性和永久流传的可能性，这正是中国文化如此悠久的主要原因。

不知老之将至

叶公[①]问孔子于子路，子路不对。子曰："女奚不曰，其为人也，发愤忘食，乐以忘忧，不知老之将至云尔。"

【注释】

① 叶：旧读 shè，地名，当时处于楚国。今河南叶县南三十里有古叶城。叶公，是指叶地的长官，相当于县长，楚国是后兴起的诸侯大国，国君称王，地方长官便称公。叶公是当时一位贤者，《左传》定公、哀公间有一些关于此人的记载。

【细读】

叶公向子路询问孔子是什么样的人，子路没有回答。孔子知道后，对子路说："你为什么不这样回答：他这个人啊，用起功来便忘记吃饭，经常高兴而忘记忧愁。没感到自己都快要衰老了。"

这是孔子对于自己人格精神的画像。他已经超脱死亡的畏惧，而以具有仁者情怀为最高境界。人如果能把死亡看得很淡漠，就已经达到一定的境界了。如孔子一般能完全忘却老之将至确实难能可贵。子路不回答，是因为难以概括，不知如何回答。孔子用"发愤忘食，乐以忘忧，不知老之将至"来概括自己的生活现状与精神状态，极其生动精彩，一个积极奋发、以学习为乐趣的和蔼可亲的老者形象呼之欲出。这里的"乐"便是孔子称赞颜回"不改其乐"的乐，实际上是通过学习参悟人生意义的一种仁者之乐，是一种人生境界、一种人格精神。能够随顺自己的主体意愿，并将这种意愿与自己整个人生的幸福、他人的幸福、万物的精神相连通，便达到一种心满意得的精神状态，实际上是人与万物的精神相一致的天人合一的状态。

贵在求知

子曰："我非生而知之者，好古，敏[①]以求之者也。"

【注释】

① 敏：快捷，这里是汲汲的意思。

【细读】

孔子说："我不是生来就拥有知识，而是因为爱好古代知识，通过努力刻苦学习得来的。"本条强调后天学习的重要性而不炫耀自己的聪明才智，更不搞神秘主义，这是孔子及其学说的可贵之处。孔子不止一次声明自己不是"生而知之者"，也从来不神化自己，反复强调后天学习的重要性，平实可亲。孔子几次提到自己"好古"，实际上就是重视历史经验，因为经过验证的东西才是可信的。而且孔子这里的"好古"是有选择的，是对于古代优秀文化遗产进行整合和具有现代意识的继承，这一点是需要说明的。"敏以求之"是指以敏锐的学习态度和眼光进行学习，既刻苦用功又具有不一般的发现能力，在继承的基础上进行整合，并使之适应新的时代。

孔子不谈四个话题

子不语[①]怪、力、乱、神。

【注释】

① 不语：不谈论，也不回答这方面的问题。

【细读】

孔子从来不谈论怪异、暴力、叛乱、鬼神。这是非常著名的记载，怪异和鬼神的问题本来就难以说明，所以不谈论，因为如果说不清楚反而会乱人心智。暴力和叛乱是非正常的社会行为，只能给社会和百姓带来灾难，引发恐慌，故不宜谈论。这体现了儒家思想的实用理性原则，可以看出儒家思想的基本面貌。也正因为这一点，孔子对中国古老的神话传说进行了理性的解释，并奠定了神话逐渐历史化的基础，后来司马迁写《史记》，如《五帝本纪》中便有许多神话素材。也应该指出，中国神话中确实有很多就出自历史记载，只不过是因为文字过于简短而容易引起人们的误解罢了。当然，现在关于灵魂的研究也有很多，但依旧是扑朔迷离、无法说清楚，故孔子的“不语”是出于严谨科学的治学态度。

三人行必有我师

子曰：“三人行，必有我师[①]焉：择其善者而从之，其不善者而改之。”

【注释】

① 师：指可以学习和效仿的地方。

【细读】

孔子说：“如果三个人一起行走，其中一定有值得我学习的老师。选择他的优点而学习效仿，看到他的缺点就注意纠正自己，不要犯同样的错误。”

这足以显示孔子谦虚好学的态度，要时刻注意观察学习他人的长处，不断反省和纠正自己的短处，这是人不断进步的重要方式。不盲目骄傲自大，也不自卑，时刻客观对待自己和他人，才能够不断进步，并能够与他人和谐相处，这是一种很高的境界。“三人行，必有我师”已经成为千古铭箴深入人心，活跃在中国百姓的语言中。其实，如果我们随时随地注意观察，便可以从他人的言谈举止中学会很多东西，俗语说“学艺不如偷艺”，其实我们有许多机会能够在暗中默默学习，尤其是一些具体技艺，只要看别人操作便可以悟出许多道理。重要的是要保持谦虚的态度，主动去学习。

行正道无所畏惧

子曰：“天生德于予，桓魋[①]其如予何？”

【注释】

① 桓魋：宋国司马向魋，因是宋桓公的后代，故称桓魋。

【细读】

孔子说："上天给了我很高品德，桓魋能把我怎么样？"孔子说这句话是有特殊背景的，据《史记·孔子世家》载，鲁哀公三年，孔子周游列国时路过宋国，在一棵大树下指导学生演礼，这时宋国司马桓魋带领兵丁前来想要杀孔子。孔子和弟子提前离开了，桓魋来到现场后把那棵大树拔了出来。弟子听说后提醒孔子快点走，孔子那时说了本条这句话。仔细分析，这句话体现了孔子的天命观，即如果上天让我传播道德，那么我就不会这样死去，桓魋能把我怎么样？如果上天不让我传播道德，生又何用？孔子这么讲不是出于狂妄，而是一种自信。桓魋在宋国执政很久，孔子的夫人是宋国人，孔子对宋国的政治很了解，对于桓魋专权的行为不满，并说过批评桓魋的话。故当他到达宋国时，桓魋不欢迎他是可以理解的。而桓魋大概不过是出出气罢了，可能并不是真心要害死孔子。桓魋的弟弟司马牛便是孔子的弟子，故无论从哪个角度讲，桓魋都没有真心杀害孔子的理由。但孔子到处宣讲的君君臣臣的观念，对于桓魋当时的处境和做法都是不利的，所以才会发生这样的事情。

为人师表毫无保留

子曰："二三子①以我为隐乎？吾无隐乎尔。吾无行而不与二三子者，是丘也。"

【注释】

① 二三子：指诸弟子。

【细读】

孔子说："你们这些学生以为我对于你们有什么隐瞒吗？我对于你们没有一点隐瞒。我没有哪一点不是对你们公开的，这就是我孔丘的为人。"

包咸说："圣人知广道深，弟子学之不能及，以为有所隐匿。故解之我所为无不与尔共之者，是丘之心。"这是孔子对弟子的表白，至于这句话的背景则难以考证，但一定是当着几名弟子的面说的。如包咸所说，很多弟子认为老师高深莫测，或有什么秘诀，故有不少类似的问题，所以孔子才如此表白。其坦荡的胸怀、亲切的话语很令人感动。其实，学习是终身的事业，永远都无法穷尽、没有终点；学习也确实没有秘诀、没有捷径，只有在艰苦付出之后才会获得丰收的果实。这也说明孔子没有什么秘诀心传，完全靠自身努力，这是圣人本色。

教导学生的四个方面

子以四教[①]：文、行、忠、信。

【注释】

① 四教：从四个方面来教育学生。

【细读】

孔子在四个方面教育培养学生的品德和能力：文献知识、社会实践能力、忠于职守的敬业精神、与人交往的诚信品格。

这是孔子教育学生循序渐进、由浅入深的过程。文指诗书礼乐等文献知识，基本属于理论知识；行则是指对于这些知识的运用，要能够将其运用到社会生活之中，这是更高一层的能力；忠是中正无私的品格和谨慎恭敬的办事心理，是做事成功的前提；信是以诚信之心、之行取得他人的高度信任，这样才有可能在社会上站稳脚跟，有所成就。仔细分析推敲，这四点也可以作为今天教育内容的参考。这四个层次是渐进的，文是最低层次的基础，所以文化课是基础，而实践能力属于更高层次，忠信则是对道德品质的培养和锤炼，是教育的终极目标。

虚伪做作难长久

子曰："圣人，吾不得而见之矣；得见君子者，斯可矣。"

子曰："善人，吾不得而见之矣，得见有恒[①]者，斯可矣。亡而为有，虚而为盈，约而为泰[②]，难乎有恒矣。"

【注释】

① 有恒：有稳固的操守，不改变自己做人的宗旨。② 泰：骄纵。

【细读】

孔子说："圣人，我是见不到了，能见到君子就可以了。"孔子说："善人，我是不能见到了，能见到有一定操守的人就可以了。本来没有却装作有；本来空虚却装作充实；本来很困难却要摆阔气，这样的人是很难坚持下去的。"

这是孔子对于世风日下的感慨，世风与人的素质相互作用、相互影响，人是社会关系总和的基因，每个人的道德行为都会影响社会风气，而社会风气又直接影响着每个人的道德，衰世最突出的特征是全社会道德水平低下，而在这种风气之下，君子无法施展才能，故无法出现圣人。君子需要有历史时机和人文环境，才可以建功立业，仁者加上事功才能称得上是圣人。孔子生活的时代战乱频仍，很多人道德水平低下，故孔子有此慨叹。孔子的“圣人”封号是后人加给他的，他本人一直不承认也不认可自己是圣人。“亡而为有，虚而为盈，约而为泰”三句话深刻地揭露了衰世中一些人外强中干、色厉内荏的丑态。这种姿态在有些地方的官员身上也不鲜见，官不大架子不小、排场不小。在学术界也是如此，越是水平高的学者越没有架子，反而一些不学无术者，钻营取巧，时时摆出一副学者样貌。俗语说，“包子好吃不在褶上”，真是一点不差。靠装和唬是没有用的。

勿竭泽而渔

子钓而不纲①，弋②不射宿③。

【注释】

① 纲：渔网上的大绳叫纲。② 弋：用带生丝线的箭来射鸟。③ 宿：栖息在鸟巢里的鸟。

【细读】

孔子钓鱼，但不用大绳网来捕鱼，用带生丝的箭射鸟，但不射栖息在鸟巢中的鸟。

本条依然讲孔子的仁者情怀，钓鱼可以单个地钓，但如果用大网截流捕鱼，那么大鱼小鱼都会被捕上来，不利于鱼类的繁殖，这与后来孟子提出的不用网眼细密的渔网捕鱼是同样的道理。而不用箭射鸟巢里的鸟更是一种仁者情怀。后来，真正的猎人都不打窝里的动物，也是出于同样的考虑。这一思想本身还有环境保护的原理，不滥捕滥猎，对于禽兽的繁衍生息大有益处。中国古礼中就有什么时候禁渔禁猎的规定，由此可知中国三千年前就有保护环境、保护生态平衡的思想和法规，确实很了不起。有劝人不要猎杀春天母鸟的诗句说，“劝君莫打三春鸟，子在巢中望母归”，非常有说服力和感染力，打死母鸟，鸟巢里的雏鸟就会活活饿死，其中的道理很容易被理解和接受。

言必有据

子曰:“盖有不知而作之者,我无是也。多闻,择其善者而从之,多见而识之;知之次[1]也。”

【注释】

① 次:孔安国说:“如此者,次于天生知之。”

【细读】

孔子说:“大概有这么一种人,自己不懂却能够凭空造作,我没有这种情况。多听,选择其中好的而予以采纳;多看,然后记住其中的精华,这是学习和掌握知识的次序。”

这里孔子教育我们对待知识要求真求实,不能凭空想象而进行编造。这可以理解为孔子重视历史经验、重视总结前代文化遗产,反对空谈的玄虚之学。这一思想对于现在也很有借鉴意义。中国历来重视实事求是的精神,尤其是在对待史学方面。忠实于客观事实是古代史官的道德要求,也是中国古代学者的自觉意识,这种学风的建立与儒家学者的坚持有关。班固评价司马迁的《史记》时说:“不虚美,不隐恶,其言直,其事核。”“其事核”就是指符合历史事实。

有教无类

互乡[1]难与言,童子[2]见,门人惑。子曰:“与其进也,不与其退也,唯何甚[3]?人洁[4]己以进,与其洁也,不保其往[5]也。”

【注释】

① 互乡:古地名。② 童子:古代未行加冠典礼之男性,一般在十五岁以上。③ 唯何甚:为什么那么过分。唯,通“为”。④ 洁:本义是清洁卫生,这里也有洁身自好,虚心求学的意味。⑤ 往:兼有过去和离开后两义。

【细读】

互乡这个地方的人很难交往,那里的一名青年却得到了孔子的接见,弟子们很疑惑，不明白老师为什么要这样做。孔子说：“我们应当鼓励他们进步，不任由他们退步，何必做得太过分？人家把自己整理得干干净净的要求进步，我们应该赞叹他现在的干净清洁，并不是追究他以往如何。”

互乡与当时的社会隔绝甚至对立，故他人难以与之沟通。可是那里的一名年轻人来求见孔子，孔子居然接见了。从孔子回答弟子的问话中可以看出孔子积极鼓励他人进步，具有平等观念和宽容的胸怀。只要有人请教问题，孔子都会尽量为其讲解，从这件小事上也可以体现出孔子“有教无类”的可贵精神。

求仁即可得仁

子曰：“仁远乎哉[①]？我欲仁，斯仁至矣。”

【注释】

① 仁远乎哉：朱熹注：“仁者，心之德，非在外也。”

【细读】

孔子说：“仁难道很遥远吗？如果谁想要得到仁，仁马上就会到来。”

孔子历来强调修养是一种自觉，如果真想做个仁者，就一定能做到，因为这是由人的内在本质决定的。“仁”本来是内在品德，是一种关怀他人、充满仁爱的情感，存在于每个人的内心，只要想做一个仁者，当然立刻就可以做到。这句话鼓励人们只要想学好就一定能做到，与佛教的“放下屠刀立地成佛”有相通之处。求仁是很容易便能得到仁，但是难的是一直坚持求仁。所以孔子表扬颜回是“三月不违仁”，其他人都是日月而已，能不能坚持才是关键。但是前提首先是追求仁，然后才是坚持，也有循序渐进的意思。

应答不逾矩

陈司败[①]问昭公[②]知礼乎。孔子曰：“知礼。”

孔子退。揖巫马期[③]而进之，曰：“吾闻君子不党，君子亦党乎？君取于吴[④]，为同姓[⑤]，谓之吴孟子。君而知礼，孰不知礼？”

巫马期以告。子曰："丘也幸，苟有过，人必知之。"

【注释】

① 陈司败：人名，也有人说"司败"是官名，未详。② 昭公：鲁国国君，名裯，襄公庶子，继襄公为君。③ 巫马期：孔子的弟子。④ 君取于吴：取，同"娶"。吴，吴国，周武王建立西周时封吴太伯的后人为君，属于姬姓王国。⑤ 同姓：鲁国本是周公的封国，属于姬姓。这样鲁昭公娶吴国女子便是同姓。当时的礼制有"同姓不婚"的规定，因此这位夫人不能称为"吴姬"，吴是国家名，姬是国姓，而称吴孟子。

【细读】

陈司败问孔子，昭公知不知礼，孔子说："知礼。"孔子出去后，陈司败向巫马期作揖使礼请他走进去，对他说："我听说君子无所偏袒，难道孔子也会偏袒吗？昭公从吴国娶了夫人，是同姓，因此称呼她为吴孟子。鲁君如果知道礼，还有谁不知道礼啊？"巫马期把这些话转告给了孔子，孔子说："我孔丘很幸运，如果有错误，别人一定会为我指出来。"

这件事情发生在陈国，陈司败不是鲁国人，可以直接称呼鲁昭公。他询问孔子问题，可能是出于对孔子的考验，从后面他的答复和批评中可以知道他是明知故问。鲁昭公娶同姓诸侯国女子为妻，违反礼制，这对当时稍有常识的人来说都明了，孔子不可能不知道。但孔子不能直接说自己的国君不知礼，于是用肯定的态度来回答问题，这里有维护本国尊严的原因，也有为尊者讳的缘故。因此，当孔子听学生转达了陈司败的批评后，孔子回答得巧妙得体，他没有为自己辩解，也没有说明自己的意图，而是用委婉接受批评的方式化解了这一难题，间接承认对方批评得对。这样他既没有直接批评自己的国君，也没有强词夺理，很好地维护了自己的形象。

音乐怡情

子与人歌而善①，必使反之，而后和②之。

【注释】

① 善：唱得好。② 和：唱和。

【细读】

孔子和别人一同唱歌时，如果对方唱得好，孔子一定请对方再唱一遍，然后他自己与之相和。

本条将充满常人气质的可亲可敬的孔子形象活脱脱地表现了出来。那时候人们经常有机会在宴会之余或合适的场合唱歌，而且也有合唱或二重唱之类的。孔子很喜欢音乐，因为音乐本身便是礼乐的重要组成部分。音乐不但能够愉悦身心，还可以增进感情，有利于团结和谐。孔子和别人一起唱歌，唱到兴处，就一定会请对方再唱，而他也会主动去和，这说明孔子不是一位古板的老师，而是非常有生活情趣的。孔子曾经说过："兴于《诗》，立于礼，成于乐。"故他认为音乐是能够使人格更加完美的最高级形式之一。孔子晚年修订《诗经》时曾经说过："吾自卫反鲁，雅颂各得其所。"一般认为这里的《雅》《颂》便是指音乐而言。所以孔子的音乐修养是很高的，故孔子的歌声应该也不错。

时时看到自身不足

子曰："文①，莫②吾犹人也。躬行③君子，则吾未之有得④。"

【注释】

① 文：指文献礼乐等一切文化知识。② 莫：这里是没有什么的意思。③ 躬行：亲身实践。④ 未之有得：未有得之的倒装。

【细读】

孔子说："我在文献知识方面没有什么特别之处，与别人差不多。我在现实生活中亲身实践做一名君子，还没有什么成功的体会。"孔子非常平和实际，从不故弄玄虚。本条是孔子从两个方面来自我评价，认为自己在文献典籍知识方面还可以，但也与其他人差不多，没有什么特别的地方。这本身是就谦虚。其实孔子在文献典籍方面应该是当世的最高权威，但这样说更得体一些。而在现实生活实践中，他也不敢说自己非常成功，更没有什么成功的经验和体会。这都是实话。因为如果人每天反省自己，都会察觉有做得不够好的地方，这才是人生的真实状况。

虚怀若谷

子曰："若圣与仁，则吾岂敢？抑[①]为之不厌，诲人不倦，则可谓云尔已矣。"公西华曰："正唯弟子不能学也。"

【注释】

① 抑：不过。

【细读】

孔子说："如果说到圣人与仁者，我怎么敢当？不过是始终努力学习而不满足，教导弟子而不厌倦，可以说不过如此罢了。"公西华说："这正是我们这些弟子学习不到的。"

"圣人"与"仁者"是孔子学说中两个最高的境界，这是一种实用理性，侧重在行为、实践方面，宗旨是感情培育，即培养悲天悯人的仁者情怀，而这种感情要发自内心，要完全出于自觉，并要坚持始终。一个人做一天好人、好事容易，十天也容易，但坚持一辈子就非常难了。所以当时就有人称他为"圣人"，但孔子自己从来没有承认过，也从来不以圣人、仁者自居。这不是谦虚，而是他自己真实的想法。这更显出孔子对自己有清醒的认识。孔子几次强调"学而不厌，诲人不倦"，即是坚持向"圣人"境界努力。懂得不断学习提高便是智者，懂得用仁义来教育后人就是仁者，既仁且智，就是圣人了。

善行高于求祷

子疾病[①]，子路请祷[②]。子曰："有诸[③]？"子路对曰："有之；《诔》[④]曰：'祷尔于上下神祇[⑤]。'"子曰："丘之祷久矣。"

【注释】

① 疾病：疾是小病，病是重病。这里的疾字当得病讲，病是形容词，重。② 祷（dǎo）：祈祷、祷告。③ 有诸：有之乎，有这件事吗？诸，"之乎"的合音。④ 诔（lěi）：祈祷文，和哀悼的诔文不同。⑤ 祇（qí）：地神。

【细读】

孔子得了很重的病。子路请求祈祷。孔子问子路：“有这回事吗？”子路说：“有啊！《诔》文上说：‘为您向天地神灵祷告。’”孔子说：“我早就祷告过了。”

子路对老师感情深厚，在孔子病情很重时为老师祈祷，孔子问他，他也如实回答。孔子最后一句话很有深意，虽然没有批评子路，但也委婉地指出祈祷不会有什么作用。其含义是：我一直坚持仁义之道，实际上就是在行善，等于祈祷了。假如有天地神灵，必不会加罪于我，如果没有，祈祷又有何用？孔子始终强调人应该努力学习、一心向善，只要尽心尽力就无怨无悔，而不必去祈求上天。这便是儒家思想的精华所在。

俭以养德

子曰：“奢则不孙①，俭则固②。与其不孙也，宁固。”

【注释】

① 孙：通“逊”。② 固：孤陋固执。

【细读】

孔子说：“生活奢侈就傲慢不谦虚，节俭就显得孤陋固执。比较而言，宁可孤陋固执，也不要傲慢而不谦虚。”

节俭能养德，奢侈则败德，古今中外都是如此。因此将生活条件控制在一定水平上非常必要。一切都是相对而言的，在可能的条件下，既不要吝啬，更不要奢侈，而是要适度节俭。孔子一贯坚持节约俭朴，这是君子应该坚守的道德。司马光的《训俭示康》一文中讲道：“顾人之常情，由俭入奢易，由奢入俭难。”这是非常朴实的话语，但道出了人情之真谛，故若能够保持勤俭的家风，便可以保护家族平安。

君子坦荡荡

子曰：“君子坦荡荡①，小人长戚戚②。”

【注释】

① 坦荡荡：心胸宽广坦荡。② 戚戚：悲伤忧愁。

【细读】

孔子说：“君子胸怀宽广豁达，小人总是烦恼忧伤。”

如果能够真正理解人生与社会，便不会有忧伤。孔子提倡旷达的人生境界，即永远保持乐观向上的心态，因为忧伤愁苦不能解决任何实际问题，必须经过艰苦奋斗才可以获取幸福，故乐观的心态非常重要。同样的环境和生活，有人就终日乐观愉快，有人就整日愁苦不堪。在这一点上，苏东坡的表现就很值得佩服和借鉴，他一生中大部分时间被排挤打压，遭受政治迫害，却始终豁达。他在政治上光明磊落，做人坦坦荡荡，始终积极向上，关怀国家百姓，故取得了很高的文学艺术成就，留下了许多能体现光辉人格的作品。

万世师表

子温而厉①，威而不猛②，恭而安。

【注释】

① 厉：严肃，不是严厉。② 猛：凶猛，指态度激烈。

【细读】

孔子温和而严肃，威严而不凶猛，恭谨而安详。

这是描写孔子的表情态度的文字，是弟子们眼中和心中的老师形象。其实就是指老师在日常生活中的仪表态度都非常适度，既不随随便便、嘻嘻哈哈，也不总是板着面孔，让学生不敢接触。要让学生感到既威严又亲切。如果能够始终保持恭敬的神情和安然的态度，便有很强的亲和力，给人以安全感和信任感。能够达到这种程度必须是内心修养所至，孔子被尊为“万世师表”，当之无愧。

泰伯篇第八

顾大局君位亦可让

子曰："泰伯[①]，其可谓至德[②]也已矣。三以天下让，民无得[③]而称焉。"

【注释】

① 泰伯：也写作"太伯"，系周文王父亲季历的长兄。② 至德：最高尚的品德。③ 无得：不能，指没有什么合适的言辞。

【细读】

孔子说："泰伯，可以说是品德最高尚的了。屡次把天下让给季历，老百姓都找不出适当的词语来赞美他。"

这是儒家思想提倡礼让的一则生动教材。周朝先祖古公亶父有三个儿子，长子太伯，次子仲雍，三子季历。按照嫡长子继承制，天经地义是太伯继承君位，但古公亶父很喜欢季历的儿子姬昌，预感姬昌将来能够有大发展。太伯知道父亲的心事，为成全此事，坚决不肯继承君位，并和二弟仲雍离开本国，到东海边上开拓新的事业。于是季历接班，再传位给姬昌，才成就西周的基业。太伯多次让出自己应该得到的君位，确实是难能可贵的品格。

先秦时期特别是上古时期，一个部落想要寻求发展就一定要有好的首领，而首领也必须具有生产、军事等多方面的才能，要有吃苦在前、享受在后的精神，因此当时禅让是可能的，实际上是将更重的负担交出去。但当生产力发展到一定水平而有了大量的剩余产品时，随着私有制的产生出现了特权阶层，此时禅让制便不可能存在了。尽管如此，吴太伯这样的让国行为也是非常难得的。而孔子那个时代，很多诸侯国内部都出现了争夺君位的血腥斗争，兄弟之间、父子之间、叔侄之间、嫡庶之间都是如此，因此孔子才高度赞美吴太伯让国的精神。

知礼是把握度的关键

子曰："恭而无礼则劳[①]，慎而无礼则葸[②]，勇而无礼则乱，直而无礼则绞[③]。君子笃于亲，则民兴于仁；故旧不遗，则民不偷[④]。"

【注释】

① 劳：劳累辛苦。② 葸（xǐ）：胆怯，过于拘谨。③ 绞：急切、尖刻，容易伤人。④ 偷：苟且、淡薄，指人与人的感情而言。

【细读】

孔子说："恭敬而不懂礼就会疲劳，谨慎而不懂礼就会懦弱，勇敢而不懂礼就会粗暴惹事，直率而不懂礼就会尖刻伤人。君子用深厚的感情来对待亲戚，老百姓就会趋于仁，不冷淡遗弃老朋友，平民百姓的人情就不会淡薄。"

孔子学说的最关键处是"仁"和"礼"，仁是内心情感的根基，礼是表现这种仁德的外在行为，但礼又是由仁决定的，二者相互生发。此处的"礼"是社会普遍的行为准则和规范，但实际上也是个人做事的尺度。"恭""慎"是两种心理情感的态度，而"勇"和"直"则是两种外在行为的表现，如果单独讲，这四种品格都是积极的，但依然要用礼来制约，要掌握"度"，这是做人的关键。为人之根本是"仁"，处事之准则是"度"，也就是礼。

平和面对生死

曾子有疾，召门弟子曰："启[①]予足！启予手！《诗》云：'战战兢兢，如临深渊，如履薄冰。'而今而后，吾知免夫！小子！"

【注释】

① 启：郑玄注："开也。"这里是动一动，摆正的意思。

【细读】

曾子病重，召集弟子前来，对他们说："动一动我的脚，摆正我的脚！打开我的手，摆正我的手！《诗经》上说：'战战兢兢，小心谨慎，人生就好像面临深渊，好像行走在薄薄的冰面上。'从今以后，我可以免于这种胆战心惊的人生了！学生们啊！"

这显然是曾子的弟子所记，应当是曾子临终前的情形。可见曾子谨慎恭敬的人生态度，是孔子学说中内圣方面的典范。曾子是一位极其谨慎、诚实守信的人，其学说专主守约，于此可见一斑。从他的语言和口气中可以体会出他临终前有一种解脱的感觉，对于自己的人生没有失德而感觉很满足，心情非常平和，确实是大德君子在临终时才会有的精神状态。"启予足，启予手"的要求是希望自己在死前身体姿态端正。

人之将死其言也善

曾子有疾，孟敬子[①]问之。曾子言曰："鸟之将死，其鸣也哀；人之将死，其言也善。君子所贵乎道者三：动容貌，斯远暴慢[②]矣；正颜色，斯近信矣；出辞气[③]，斯远鄙倍[④]矣。笾豆[⑤]之事，则有司存。"

【注释】

① 孟敬子：鲁国大夫仲孙捷。② 暴慢：粗暴傲慢。③ 辞气：指言辞与语气。④ 鄙倍：鄙，粗野鄙陋。倍，通背，背离礼仪。⑤ 笾豆：笾和豆。古代祭祀及宴会时常用的两种礼器。竹制为笾，木制为豆。

【细读】

曾参病了，孟敬子前来探望。曾子说："鸟在将要死的时候，鸣叫的声音很悲哀；人在将要死亡的时候，他的话也是善良的。君子所要注意保持的礼仪有三个方面：注重端正自己的容貌，这样就避免了粗暴和怠慢；端正自己的态度，就接近诚信可靠了；注意言谈语吐，就避免了粗野和过失。至于那些祭祀礼仪的细节，自然有专门人员负责。"

纵观曾子语录，主要是针对个人修养而言的，但因为他所讲述的立场都站在君子立场上，而君子在这里就是当政者的意思，因此虽然是个人修养却关乎社会风气的大节，因此不能说曾子只关注私德，统治者的私德直接影响公共道德，上梁正下梁不会歪，即使歪了也好撤换。曾子晚年地位比较高，很受当政者重视，故才会有这么多权要来看望他，听取他的意见。

不计较别人的冒犯

曾子曰："以能问于不能，以多问于寡；有若无，实若虚；犯①而不②校。昔者吾友③尝从事于斯矣。"

【注释】

① 犯：冒犯，欺辱。② 校：计较。③ 吾友：历来注释都认为是指颜回，可信。

【细读】

曾子说："有能力的人向没有能力的人请教，学问多的人向学问少的人请教，满腹学问就像没有一样，内心很充实却非常谦虚，有人冒犯也不计较，从前我的一位朋友就已经这样做了。"

一般观点认为曾子说的这个人就是颜回，确实如此，因为只有颜回才能有这么高的修养，也只有颜回才能得到曾子如此的敬佩。这里主要是强调敏而好学、不耻下问的精神，对于一般非原则的事情不计较，有这种修养的人在孔子弟子中确实是颜回最高。因为不计较小问题，故有时间和精力去专心学习，从而不断进步。颜回不但得到了老师的赞美，也获得其他同学的青睐，这确实需要极高的道德才可能做到。

君子有大担当

曾子曰："可以托六尺之孤①，可以寄百里②之命，临大节③而不可夺④也。君子人与？君子人也。"

【注释】

① 六尺之孤：指未成年的儿童。古代尺小，一般二十三厘米为一尺，六尺为一米三十多，指未成年人。② 百里：指方圆百里的小型国家。③ 大节：指大是大非的问题。④ 夺：指意志。

【细读】

曾子说："可以把孤儿托付给他，可以把百里的国家寄托给他，面临大是大非时不能使他屈服顺从而改变志节，这样的人是君子吗？当然是君子。"这里依旧强调诚信的问题，能够托孤托国的人当然是极其可靠的君子了。由于对这种道德的赞美，中国古代确实出现过一些可歌可泣的人物和事迹，成为中华民族传统美德的典范，如古戏曲中的《赵氏孤儿》便是根据真实的历史故事写成的。那种敢于担当、舍弃自己而保护赵氏孤儿的牺牲精神极其宝贵，永远值得赞美和歌颂。而这正是儒家思想培育出的英雄气概和高贵品质。

任重道远，仁为己任

曾子曰："士①不可以不弘毅②，任重而道远。仁以为己任，不亦重乎？死而后已，不亦远乎？"

【注释】

① 士：先秦时期的士概括很宽泛，有文士、武士、侠士等，但其特点都有一定知识，故用知识分子来概括。② 弘毅：远大刚毅。弘，广、大。毅，刚强坚毅。

【细读】

曾子说："知识分子不可以没有远大志向和坚韧不拔的刚毅之力，因为肩上的重担沉重而路途遥远。以实现仁德为自己的使命，不也非常沉重吗？要奋斗到死而后已，不也很遥远吗？"

这是儒家自我人格塑造的真实写照，从两个方面来进行要求，一是远大的理想和抱负，担负起推行仁义、建立和谐社会使百姓走上幸福大路的道义来；二是要用坚韧不拔的顽强毅力脚踏实地地奋斗，来实现这一远大宏伟的目标。培养和树立这种坚韧不拔、刚强不屈的伟大人格是儒家修养的重要目标，仿佛有一种浩然正气在历史的时空中荡漾。这是儒家学派的自觉意识，启迪和鼓舞着无数知识分子精英为祖国的建设和发展而忘我地工作。中国历史上杰出的人物都与这种精神的滋补与养育有直接的关系。李大钊先生"铁肩担道义，妙手著文章"的名言讲的便是儒家这种担当天下大义的精神。

以诗礼乐育人

子曰："兴[1]于《诗》，立[2]于礼，成[3]于乐。"

【注释】

① 兴：振奋精神。② 立：立身、立足于社会的意思。③ 成：成熟完美。

【细读】

孔子说："诗歌可以使人振奋，礼仪可以使人成长立身，音乐可以使人成熟完善。"

这是非常重要的一条。诗、礼、乐都是孔子的教学课程，也是教学的主要内容。孔子将这三个方面对于人格培养和成长的作用论述得十分简明。诗歌可以唤起人对于美好事物的追求、启发人的心智；礼仪活动具有社会集体的性质，可以培养人在社会中的行为规范和交际能力，可以得到社会的承认和认可。实际上即使是现代社会也需要有活动场所，在各种活动中才可以培养人的能力和融入社会的能力，故是立身的意思。而音乐活动又与礼仪相互配合，可以提高人的道德情操和审美能力，使他们的人格更加完善。简言之，文学尤其是诗歌能够开启人的智力、唤醒人的意识；礼仪等社会活动能够培养人的社会活动能力，提高人的威信；音乐等文化艺术活动能够提高人的审美情趣和陶冶人的情操，故这三个方面都是教育的重要内容与环节。

重视民意

子曰："民可使，由[1]之；不可使，知之。"

【注释】

① 由：奉行，遵从。

【细读】

孔子说："老百姓认可统治者的领导，则率领他们生产和生活，老百姓不认可统治者的领导，则要知道他们不认可的理由。"

对于本条的解读是争议最大的语录之一，原来的断句是"民可使由之，不可使知之"。有"愚民"之嫌，与现代民主思想相对立，故遭到后世批评较多。按照本条这样断句，那么就体现出了孔子重视民意的思想。统治者应当注意施行仁政，懂得休养生息，以争取得到百姓的拥护和支持，一旦得到了百姓的拥护，便能够使百姓为其效力。但如果统治者未能得到百姓的拥护，则要了解百姓真实的想法，针对存在的问题进一步完善制度，这样的统治才会长久。《论语》中被误解的章节还有不少，因此，解读应当建立在全面理解孔子思想的基础之上。

统治者应善于调解民心

子曰："好勇疾①贫，乱②也。人而不仁，疾之已甚，乱也。"

【注释】

① 疾：痛恨。② 乱：祸害、祸乱。

【细读】

孔子说："好勇而痛恨贫穷，是一种祸害。对于不仁的人过分痛恨，也是一种祸害。"

这是孔子为统治者提供的借鉴，包括两层意思，一是对于那些好勇斗狠的人来说，如果过于贫困，就容易产生暴乱。这就要求统治者通过国家行政力量调控，不要使贫富差距过大，以致出现贫富严重对立的情况。二是对于那些不仁的人，也不可采取过激的措施使矛盾激化，否则也容易产生动乱。对于个人来说，则要注意下面的问题，一是要安贫乐道；二是对于那些不仁的人不要过分痛恨，这都是经验之谈，对于当政者和普通人都具有借鉴意义。

为人应低调仁厚

子曰："如有周公之才之美，使①骄且吝，其余不足观也已。"

【注释】

① 使：假如、假使。

【细读】

孔子说："假如一个人具有周公那样美妙的才能，但如果他骄傲而又吝啬，其余也就不值得一提了。"

《论语正义》引《韩诗外传》说："周公践天子之位，七年。布衣之士，所贽而师者十人，所友见者十二人，穷巷白屋，所先见者，四十九人。时进善百人，教士千人，官朝者万人。当此之时，诚使周公骄而且吝，则天下贤士至者寡矣。"其大意是说，周公当年辅佐成王实际上是执行天子的权力，前后七年时间他始终能够礼贤下士，非常谨慎恭敬，对于普通百姓都能够亲近重视，提拔信任，因此才取得那么高的政绩，留下千古美名。联系这段话，就能比较容易理解孔子的话。孔子也可能是针对当时某个执政者说的，但对于所有在位者都有着普遍的指导意义。

静心求学方有所成

子曰："三年学，不至于谷①，不易得也。"

【注释】

① 谷：古代用粮谷给官员发放俸禄，因此谷可以代指俸禄。

【细读】

孔子说："学习三年，还没有着急当官，这很不容易啊！"

孔子那个时代知识分子很少，就业应当相对比较容易，但是读书三年而不汲汲求职的也不多，可见追求事业有成是人们共同的品性，也不应当否定。但如果能够静心求学，提高自己的修养，不以追求职务为目标，则能达到更高层次的境界。而且只要学业有成，是不愁没有职业的。不能静下心来学习，就难以取得好的成绩。

守死善道

子曰："笃信①好学，守死善道。危邦②不入，乱邦③不居。天下有道④则见，无道则隐。邦有道，贫且贱焉，耻也；邦无道，富且贵焉，耻也。"

【注释】

① 笃信：真诚守信。笃，诚实、坚定。② 危邦：出现政治危机的国家。③ 乱邦：指处在动乱之中的国家。④ 有道：指政治清明。

【细读】

孔子说："信仰坚定，爱好学习，牢牢守住信仰，追求真理和正义。不去危险的国家，远离动乱的地方。政治清明时就出来工作，政治黑暗时就隐居起来。国家政治状况好，贫贱就是耻辱；国家政治黑暗腐败，富裕且位高也是耻辱。"

本条讲述了在不同的社会背景下应当采取相应的出仕与退隐的策略。儒家和道家的区别在于，儒家提倡开明政治，政治开明时就要积极工作，为社会做贡献；道家认为没有开明政治，无论何时都要避世。儒家的隐退是明哲保身，是为了以后的"进"积蓄力量。但两种学说都注重保全生命，反对盲目牺牲。在孔子时代，邦指诸侯国，故可以"危邦不入，乱邦不居"，但汉代大一统以后，则没有这种自由了。故理解任何人的思想都不能离开具体的历史文化背景。

不在其位，不谋其政

子曰："不在其位，不谋①其政。"

【注释】

① 谋：谋划，思考。

【细读】

孔子说："不在那个位子上，就不要谋划那些政事。"

这是人生处世的经验之谈，因不在其位而谋事不但徒劳无功，又有越位干政侵权的嫌疑。不在位则没有责任，当然也不需要尽义务，所以掌握好这个尺度是非常关键的。白居易当年就是因为没处理好这一问题而惹了祸。在他在担任谏官的时候，可以批评时政，可以写诗讽刺那些贪官污吏，但在他被安排到东宫担任太子府的官员后，就没有那么自由了。其实当时的皇帝和执政大臣就是要他少说话，才把他从谏官任上拿下而安排到太子府中的。太子府的官员最重要的一点就是不干政，因为他们的职责是辅佐教导太子的，而太子是皇帝防备的主要对象，故不能过问政事。但当宰相武元衡被刺杀，另一宰相裴度被刺受伤时，满朝文武缄口不言，白居易才上书请求捕贼。

但因为他不是谏官，结果政敌便以他“越职言事”之罪将其外贬为江州司马。其实就是因为他不在其位而谋其政。

诚信豁达者易成事

子曰：“狂而不直，侗[①]而不愿，悾悾[②]而不信，吾不知之矣。”

【注释】

① 侗（tōng）：童子。亦指幼稚无知的人。《尚书·顾命》：“在后之侗，敬迓天威。”孔传：“在文武后之侗稚。成王自斥。”② 悾悾：诚恳貌。邢昺疏：“悾悾，悫也。谨悫之人宜信而乃不信。”

【细读】

孔子说：“狂妄而不直爽，幼稚无知而又不老实，表面诚恳老实而又不讲信用，我不知道这种人能干什么。”人最主要的品质是老实忠诚。如果从能耐与脾气上看，人可分为三等，一等人是能耐大没脾气，是君子，只有道德高尚的人才能做到；二等人是能耐大脾气也大，也还不算差，站住一头，有点能耐；下等人是没有能耐脾气却很大，这是最差的了，生活中这样的人也不少。孔子在这里批评的人便是下等人，也就是没能耐、脾气大，什么事都做不成。相反，一个人如果真诚、讲信用则会处处受欢迎，做事也会非常顺利。本条对于我们认识人、认识社会很有启发。

学而不厌，惜时如金

子曰：“学如不及[①]，犹恐失之。”

【注释】

① 及：追上，赶上。

【细读】

孔子说：“抓紧时间学习很怕来不及，还很怕浪费时间。”

从本条可以看出孔子积极进取的精神，有一种时不我待的恐惧感，也是其“学而不厌”精神的生动表白。人的生命是有限的，时间是一个常数，对于任何人都很公平，因此能否最大限度地利用时间便是人生成功与否的一个关键问题。抓紧时间刻苦学习是一切成功者的必经之途。古往今来，许多集大成者都有孔子的这种感觉，因为人的生命只有一次，一切都要在有限的生命里完成，而且完成的东西是没有定量的，多多益善。这样随着获取知识的不断增多，理想也会变得更远大，更感觉自己应该为社会、为天下、为历史承担更多的责任，使命感会越来越强烈，对于时间的珍惜也就更急切。生命的长度是一定的，最多不过一百多年，故对于人生来说，是最宝贵的资源，不能再生。有志者焉能不珍惜？焉能不惜时如金？

贤者应得其位

子曰："巍巍乎，舜禹①之有天下也而不与②焉！"

【注释】

① 舜：古代著名圣人，贤君，接受尧的禅让为天子。后来禅让传君位给大禹。禹：古代著名圣人，贤君，以治水著称，夏朝开国君主。② 与：参与，这里引申为追求。

【细读】

孔子说："道德真是崇高啊！舜和禹拥有天下，而自己并没有去追求。"

孔子赞美舜和禹的圣德崇高，既有赞美古代圣贤反讽当世君主的含义，也有自己不能够拥有君位而实现政治主张的遗憾与无奈。"不与"二字含义丰富，有不以权谋私的意义，也有他们都没有去抢夺君位，而是凭借自己的仁义道德经由禅让获取的。孔子也有圣德，但因为没有政治基础，无法施展自己的才能，所以有此感慨。孔子的内心是有一定的矛盾和苦涩的。他反对通过暴力或者权谋来谋取政权，也没有得到过真正执政的机会，故有此感叹。孔子所说的"雍也可使南面"的深层含义与这句感慨也有着相同的意蕴。

仁者为天地立心

子曰："大哉尧①之为君也！巍巍乎！唯天为大，唯尧则②之。荡荡乎！民无能名焉。巍巍乎！其有成功也，焕乎其有文章③！"

【注释】

① 尧：古代圣人，贤君。后把天下禅让给舜。② 则：以天为法则，即效法天道。③ 文章：指礼乐典章制度。

【细读】

孔子说："真是太伟大了！尧作为国君啊！真是崇高啊！只有天最高大，只有尧能够仿效天。尧的道德浩浩荡荡，真是广大啊！老百姓都不知道用什么词语来形容了！实在是太崇高了，尧所取得的成功！他制定的典章制度很完美而有文采。"

本条最关键的是"唯天为大，唯尧则之"八字，将尧的施政措施与天道联系起来，与中国远古时代的巫术文化紧密相关。在遥远的古代，天文学最关键，人们在日月星辰运转的规律中摸索出一套时间概念，日、月、年、时（季节）的变化规律对于农业、渔猎生产都有重要影响，人们的生活与生产直接受自然影响和制约，故对天文十分关注。当时的部族领袖人物都精通天文，并对一些天象有神秘的解读方式。后世"天人感应"理论的产生，与孔子的这些观点和论述都有联系。经过圣人与上天的沟通与交流，天人合一，于是宇宙、社会、人生便构成了一个整体，从而构建起一个世界。人生的一切都在宇宙、自然、社会与人生自身中完成，没有超越于这一现实世界的另外的世界，这是儒学乃至中国哲学的一大特点。可以说，后人说孔子"为天地立心"便与这种说法有关。

贤君俭而爱民

子曰："禹，吾无间然①矣。菲②饮食而致孝乎鬼神，恶衣服而致美乎黻冕③，卑④宫室而尽力乎沟洫⑤。禹，吾无间然矣。"

【注释】

① 间然：可以批评的地方。间，非，不好的地方。② 菲：微薄；使之微薄。③ 黻冕（fǔ miǎn）：祭祀时穿的礼服戴的礼帽。④ 卑：低矮简陋。⑤ 沟洫：田间的水沟和水渠。

【细读】

孔子说："对于禹，我是无话可说了。他自己吃得很差，祭祀祖先却很丰盛；自己穿得非常简陋朴素，祭祀的礼服却非常华美高贵；自己居住的宫室很简陋，却尽力修建水利工程。对于禹，我实在无话可说了。"

孔子高度赞美禹作为天子的高尚道德，最突出的特点是艰苦朴素、大公无私，自己保持很低的生活水准，而对于公共事业以及基本建设却非常重视并舍得投资。自己吃、穿、住都很简单，这无疑是等级社会中上层统治者最宝贵的品质。特别值得注意的是，禹主要在两个方面非常谨慎用心，一是敬鬼神，对于祭祀非常恭敬；二是爱黎民，不修建宫室而修建水利工程，这都是增强凝聚力，获得民心的重要举措。孔子如此高度赞美三代的第一位天子，实际上也有他对当代统治者失望的弦外之音。

子罕篇第九

多谈仁，少谈利

子罕言利[①]与[②]命与仁。

【注释】

① 罕：稀罕，很少。② 与：赞许，准许。

【细读】

孔子很少讲利，赞许探讨命运问题，赞许探讨仁德问题。

关于本条的意义后世争论较大，因为《论语》中讲到“仁”的地方相当多，讲到命的地方也有一些，因此将两个“与”字解释成为连词，认为孔子很少讲利益、命运和仁德，笔者认为不太恰当。也有人解释说，孔子讲命的地方确实不多，而讲仁的时候也不轻许人有仁德之意。但本条说的是“言”，言就是说、谈论、讲述的意思，不必许可。孔子确实很少谈到利，尤其是谈论牟利的问题，这可能与当时的生产力水平、生产方式和生活方式有关。当时氏族遗风尚在，交通、商业也不发达，基本上是农牧业自然经济状态，故不能看作孔子是反对或排斥“利”，而只是不强调“利”的观念而已。

孔子博学而善御

达巷党人[①]曰："大哉孔子！博学而无所成名。"子闻之，谓门弟子曰："吾何执[②]？执御乎？执射乎？吾执御矣。"

【注释】

① 达巷：当是街道胡同的名称。应该是一条宽敞而又方便的胡同。党人：那里的居民。党，古代一种地方基层区划名称。五家为邻，五邻为里，五百家为党。② 执：专攻的意思。

【细读】

达巷街的一个人说："孔子真是伟大啊！他的学问广博，却没有足以使他成名的专长。"孔子听说了，对他的弟子说："我专攻什么呢？是驾车呢，还是射箭呢？我还是驾车吧！"

孔子作为老师，就像很多大教育家一样，能够培养和指导出各个方面的专业人才，而这些教育家本人却不一定是这些专业的专家。尤其是像孔子这样的教育家，所有的专业课、基础课、必修课都由他老人家一个人教，怎么会专攻哪一门呢？很多大思想家、大哲学家也大多不是某一方面的专家。但孔子还是接受了其意见，选择了驾车。前人多数认为孔子选择的是最低级的技艺，并认为驾车又是他人之仆，则更是低级。其实不然，当时御者并不低贱。笔者认为孔子可能是驾车技术好，而且对驾车有兴趣，因此才这样说。孔子其实是一位很平易近人的智者，并没有神秘之处，所以他做出学习驾车的决定也很正常。

与时俱进地继承

子曰："麻冕[①]，礼也；今也纯[②]，俭，吾从众。拜下[③]，礼也；今拜乎上，泰[④]也。虽违众，吾从下。"

【注释】

① 麻冕：麻做的礼帽。古代男子二十岁举行加冠礼，开始戴冠。在参加礼仪时则要戴礼帽。② 纯：丝。③ 拜下：在堂下叩拜。④ 泰：傲慢。

【细读】

孔子说："礼帽用麻料来做，是礼制的要求，如今用丝料做，是节俭的方式，我遵从大众意见。在堂下见礼叩拜，是礼制；如今改在堂上见礼叩拜，那显得很傲慢。虽然违反众人意见，我还是坚持堂下见礼叩拜。"

对于古代礼制，孔子并不是全盘坚持和盲从，而是有所选择，他注重思想与感情方面的继承，而在外在礼仪形式上与时俱进。本条所涉及的两个方面就很说明问题，在穿戴什么方面，孔子从众，采取节俭的方式；而在参拜礼节上，孔子宁可违众也要坚持古礼，因为这样可以保持尊卑礼数，在内心情感方面增强对于秩序的遵从。重视内心情感培养超过重视外在的礼仪形式，由这一点还可以看出孔子对于事物以及制度的判断标准。孔子思想中提倡节俭是一贯的，故即使与古礼不合但可以节约就接受并提倡，体现了其与时俱进的思想。但他在礼制上依然坚持比较隆重的古礼，因此曾经被时人批评为"谄媚"，但孔子依旧坚持。由此也可以看出孔子对于古代礼乐制度的坚守。

孔子的"四不"

子绝四：毋意①，毋必②，毋固，毋我③。

【注释】

① 意：猜测，臆断。② 必：一定如何。③ 我：自我，以我为中心。

【细读】

孔子断绝了四种毛病——不悬空猜测、不一定必须如何、不固执、不自以为是。

本条涉及人生意义与价值的根本问题，涉及人如何对待客观世界的问题。何晏对于本条的注释很有启发："以道为度，故不任意。用之则行，舍之则藏，故无专必。无可无不可，故无固行。述古而不自作，处群萃而不自异，唯道是从，故不有其身。"这种解释基本接近孔子的原意。即人生要避免和杜绝这四种毛病，要客观对待现实，对待社会发生的变化；既要有完整的主体性格，也要顺应社会的潮流，不强求一定如何；采取无可无不可的态度，但始终保持自我人格。这是一种圆融的意识形态，是很高的智慧，能够适应千变万化的社会，在社会形态发生急剧变化的时期也不会迷失而能自保。

临危亦自信

子畏于匡[1]，曰："文王既没，文不在兹乎？天之将丧斯文[2]也，后死者不得与于斯文也；天之未丧斯文也，匡人其如予何？"

【注释】

① 匡：《史记·孔子世家》正义："故匡城在滑州匡城县西南十里。" ② 斯文：这种文化。指周礼乐制度。

【细读】

孔子被围困在匡地，孔子说："文王已经死了，一切文化不都在我这里吗？如果上天要消灭文化，那么后世之人便无法了解这些文化了。如果上天不想消灭这些文化，匡人能把我怎么样？"

据《史记·孔子世家》载，孔子离开卫国要到陈国去，路过匡城。给孔子驾车的弟子颜刻用马鞭子指着匡城外城的一个豁口说："当年我们就是从这个地方进入匡城的。"当年颜刻曾经跟随阳虎并给阳虎驾车进攻匡。他的话被城上的人听到了，而孔子的相貌很像阳虎，便误把孔子和弟子当成阳虎以及阳虎的部下了，于是出兵将孔子一行团团包围。连续包围五天，形势很紧急，孔子才说那些话。后来因为有大风暴袭击，卫国又派人来营救，孔子才脱险。孔子的话说明他非常自信，而这种自信往往是非常重要的。他自觉担负着传播文化的历史重任，其中也有天命观的因素。这种使命感非常重要，也促使其不断前行。

贫困而养才艺

太宰[1]问于子贡曰："夫子圣者与？何其多能也？"子贡曰："固天纵[2]之将圣，又多能也。"

子闻之，曰："太宰知我乎！吾少[3]也贱，故多能鄙事[4]。君子多乎哉？不多也。"

【注释】

① 太宰：官名，但具体是哪国人，什么姓名不清楚。但子贡曾出使吴国，故这名太宰可能就是吴国的太宰伯嚭。② 天纵：上天给予的。③ 少：年轻，这里就是指小时候。④ 鄙事：低贱的事。

这里指简单的生活技能。

【细读】

太宰问子贡："老夫子是位圣人吧？为什么这样多才多艺呢？"子贡说："因为上天要让他做圣人，而他本人又多才多艺。"孔子听说后说："太宰了解我吗？我小时候贫穷低贱，所以学会了许多技艺。出身高贵的人会有那么多生活技能吗？不会太多的。"

这段对话很平实，很生活化。那位太宰好像不是鲁国的，因为鲁国人不会不了解孔子的身世。孔子自己的解释非常忠诚老实，他否定天生圣人的说法，说自己的多才多艺是生活所迫，因为小时候太贫穷低贱，因此才学会许多养家糊口的本事，这对于理解社会、理解人生都非常重要。最后两句的"君子"是指地位高、出身高贵的人，这样理解前后文才能顺畅。意思很明显，出身高贵的孩子在生活技能方面肯定不行，古今一律如此。仔细体会，孔子的话中多少有点苦涩的味道。少年之苦是终生宝贵的财富，这一点，孔子的经历也可以证明。后来鲁迅先生在《孔乙已》中用到这里的话，孔乙已在吃茴香豆的时候说："多乎哉？不多也。"则是幽默，已与这里的意思风马牛不相及了。

随遇而安固才艺

牢①曰："子云，'吾不试②，故艺③。'"

【注释】

① 牢：孔子的弟子，但具体不详。有人说是琴张。② 试：试用，这里是当官的委婉说法。③ 艺：技艺，技能。孔子教学的六艺，即诗、书、礼、乐、射、御都可以称作艺。

【细读】

牢说："孔子说：'我没有被国家试用为官员，因此学习很多技艺。'"

本篇中多次提到孔子的技艺问题，本条依旧是谈技艺，孔子自己的话很实在，因为自己没能被国君重用、没有执政，这样便有极其充裕的时间和精力去"学而时习之"，学习技艺并有时间反复练习巩固，因此具体技艺很多。这是孔子自己谦虚而实在的说法，不当官的人很多，但不努力刻苦也同样一事无成。其实孔子的话里有苦涩也有无奈，他内心还是想为官执政的，这样可以实现政治主张，但始终没有机会。既然如此，珍惜生命的孔子便在自己可以掌握的范围内孜孜不倦地学习，仅这一点就非常伟大。真正的君子不怨天、不尤人，做什么像什么，无论做什么都能够做好。

弱者更应尊重

子见齐衰[①]者，冕衣裳[②]者与瞽者，见之，虽少，必作[③]；过之，必趋[④]。

【注释】

① 齐衰（qī cuī）：古代五种丧服之一。② 冕衣裳：祭祀穿戴的礼服礼帽。③ 作：站起来。④ 趋：怀着恭敬的心情小步快走。

【细读】

孔子看见穿孝服的人、穿戴祭祀用的礼帽礼服的人和盲人时，即使对方很年轻，也一定要站起来；经过他们身边的时候，一定要非常恭敬地弓腰快步走过去。

本条记载孔子生活中的一些细节，表现了孔子对于他人的尊敬，充分体现了其人文关怀精神。穿孝服是处在人生不幸之中，穿礼服戴礼帽是要参加重要的礼仪，而盲人是残疾人，本身很痛苦，这些人都属于弱势群体，更需要精神安慰，因此孔子对他们表现出很高礼节的尊敬态度，这种做法本身便是大仁德。人类之间都需要这种感情的支援和抚慰，这是和谐人际关系非常重要的方式。

师道望之弥高

颜渊喟然叹曰："仰[①]之弥高，钻之弥坚[②]。瞻之在前，忽焉在后。夫子循循然善诱人，博我以文，约我以礼，欲罢不能。既竭[③]吾才，如有所立卓[④]尔。虽欲从之，末由也已。"

【注释】

① 仰：仰头望。② 坚：坚硬，这里有艰深意。③ 竭：尽。④ 卓：高拔挺立的样子。

【细读】

颜回非常感叹地说:“我们老师的道真高啊，越抬头仰望，越感觉高大，越钻研，越感觉深奥坚实，眼看着它在前面，忽然好像又到了后面。老师善于一步步引导和教育我们，用渊博的文献知识来使我们有文采，用礼仪制度来约束教导我们，使我们想停止都不可能。我已经用尽我的才能和心力，好像高高站立起来了。但想要跟从老师继续前行，却又感觉好像不知怎么走了。”

颜回是最理解孔子的弟子，在对于老师内心世界和崇高理想的理解方面，颜回确实是孔门弟子中最深刻、最全面的人。因此他对于孔子的赞叹和评价很有感染力和说服力。孔子因材施教，对于学生除具体知识技能的教育和培养之外，更注重整体人格和完美道德的塑造。这使得孔子的教育具有了拯救人之苦难灵魂而超越世俗痛苦的某种宗教功能，儒家被称为儒教，与这种功能有关系。颜回感觉自己已经站立起来，但如何前行，还需要老师的教导和引领，也可以看出他执着前行的性格和追求精益求精的美好品格。

师生情重

子疾病，子路使门人为臣①。病间②，曰:“久矣哉，由之行诈也！无臣而为有臣。吾谁欺？欺天乎！且予与其死于臣之手也，无宁③死于二三子之手乎！且予纵不得大葬④，予死于道路乎？”

【注释】

① 臣：古代服务于人都可称臣，这里是仆人的意思。② 病间：病见好。孔安国说:“少差曰间。”③ 无宁：不如，宁可。④ 大葬：大规模的葬礼，即隆重的葬礼。

【细读】

孔子得病了而且很重，子路就派自己的学生以臣仆的身份去服侍孔子。孔子的病情见轻，说:“太久了啊！子路你干这种欺骗的勾当！本来没有臣仆而装作有臣仆。欺骗谁啊？欺骗老天吗？与其让我死在这些臣仆手上，我宁肯死在你们这些学生手上。况且我即使得不到隆重的葬礼，难道还会死在路上吗？”

子路见老师病重，为了体面，居然让自己的学生装扮为仆人去服侍老师，虽然这种做法好像有点虚荣，但他对于老师的一片真心是值得赞许的。孔子对于子路的好心当然理解，因此批评的话也不重，却说出了真实感情，那就是我宁愿学生们服侍我到死，也没有必要没有奴仆而装作有奴仆。这种感情是可以理解的，可见孔子对于亲情更加重视，对学生感情很深。孔子和弟子的感情纯洁真实，这是最美好的人间感情，在这种美好的感情的基础上，怎么做都可以接受。故孔子在批评的语气中依然感觉有点欣慰的味道，仔细品可以品出来。

待价而沽的美玉

子贡曰："有美玉于斯，韫[①]椟而藏诸？求善贾[②]而沽诸？"子曰："沽[③]之哉！沽之哉！我待贾者也。"

【注释】

① 韫椟：藏在木柜里。② 善贾（gǔ）：可以解释为"好商人"，即识货者，也可以解释为好价钱，还可以解释为善于销售者，以后义为优。③ 沽：买或卖，这里指卖，出售。

【细读】

子贡说："有一块美玉在这里，是把它放在柜子里收藏起来呢，还是请求一个会砍价的商人把它卖出去呢？"孔子说："卖了它！卖了它！我就等着买主呢！"

这是非常生动风趣的师生对话，子贡从来不直接提出问题，而是用比喻手法。这里很明显是把孔子比喻为美玉。孔子当然清楚是什么意思，急忙回答，表现急切出仕的心情。其实孔子终生都在积极寻求从政机会，因为只有从政才有可能推行仁政，实现自己的政治主张。后来周游列国，也是出于这样的政治目的。但当时的社会没有给孔子表演的舞台，因此他只能在幕后指导学生了。呜呼！此乃孔子之不幸！也是天下之不幸！这种哑语似的对话在《论语》中随处可见，尤其是孔子和子贡之间最多，可以看出师生间心灵默契的程度。

摒弃民族偏见

子欲居九夷[①]。或曰："陋[②]，如之何？"子曰："君子居之，何陋之有？"

【注释】

① 九夷：少数民族的统称。当时一些地区存在许多少数民族部落。东方的少数民族称“夷”。② 陋：简陋，主要指文化落后。

【细读】

孔子要到偏远落后的少数民族地区去居住。有人说：“那些地方太闭塞落后，怎么办？”孔子说：“有君子居住在那里，有什么闭塞落后呢？”

前面几条都说孔子急于出仕却没有机会，本条则记载了孔子要去偏远的少数民族地区居住，应当是孔子真实的想法。为什么会如此呢？主要原因是孔子对于中原地区华夏民族建立的诸侯国的政治已接近绝望，整个社会各个国家都不讲仁义，礼崩乐坏，太平盛世是没有希望了，而自己一直没有机会执政，还不如到少数民族居住地去发展文化。联系《八佾》篇中“夷狄之有君，不如诸夏之亡也”的话，可以看出孔子对中原各国的失望。后面一句话则表现出孔子高度的自信。虽然孔子最终没有去，但从这件事上便可以看出孔子并没有狭隘的民族偏见，而是对于全人类都同样看待，具有普遍的人文关怀思想，这一点非常可贵。

孔子曾整理《诗经》

子曰：“吾自卫反鲁，然后乐正①，《雅》《颂》②各得其所。”

【注释】

① 乐正：音乐得到整理而归于正。②《雅》《颂》:《诗经》按照音乐分为《风》《雅》《颂》三种。

【细读】

孔子说：“我从卫国返回鲁国，然后‘诗’的音乐都得到纠正，整理出规范来，《雅》诗和《颂》诗各自得到其相应的位置。”

对于《雅》《颂》可有两种理解，一是当时的《雅》《颂》音乐，二是《诗经》中的篇章。至于孔子到底是规范篇章文字内容还是规范音乐，学术界说法不一。好像两者兼指。这是孔子周游列国后回到鲁国，知道自己的政治主张无法实现，只好退而求其次，保存文化留给后人，这等于是间接保存自己政治主张的方式。这也是孔子整理过《诗经》的证据。孔子晚年致力于整理六经，对于中国古代文献的保存和流传起了决定性作用。顺便说明一下，《左传》记载季札到鲁国欣赏音乐时，十五国风只是没有提到《曹风》，其他十四国风都有，但是位置有一点小的出入，即《豳风》处在《齐风》和《秦风》之间，而在现在传世的《诗经》中，《豳风》则是在《国风》的最后。这个位置的调整应该就是孔子整理《诗经》时所做的。

道德自律的典范

子曰："出则事①公卿，入则事父兄，丧事不敢不勉，不为酒困，何有于我哉？"

【注释】

① 事：服侍，侍奉。

【细读】

孔子说："出去侍奉公卿高官，回家来侍奉父亲兄长，参加丧事时不敢不尽心竭力，不贪恋酒杯而被酒所拖累，除这些方面外，对于我来说，还有什么呢？"

孔子特别强调道德的自觉自律性，只有用理性约束自己才能成为有德之人。出去工作尽心尽力，敬业尽职，当个称职的工作人员。回家对于父兄家人同样尽心尽力，当个好儿子、好弟弟。参加丧事时尽心、尽力、尽情，不被酒所拖累，即不沉湎于酒。孔子的酒量究竟如何难以知晓，但从所有记载中看不到孔子有喝醉酒的文字，而且后文有"唯酒无量，不及醉"的话，这主要是其有自控能力的问题，本条所讲就是日常生活中的具体行为，因此一切道德都表现在日常小事中，高尚的人格存在于细微之中。

珍惜易逝的生命

子在川①上，曰："逝者②如斯夫！不舍昼夜。"

【注释】

① 川：河流。② 逝者：过去的。这里指人生时间。

【细读】

孔子在河岸上说："过去的时光就像这河水一样，不分昼夜向前流淌。"

天地运行不已，水流不息，人生就在这时间的流逝中逝去，故人更应当抓紧时间学习工作。这是儒学的根本精神之一。这是最精彩、最生动、最富有哲理韵味的格言，充分体现了孔子生命意识的自觉和对于生命的珍惜与热爱。简直就是生命的咏叹调。儒家哲学重实践、重行动、重现实、重情感。生命本体存在于一定的时空之中，时间是连续不断、永不止息的，而生命本身只是存在于一定的时间之内，生命是流动的，故儒家哲学以动为体，《易经》中处处充满对于运动的解释，而孔子的这句比喻也表现了其对于人之生命处于动态的这种理解。在动中去追寻生命的意义，并将生命本身拥有的时间与前后相联系，便可以使生命获得永恒。人只有在自己生命的历程中尽情享受人生之乐趣，构建自己的主体品格，只有把握好今生才会拥有未来，这便是儒家思想积极进取精神的原动力，也是其精华之所在。

对重色轻德的批评

子曰："吾未见好德如好色①者也。"

【注释】

① 色：美色，指美女。

【细读】

孔子说："我没有见过喜欢道德像喜欢女色那样自觉而强烈的人。"

孔子在卫国时，卫灵公与爱妃南子、宠宦雍渠同车在前，孔子车在第二位，招摇过市，孔子才有这种叹息。说人们爱好美色是发自内心的，而爱好美德则需要培养。孔子虽然是针对卫灵公所发的感叹，但却具有普遍意义。色也可做更宽泛的理解，一切华美具有诱惑力的东西都可以称为色。金钱、美女、名誉、地位都可以诱惑许多人干不仁义的事，因此仁义道德需要外在的培养和自己的修炼，而对于那些事物的爱好和追求则出自本性，这更说明教育的重要性。

功亏一篑

子曰："譬如为山，未成一篑[①]，止，吾止也。譬如平地。虽覆一篑，进，吾往也。"

【注释】

① 篑：盛土的竹筐。

【细读】

孔子说："比如堆土造山，就差一筐土没有堆成就停止了，那是我自己停止的。比如填平土地，虽然只填上一筐土，那也是进步，我也要坚持干下去。"

只有坚持不懈才能获得成功，孔子善于用比喻来说明这样的道理。前面的比喻是成语"功亏一篑"的来源。孔子一直强调自强不息、坚韧不拔、好学不厌的精神，鼓舞人永远前行，这里当然有道德修炼和贡献社会人生两个方面，在私德和公德两个方面都严格要求自己，这是儒学的基本精神，也是中华民族三千年来一直奉行的精神。勤奋实干、自强不息是儒家精神最本质的思想。

勤奋是美德

子曰："语之而不惰[①]者，其回也与！"

【注释】

① 惰：懒惰、怠慢、松懈。

【细读】

孔子说："和他谈过之后就始终不懈怠而坚持学习与实践的，大概就是颜回吧！"

与前面一条内容一致，强调坚持修炼，永远勤奋而不懈怠的重要性。一切成就都是一点一滴积累起来的，"大器晚成"的道理就在这里。"不惰"还有一点要特别注意，就是不拖拉，老师布置的读书和实习立即就去办，而不拖拖拉拉，这是很难得的品格。勤奋而抓紧一切时间学习和实践要结合起来，才会进步得更快。孔子表扬的"子路无宿诺"，重点在实践方面，而这里表扬颜回则在学习文献与实践两个方面，故更难得。可惜颜回短寿而没有大的成就，但其精进勤奋的精神和高尚品德成为后世的精神遗产。现代的雷锋精神和颜回精神就有相似之处。

生命不止，勤学不辍

子谓颜渊，曰："惜[①]乎！吾见其进也，未见其止也。"

【注释】

① 惜：可惜、惋惜。皇侃疏："颜渊死后，孔子有此叹也。"

【细读】

孔子赞美颜回："真是可惜啊！我只是看见他不断进步，没有看见他停滞不前。"

从语气和感情看，皇侃说得有道理，是颜回死后孔子的叹息。因为颜回在学业上精进不止，正在迅速前进的年龄却英年早逝，因此孔子才有此感慨。其潜台词是说，颜回如此精进，不断进步，从来没有停止过，本来应该有所成就，可惜没有什么实际成就就英年早逝了，很伤心无奈。下面一条也可以证明皇侃的正确性。

秀而有实

子曰："苗[①]而不秀[②]者有矣夫！秀而不实[③]者有矣夫！"

【注释】

① 苗：植物出土后一直到开花前都可称苗。② 秀：指禾类植物开花抽穗。③ 实：植物结出果实并成熟。

【细读】

孔子说："有的禾苗成活了却没有抽出穗来，有的虽然抽穗开花却未能结出果实。"

《论语》篇与篇之间，条与条之间的排列是很讲究的，本条紧承前面两条，可以断定是伤心感叹颜回的。颜回学业精湛、品德高尚，本来应该有所成就，却没有建树就死了。好像只开花没有结果一样。这便是本条感叹的内容。但这个比喻获得了更广泛的寓意，有的小苗很好，但没有开花便遭遇天灾而死去，如果是人，就相当于少殇，即未到结婚年龄就死亡；秀而不实如果仅从人类生理来看，当是指结婚而未留后代者。但如果从人的事业来看，比喻更精彩，因为无果实的花朵，虽美丽动人，但只是一时而已，没有结出果实的花朵是没有意义的。许多人追求虚名，一时间轰轰烈烈，过后便一无所有。其实，此处是用苗、秀、实来比喻生命和学问，非常精彩，值得仔细玩味。苗、秀、实是人生命的三个典型阶段，一切生命都是在这几个阶段完成的，有果实的人生才是有意义、有价值的，一切都是在有限的生命中完成的，这便是儒家“一个世界”，没有彼岸，也没有另一世界的思想特点。

后生可畏

子曰："后生①可畏，焉知来者②之不如今也？四十、五十而无闻焉，斯亦不足畏也已。"

【注释】

① 后生：年轻人。② 来者：未来的人。

【细读】

孔子说："年轻人可敬畏啊，怎么知道后来人不如今天的人呢？但如果一个人四五十岁还没有明白做人的道理，这个人也就不值得敬畏了。"

古代尊老敬贤，因为在远古时期个人的经验更重要，知识传播速度很慢，许多行业靠经验吃饭，所以有经验的老年人更受重视。孔子最先提出“后生可畏”，具有进化论的观点，很可贵。另外对于“无闻”，很多注释说“没有成名”，当不是孔子原意。这里的“闻”，是“朝闻道”的“闻”，故如此翻译。因为四五十岁不成名很正常，如果还不知道学习修业则不会有什么出息了。

知错即改

子曰："法语①之言，能无从乎？改之为贵。巽②与之言，能无说乎？绎③之为贵。说而不绎，从而不改，吾未如之何也已矣。"

【注释】

① 法语：礼法正道之言。② 巽：卑顺；谦让。③ 绎：寻绎，理出事物的头绪。引申为解析。

【细读】

孔子说："符合礼制规矩的话，能不听从吗？改正错误才是可贵的。顺从自己心意的话，听着能不舒服吗？但要仔细分析才好。一听到符合自己心意的话就高兴而不冷静分析，对于符合礼制规矩的话表面服从而不改正错误，对于这种人我也不知道该如何对付了。"

本条强调行为的重要性，实际上批评了两种错误的人生态度，一种是对于义正词严的批评表面听从，虚心接受，但不去实施。重要的是应当彻底改正，按照意见去做。当然，这里义正词严的批评是来自现实人生的，而孔子说的"法语"也包括古代流传下来的格言、名言，有许多警世意义的格言、名言，很多人会背诵，有的停留在口头上。比如"天行健君子以自强不息"，很多人都知道这句话，但真正依照这句话的精神去努力追求的人实在不多。明白道理和努力实践要结合起来才好。另一种是爱听恭维的话、爱戴高帽子、爱听吹喇叭，但要冷静分析才好。口头答应而不改正，听到恭维的话就飘飘然而不加分析，这是很多人容易犯的毛病，故孔子特意指出。注意在实践方面塑造人性而不空谈理论，有具体可感性，这是儒学的特点之一。

匹夫之志不可夺

子曰："三军①可夺帅也，匹夫②不可夺志也。"

【注释】

① 三军：全国军队。古代诸侯国设有三军，名称不一。② 匹夫：古代指平民中的男子。亦泛指平民百姓。《左传·昭公六年》："匹夫为善，民犹则之，况国君乎？"

【细读】

孔子说："可以剥夺三军统帅的权力，却不可能剥夺一个普通人的意志。"

这是中国古人经常运用的至理名言，将道德人格的崇高表达得极其到位。表明有气节之人的意志不可剥夺。三军统帅的权力是国君给的，是外在的，当然可以被剥夺。三军统帅在战场上一旦被俘虏，则宣布战争的失败；而人的志节如果被夺去，人在精神方面便没有了统帅，其人生便没有什么意义和价值了。故三军之帅和人的意志有相通点。因此人要有坚定的信念和真理观，可以不说话，是因为“不在其位，不谋其政”，但不能说违背自己意志的话。中国古今都有如此操守的志士仁人，宁可遭受打击甚至遭受酷刑以致英勇捐躯也不肯屈从权势和潮流，表现出一种士可杀而不可辱的浩然之气，如汉代的苏武，一切威逼利诱都不能改变其志节，流传千古。一首《苏武牧羊》的歌曲在20世纪初广泛传唱，其实便是对这种民族气节的崇尚和召唤。另外，文天祥、左光斗、史可法等都属于这种爱国英雄，这些志士便是中华民族的脊梁。

不忌妒不贪求

子曰：“衣敝缊①袍，与衣狐貉者立，而不耻者，其由也与？‘不忮②不求，何用不臧？’”子路终身诵之。子曰：“是道也，何足以臧③？”

【注释】

① 敝：破旧。缊：丝绵，古代没有棉花，只有丝绵。② 忮（zhì）：嫉妒；忌恨。③ 臧（zāng）：善、好。

【细读】

孔子说：“穿着破旧的绵袍，和那些穿着狐狸皮、貂皮大衣的人站在一起，而不感到羞耻自卑的人，恐怕只有子路吧？‘不忌妒不贪求，怎么能不好呢？’”子路一辈子总爱背诵这句话。孔子说：“仅仅做到这一点，怎么能够好呢？”

孔子善于发现学生优点并及时鼓励，这种以鼓励为主的教育方法值得肯定和借鉴。子路之所以能够做到这一点，是因为有很强的自信心，有道高于一切的信念。还有一点就是没有什么贪念和欲望，这非常关键，人无求于人便不会低人一等。子路对于老师的夸奖非常重视，沾沾自喜，性格直率可爱。但孔子对于子路的自满又给予温和的批评，指导他要好上加好，不能满足已有的成绩。

岁寒知松柏

子曰：“岁寒，然后知松柏之后凋①也。”

【注释】

① 凋：凋零，树叶枯萎落下来。

【细读】

孔子说：“到了寒冷的冬天，才知道松树和柏树最后落叶。”

这是一句非常有哲理的名言警句，表现人在逆境中坚韧和忍耐的可贵品质。松柏不畏严寒是志士仁人不怕社会环境恶劣的象征，这种意象已经成为中国人表情达意的常用意象，在书画诗词中经常出现。通过类比联想将人的主体精神与自然景物、自然对象融为一体是《论语》中经常出现的抒情方式和表达方法。善于将抽象的感情和道德教化形象化，增加可感性，并具有审美性，这也是《论语》有阅读快感的重要原因。

三种品质智慧为首

子曰：“知者不惑[①]，仁者不忧，勇者不惧。”

【注释】

① 惑：疑惑、糊涂。

【细读】

孔子说：“聪明的人不会疑惑，仁爱的人没有忧愁，勇敢的人无所畏惧。”

这里的“知”便是智慧的智。智慧不等于知识，也不是聪明，而是说不清楚的一种带有先天性质的将知识、社会生活以及自然规律综合起来进行感知和判断的洞察能力。智慧的人本身一定有仁爱之心，智慧的人也一定是勇敢的，因此在孔子提倡的三种最高品质中把智慧放在了首位。有仁爱之心的君子不做亏心的事，故总是心怀坦荡，自然没有忧愁。这是儒家文化追求的最高精神境界，李泽厚先生称之为“乐感文化”，即感悟到人生乐趣的某种难以名状的精神愉悦的胸怀和心境，孔子与颜回之乐便是这种“仁者不忧”的体现，但这种境界很难达到。“不惑”与“不惧”是一种心理情感。

和而不同

子曰："可与共学，未可与适道[①]；可与适道，未可与立[②]；可与立，未可与权[③]。"

【注释】

① 适道：走向道。适，之也。道，儒家之道。② 立：建立理想原则。③ 权：变通，根据现实情况灵活掌握原则。

【细读】

孔子说："可以在一起共同学习的人，未必可以走同样的道路；可以走同样道路的人，未必能建立同样的信仰和原则；有同样信仰和原则的人，未必能够有同样的权变能力和灵活性。"

本条涉及一个儒学很重要的问题，即经与权的关系。这里首先有做人不断提升修养的三个阶段，学习是途径，"适道"是走上正途，用韩愈的话是"行之乎仁义之途"；"立"是建立正确的人生价值观，即"立于礼"，是更高的层次了；"权"则是在"立"的基础上进行灵活运用，是具体问题具体分析具体对待，这样才能随机应变对付一切复杂事态。只知道经而不知道权就会产生教条主义，只知权而不知道经就是阴谋家、政客。柳宗元在《断刑论下》有几句话，阐释经与权的关系，简明透彻："经也者，常也；权也者，达经者也。皆仁智之事也。离之，滋惑矣。经非权则泥，权非经则悖。是二者，强名也，曰当，斯尽之矣。当也者，大中之道也。离而为名者，大中之器用也。知经而不知权，不知经者也；知权而不知经，不知权者也。"经离开权就是教条，权离开经就是谬误和罪恶。因此掌握度是最大的本领和修养。

因势利导

"唐棣[①]之花，偏其反而[②]。岂不尔思？室[③]是远而。"子曰："未之思也，夫何远之有？"

【注释】

① 唐棣（dì）：植物，蔷薇科，有人认为是落叶灌木，有人认为是落叶乔木。② 反而：反复摇

摆貌。③ 室：住处。

【细读】

诗说："蔷薇花啊蔷薇花，你摇曳多姿那么潇洒。我怎么能够不喜欢你、思念你啊，只是住得太远太远了。"孔子听说后，说："还是没有真正思念，如果真想，怎么会遥远？"

从本条可以看出孔子对于《诗经》的灵活运用。具体背景不清楚，可能是孔子哪个学生朗诵了这几句诗，也可能有爱情的因素在其中。孔子听到后，马上发表了上面的看法。很明显，孔子这是借题发挥，用类比的方法阐述他"仁远乎哉？我欲仁，斯仁至矣"的观点，不放弃任何机会对学生进行教育。这几句诗在《诗经》中没有，是古逸诗。其实，朗诵诗句的人可能是思念心爱的姑娘但有碍于住处遥远或有其他阻隔，本身就已经有比兴意义了，而孔子的话则在此基础上又加以发挥，可见《诗经》在先秦时期不仅仅是抒情手段，也是说理的方式。

乡党篇第十

言行谦恭得体

孔子于乡党[①]，恂恂[②]如也，似不能言者。

其在宗庙朝廷，便便[③]言，唯谨尔。

朝，与下大夫言，侃侃[④]如也。与上大夫言，訚訚[⑤]如也。君在，踧踖[⑥]如也，与与[⑦]如也。

【注释】

① 乡党：家乡。乡和党都是古代居民行政区的名称。② 恂恂：温和恭顺貌。③ 便便：郑玄注："虽辩而敬谨。"④ 侃侃：孔安国注："和乐之貌。"也有从容不迫，直抒己见的意思。⑤ 訚訚（yín yín）：孔安国注："中正之貌。"⑥ 踧踖（cù jì）：马融注："恭敬之貌。"⑦ 与与：马融注："威仪中适之貌。"

【细读】

孔子在本地乡亲之间，非常恭敬谦虚，好像不善于讲话。他在宗庙和朝廷参加活动时，讲话言辞顺畅，但非常谨慎。在朝廷中与平级同事谈话时，温和快乐而健谈，与上级官员谈话时，正直而恭敬。国君在的时候，敬畏恭谨，非常严肃端正。

本条记述了孔子的日常生活态度，在本乡恭敬谨慎，非常和蔼亲切，不像有些人在家乡蛮横、炫耀。上朝廷和在宗庙参加各种活动时都非常得体，绝不张扬，更毫无盛气凌人之处。至于对平级同僚，对上级官员讲话态度有别，国君在场则更小心翼翼等，这都是正常人的状态，不应该批评和诟病。其实，即使在今天，对待不同的人态度上也不能完全一样，只要心存恭敬即可。与见到所有的阔人都恭维，见到所有的穷人都践卮的小人嘴脸完全是两回事。

待客礼仪周全

君招使摈[①]，色勃[②]如也，足躩[③]如也。揖所与立，左右手，衣前后，襜[④]如也。趋进，翼如[⑤]也。宾退，必复命曰："宾不顾矣。"

【注释】

① 摈：通"宾"。② 勃：表情严肃而兴奋。③ 躩：快步走。④ 襜（chān）：整齐貌。⑤ 翼如：展开两臂表示欢迎，当是古代迎接外宾之礼节。

【细读】

国君派孔子接待外宾，孔子立刻兴奋而严肃起来。接待过程中，脚步很快，向参加接见的人作揖使礼，或者向左拱手，或者向右拱手，衣裳前后摆动，却非常整齐。快步向前，在外宾前好像鸟展开翅膀一样伸开双臂表示欢迎。送走宾客后，一定要向国君汇报说："客人已经不回头了。"

本条记载了孔子奉命接待外宾时的表现以及整个接待中的礼仪。从接受任务起到完成任务止，虽然是粗线条描绘，几个主要环节却都记录到了。其严肃恭谨的态度和外在仪态表现非常统一。最后一直送到客人不再回头时自己才回来，可见对客人的尊重。受到这样接待的外宾一定非常满意。一切仁义道德都在具体生活细节中表现出来，这是儒学的基本精神。

上朝时心存敬畏

入公门[①]，鞠躬如也，如不容。

立不中门，行不履阈[②]。

过位[③]，色勃如[④]也，足躩如也，其言似不足者。

摄齐[⑤]升堂，鞠躬如也，屏气似不息者。

出，降一等，逞颜色[⑥]，怡怡如也。

没阶，趋进，翼如也。

复其位，踧踖如也。

【注释】

① 公门：朝廷办公地方之大门。实际即朝廷。② 阈（yù）：门槛。③ 过位：路过座位。包咸曰："过君之空位。"其他人无注，后人皆采纳包咸说。然不合情理。当是孔子自己之座位。④ 色勃如：表情非常严肃兴奋。⑤ 摄齐：提起衣襟。齐，衣裳下面的摆，是很齐整的。⑥ 逞颜色：指表情由紧张恢复放松状态。

【细读】

孔子进入朝廷大门，恭敬谨慎，好像没有容身之处一般。站立时，不在门的中间，进门时不踩门槛。走过自己的座位时，表情非常严肃恭谨，脚步很快，他的话好像不足以坐此座位。提起衣襟走上堂的时候，又非常恭敬谨慎，屏住气息好像不出气似的。等见完国君下堂时，走下一个台阶，表情开始放松，和颜悦色。下完台阶后，小步快行，身体舒展。回到自己的座位，再度非常恭敬谨慎。

本条描述了孔子参加朝廷仪式的过程，表现的是孔子对于自己职务的敬畏心理和忠诚恭谨的敬业精神。同时又是礼制的忠实执行者。春秋时期还没有大殿之类，也没有什么三拜九叩、三呼万岁等大礼，国君坐堂上，臣子坐堂下。早晨正式办公前有君臣见礼仪式，本条所记就是这种仪式。

出国访问礼仪得体

执圭[①]，鞠躬如也，如不胜[②]。上如揖，下如授[③]，勃如战色，足蹜蹜[④]如有循。

享礼[⑤]，有容色。

私觌[⑥]，愉愉如也。

【注释】

① 圭：古代一种玉器，上圆锥形，或做成剑头形，下方，举行典礼时君臣手中都执圭。作用类似汉代以后的笏板。② 胜：能够负担，胜任之义。③ 授：交给他人。④ 蹜蹜（sù sù）：脚步细密，即小碎步。⑤ 享礼：献上礼物。对方接受完毕。郑玄注曰："享，献也。聘礼既聘而享。用圭、璧，有

庭实。”⑥ 私觌（dí）：私下见礼。

【细读】

孔子接受君命出使外国，在上朝时，手执圭，非常恭敬谨慎，好像自己不能胜任似的，上举时好像作揖，往下时好像要交给别人，表情一直紧张严肃，好像在作战一样，走路小步紧凑，好像有所遵循。贡献礼物的时候，满脸和气亲切。以私礼会见宾客的时候，非常轻松随和而愉快。

本条记述了孔子作为大使到外国访问时的举止和神态。完全按照外交礼仪进行，不辱君命，中规中矩，体现出了礼仪之邦的风范。

与乡人饮亦敬老守礼

席①不正，不坐。

乡人饮酒②，杖者③出，斯出矣。

【注释】

① 席：席子。② 乡人饮酒：指本乡，类似现在的居民区按照惯例举行的乡饮，如大蜡礼等。③ 杖者：拄拐杖的人，指老者。

【细读】

坐席放得不正就不落座。参加乡邻举行的酒宴时，要等老人们都离席之后，孔子才出去。孔子在日常生活中很严谨，完全按照礼的要求来做。人在不同场合有不同的礼仪要求，在朝廷要按照爵位地位，这样才能尊卑有序，秩序井然。而在乡里邻居之间，则按照年齿，即年龄，这样才能够长幼有序，这是自然的要求。这样，可以看出孔子非常和蔼可亲，又非常低调，没有一点架子。另外，他非常尊重老人，这在《论语》中有多次表述，中华民族尊老爱幼传统美德的形成，与儒家思想长期占统治地位有关。尊重老人在任何国家任何民族都是值得提倡的。

在乡随俗

乡人傩①，朝服而立于阼阶②。

【注释】

① 傩（nuó）：古代的一种风俗，迎神以驱逐疫鬼。② 阼（zuò）阶：古代大堂前东面的台阶。天子、诸侯、大夫、士皆以阼为主人之位。

【细读】

本地乡人举行迎神驱鬼仪式时，孔子就穿着朝服站立在东边的台阶上。

孔子在家乡尊重民俗，他未必相信这种带有巫术性质的活动有什么效果，但依旧抱着严肃的态度参加，穿着朝服是非常恭敬严谨的举动，站在东面台阶是表示自己的主人身份，也是非常恭敬的举动。从这段文字看，很有可能举行这种仪式需要走家串户，有点像现代农村春节时扭秧歌，秧歌队也是走家串户的，每家主人都要给一定的赏钱。孔子很恭敬地出来迎接表示欢迎和参与，既体现了孔子在乡随俗，也可以体现孔子“敬鬼神而远之”的一贯思想。

托人问候诚意托请

问人于他邦[①]，再拜而送之。

【注释】

① 问人于他邦：省略主语，是托人向外国朋友问好。古代一般问好是要捎带东西的。

【细读】

托人问候外国的朋友，一定要向托请的人作揖两次才送他出去。本条依然记述了孔子在日常琐事中所体现的仁德精神。可以从两个方面了解孔子尊重他人的品格，一是因为请别人为自己办事，因此两次见礼，表示感谢之意；二是对于外国友人的尊重。这种礼节是必要的。孔子的一切举动都严格按照礼的要求进行。这可能也是古礼的要求。

谨慎用药

康子馈药，拜而受之。曰：“丘未达[①]，不敢尝。”

【注释】

① 未达：达，明白的意思。意思是不明白季康子为什么要送我药啊。有人说，未达是不明白药性，也通，但有些拘谨。

【细读】

季康子赠送孔子药物，孔子很礼貌地收下，说："我不明白为什么要送给我药，因此不敢吃。"

因为对这场对话的背景不了解，也难以考证，因此这话到底是什么意思无法确切知道，但可以看出孔子很注重身体健康，另外或许是不知道季康子送给他药的原因以及这个药的药性是什么，因此孔子不吃。有人解释孔子是害怕季康子送的药有问题，或者是毒药云云，不太可能是这层意思。季康子可能也没什么恶意，送的很可能是补药之类。孔子是无功受禄，寝食不安的意思。这是孔子周游列国回来后的事，季康子对孔子是非常尊重的。

以人为本

厩①焚。子退朝，曰："伤人乎？"不②问马。

【注释】

① 厩：养马的房舍，现在一般称马圈或马棚。② 不：通"否"。

【细读】

马圈失火焚毁了。孔子退朝回来，问："伤着人了吗？"不问到马。本条通过具体小事表现了孔子的人本思想。他退朝回家听说马圈失火，第一个反应是问人的情况。孔子最关心的是人，而不是马，显示了他博大的仁爱情怀。

事君尽礼

君赐食①，必正席②先尝之。君赐腥③，必熟而荐④之。君赐生⑤，必畜之。

侍食于君，君祭，先饭。

【注释】

① 食：这里指熟食。② 正席：摆正坐席。③ 腥：生肉，肉未熟有腥味。④ 荐：进奉，这里指给祖先上供。⑤ 生：通“牲”，祭祀用的牲畜。

【细读】

国君赐给酒席，一定先摆正座位进行品尝。国君赐给生肉，一定煮熟后给祖先上供。国君如果赐给牲畜，一定要养着它。陪同国君吃饭，国君进行祭祀时，自己先品尝饭菜。

本条记述了孔子对国君的忠诚和恭敬，凡是涉及国君的事物都格外用心。需要说明一下的是最后一条，陪同国君吃饭为何要在国君祭祀时先品尝饭菜，这不是失礼吗？其实这正是礼制的要求。郑玄说：“于君祭，则先饭矣，若为君尝食然。”《仪礼》说得更具体，按照《士相见礼》，与君同食，君祭，臣子要先品尝饭菜，等于是替国君检测食品质量或者饭里是否有毒。饮酒则要等国君先饮。这可能出自远古时代的礼仪制度。这些记载都是前文孔子自己所说“事君尽礼，人以为谄也”的表现。

病中亦不失礼

疾，君视之①，东首②，加朝服③，拖绅④。

【注释】

① 君视之：国君来探视病情。② 东首：首朝东。古人卧榻一般设置在南窗的西面，主要是朝阳。因为国君探病要从宾阶，即东边的台阶登上堂，从东边门进来，头朝东正好迎接国君的方向。③ 加朝服：孔子病得很重，不能起床，当然不能穿朝服，只好盖在身上。④ 拖绅：绅是束在腰间的大带，垂下，孔子躺在床上，只好将大带拖着。

【细读】

孔子生病了。国君来探望，孔子便把脑袋方向朝东，将上朝穿的衣服盖在身上，拖着大带子。

虽然孔子患病，而且很重，但他依然最大限度地表达了自己对国君的敬重，完全按照礼的要求来做。孔子这种做法一定是礼的具体要求，实际上等于是对国君朝拜。种种生活细节都表现了孔子“臣事君以忠”的观点。

应君召不拖延

君命召，不俟驾①行矣。

【注释】

① 俟驾：等待驾好车。

【细读】

国君下达命令招呼孔子前去，他不等套完车就已经先走了。本条同样表现孔子对于国君的无限忠诚，听到国君招呼自己，便用最快的速度前去。他不等套好车就走，并不是不坐车徒步前去，那是违背礼制的，而是先行出门，等车从后面赶上来再坐。其实仔细分析起来，这样做并没有提前时间，因为车行走的距离最终是一样的。但孔子这样做是表达一种感情，而且也能促使御者抓紧时间套车。这是很生动的细节，也最能表现人物的性格。

待友人义为上

朋友死，无所归①，曰："于我殡②。"

【注释】

① 无所归：指没有亲人兄弟，死后不能正常归葬。② 殡：死者入殓后停柩以待葬。这里代指全部丧葬过程。

【细读】

孔子的朋友死了，没有人办理丧事，孔子说："由我来负责丧葬之事。"

本条记述了孔子对于朋友的义。朋友是人伦中很重要的一伦，人生最大的事就是死后能入土为安，因此当朋友死而无人办理丧葬时，孔子主动承担了丧葬事宜，那也需要一笔不算小的经济支出。由此可见孔子很讲义气，很重感情。可惜原文缺乏对于前因后果的记载，故无法知道具体情况。看来孔子的这位朋友可能也够凄惨的，是客死他乡还是什么原因不得而知。

轻财重礼

朋友之馈[①]，虽车马，非祭肉，不拜。

【注释】

① 馈：赠送礼品。

【细读】

朋友赠送的礼物，即使是贵重的车马，只要不是祭肉，就不拜。

因为祭肉是祭祀神灵或祖先的，因此孔子要对送礼者拜谢。车马在当时是最贵重的礼品，孔子却不拜谢；祭肉并不值钱，孔子反而拜谢，可见孔子更重视礼制，更重视感情而不重视钱财。这是儒家“义高于利”观念的具体体现，也是孔子严格遵守礼制的表现。本条连同前一条都是记载孔子对待朋友的态度和行为。朋友之死，是人生的终点，故孔子为之殡殓之。而对于朋友所送的礼物，孔子更重视的是情意而不是物质。

日常生活不拘小节

寝不尸[①]，居不客。

【注释】

① 尸：人死后停放的姿态为尸。平躺仰卧，手脚端正。

【细读】

孔子在睡觉时姿势很随意，不像尸体那样仰卧着，坐着时也很随意，不像做客人时那样采用规规矩矩的坐姿。

日常生活应当很轻松随意。睡眠姿态随意就好，也不必死板地去追究孔子是侧卧还是半俯卧，是左侧卧还是右侧卧。对于坐姿也如此，只是说孔子严格遵守礼制，日常生活与常人一样。古代待客或做客时，最郑重的坐姿与现代的跪姿相似，两膝着席，臀部放在脚后跟上。按照《三国志》的记载，诸葛亮就常采用这种坐姿。次一等的是盘腿，盘腿一般是散盘，即双脚皆在下。最后一种最随便，臀部平坐，两腿随意前伸叉开，若簸箕状，故称“箕踞”，因过于散漫，故礼制不允许这样做。

待人待物庄重严谨

见齐衰[①]者，虽狎，必变。见冕者与瞽者，虽亵，必以貌。凶服[②]者式[③]之。式负版者[④]。

有盛馔，必变色而作。

迅雷风烈，必变。

【注释】

① 齐衰：古代丧服之一。② 凶服：与死人有关的衣服物件。③ 式：通“轼”。古车前供立乘者凭扶的横木。④ 负版者：背负国家版图的人，当指大使等代表国家利益与尊严之人。这里可能就是出国大使或特使。

【细读】

孔子看见穿戴齐衰孝服的人，即使是平常很随便的熟人，也一定改变态度严肃起来。看见戴礼帽的人或者盲人，即使是非常熟悉的人，也一定很有礼貌。看见手持丧礼衣物的人，孔子则起立手扶车前横木，身体前倾低头，表示恭敬，看见身负国家图籍的人，也如此。如果有丰盛的酒席，孔子一定神色变动严肃，站立起来。如果遇见紧急电闪雷鸣、暴风，孔子一定很紧张严肃。

本条说明了日常生活几种场合中孔子的神态和表现。见穿孝服者恭敬表示对于死者的悼念与尊重，表示对死者家属的同情，都是很普遍的人生感情。是“慎终追远”的具体表现。戴礼帽者是参加祭祀或其他典礼之人，对其尊重就是对于礼仪制度的尊重，对于盲人的尊重是尊重爱护弱者，可能古代盲人比较多，是社会上的弱势群体。看见凶服者扶轼是对于死者的哀悼与对家属的同情，前面见齐衰是指平时步行，这里是指在车上。看见使者扶轼则是表示对国家的热爱和忠诚。看见酒席丰盛而严肃站立是表示对盛情的回应。遇到特殊天气变化时的严肃表情变化是畏惧天命的心理。总之，孔子时刻恭敬严谨。

野禽亦自在

色斯[①]举矣，翔而后集[②]。曰：“山梁雌雉，时哉[③]时哉！”子路共[④]之，三嗅[⑤]而作。

【注释】

① 色斯：王引之《经传释词》：“色斯，犹色然。” ② 翔而后集：飞翔以后又聚集在一起。③ 时哉：正逢其时。④ 共：通“拱”。⑤ 嗅：古本作“臭”，形近通假字，本字是“狊”，本义是张两翅。

【细读】

孔子和弟子们行走在山道上，色彩漂亮的几只野鸡忽然飞了起来，飞翔一段距离后又落了下来，落在前面的山梁上，聚拢在一起。孔子感叹道：“山梁上的那几只母野鸡，正逢其时啊！正逢其时啊！”子路听老师这样说，向那几只野鸡拱了拱手，那几只野鸡观望着走了几步，然后又飞走了。

这是一个精彩的特写镜头，记录了孔子和弟子们在途中见到的一个小风景以及孔子和子路的言行。孔子和弟子们走在山间道路上（古代只要能够行车的路就不算径），忽然惊起几只野鸡，飞行一段距离后野鸡落在了前面一个山梁上，地势较高，当然还在孔子师生的视野之内。看到那几只野鸡自由自在，孔子发出感叹，叹息人不如禽鸟。至于这里的时，意思可能有两层，一是野鸡到繁殖季节开始求偶，二是野鸡在春夏之间是最幸福的季节，可以自由自在地任性生活。这里用来反衬自己和弟子不能如意，到处奔波，辛苦劳碌。子路听完老师的赞叹，向山梁上的野鸡拱拱手，表示赞同老师的话，同时也表示对野鸡生活状态的羡慕与赞美。野鸡见子路冲着它们拱手，走几步，扇动几下翅膀就飞走了。孔子是即兴感叹，子路是个闲不住的人，最爱表态，于是最先做出反应。孔子随行的人肯定不止子路一人。

先进篇第十一

先学习后为官

子曰："先进①于礼乐，野人也；后进②于礼乐，君子也。如用之，则吾从先进。"

【注释】

① 先进：先学习礼乐后当官。② 后进：先当官后学习礼乐。

【细读】

孔子说："先学习礼乐而后出仕做官的人，质朴；先出仕当官而后学习礼乐的人，文雅。如果选用人才的话，那么我选拔先学习礼乐质朴的人。"

前人关于本条的解释分歧颇多。其实古今有许多相似之处，本条所表达的意思是对今天社会习惯的最好说明。"先进于礼乐"就是先学习，先掌握知识然后去当官，这样的人由于先进入学习阶段，比较简单质朴，故进入官场后也会比较淳朴，因其所受的道德仁义的教育已先入为主；而先进入官场的人再学习文化知识，就容易以官场潜规则来理解文化知识，故会更加世故圆滑。简言之，就是先拿文凭后当官者会有较多的学生气，先当官再学习文化者则容易变得八面玲珑。

共患难的师生情

子曰："从我于陈、蔡者，皆不及门①也。"

【注释】

① 及门：古人注解多解释为"不及仕进之门"，与事实不符，这里是不到我家门的意思。

【细读】

孔子说："当年随从我周游列国时困于陈、蔡之间的弟子，如今都不到我的家门了。"

这是孔子晚年想念老学生时的感叹，尤其是那些在最困难的时候始终跟随左右的弟子，孔子与他们的感情更深。关于孔子困于陈、蔡之事，《史记·孔子世家》有记载："孔子迁于蔡三岁，吴伐陈。楚救陈，军于城父。闻孔子在陈蔡之间，楚使人聘孔子。孔子将往拜礼，陈、蔡大夫谋曰：'孔子贤者，所刺讥皆中诸侯之疾。今者久留陈蔡之间，诸大夫所设行皆非仲尼之意。今楚，大国也，来聘孔子。孔子用于楚，则陈蔡用事大夫危矣。'于是乃相与发徒役围孔子于野。不得行，绝粮。从者病，莫能兴。孔子讲诵弦歌不衰。子路愠见曰：'君子亦有穷乎？'孔子曰：'君子固穷，小人穷斯滥矣。'"当时相当困难，弟子们有的都饿得起不来了。就是在这种情况下，孔子先后找子路、子贡、颜回三大弟子谈话。共患难的师徒之间感情自然深厚。孔子说这话时是在晚年，估计是在颜回和子路还没有死的时候。本条还可以推测，孔子家里肯定有一些房间用作学生宿舍，否则那么多外地的学生便没有住处。孔子所说的及门，指来他家里看望他的学生。

孔门十哲

德行：颜渊，闵子骞，冉伯牛，仲弓。言语：宰我，子贡。政事：冉有，季路。文学①：子游，子夏。

【注释】

① 文学：指古代文献知识，包括学术和文学两个方面。六艺都包括在内。

【细读】

孔子说："我的学生各有所长，德行方面：最优秀的是颜渊、闵子骞、冉伯牛和仲弓；言语方面，最优秀的是宰我和子贡；政事方面：最优秀的是冉有和季路；文学方面：最优秀的是子游和子夏。"

这段文字应该是出于孔子之口，因为别人没有资格这样来评价孔子的学生，也不可能如此了解孔子的学生。后世所谓的"孔门十哲"便出自这一条。但这可能是孔子在一种特定情境下说的话，有一定的随意性，并不能完全概括孔子弟子的代表人物。如曾子、子张、有子都不在其中，所以不能说很全面。

大孝子闵子骞

子曰："孝哉闵子骞！人不间①于其父母昆弟之言。"

【注释】

① 间：本义是缝隙、空隙，引申为隔阂、嫌隙。

【细读】

孔子说："真孝顺啊，闵子骞！人们对他父母兄弟赞美他的话都毫无怀疑和异议。"

相传闵子骞十岁丧母，父亲娶继室。继母虐待他，给自己的两个孩子做的棉衣里装的是棉花，给闵子骞做的棉衣里装的却是芦花。后被闵子骞的父亲发现，要休后妻，闵子骞哭着哀求父亲："母在一子单，母去三子寒。"继母深受感动而改过，从此家庭和睦。闵子骞是著名的孝子，本故事生动翔实，人情味足，很可信。孝道是儒家思想提倡的最根本的德行，是其他一切道德行为的感情基础，一个没有孝心的人很难去关心爱护其他人，如果没有孝心，其他一切仁爱都不可能。

谨慎之人可托付

南容三复白圭①，孔子以其兄之子妻之。

【注释】

① 三复：多次反复。白圭：一种宝玉。

【细读】

南容反复诵读“白圭之玷，尚可磨也；斯言之玷，不可为也”这几句诗，孔子就把哥哥的女儿许配给了他。从本条可以看出孔子喜欢比较谨慎的人。几句诗的大意是说，白圭这种宝玉如果被玷污了，还可以打磨光滑，使其清洁，但如果说错了话，就不能挽回了。孔子听南容反复诵读这几句诗，便知道他对此有深刻的体会，于是便把侄女许配给他。因为嫁给这样的人没有闪失。南容也是孔子的学生，孔子对他比较了解，并不是只听了这几句话就把侄女许配给他的。

人不可过刚

闵子侍侧，訚訚①如也；子路，行行②如也；冉有、子贡，侃侃如也。子乐。“若由也，不得其死③然。”

【注释】

① 訚訚：说话和悦而又能辩明是非之貌。② 行行：刚强果断貌。③ 得其死：得到正常死亡。

【细读】

闵子骞站在孔子身旁时，恭敬而温顺；子路站在孔子身旁时，刚强亢直；冉有、子贡站在孔子身旁时，言辞雄辩，滔滔不绝。孔子很高兴。但又说道：“像子路这样的，恐怕不会寿终正寝。”

孔子看到四个学生在自己身边各自显示出本色的性格，都在茁壮成长，当然非常高兴。但他对于子路过于刚正又表现出担忧，因此孔子总是批评子路的直率粗疏，这次又将话说得很重，要求他懂得遇事善用智谋。后来子路果然死于非命，孔子对于学生真的是非常了解，也非常爱护。

一语中的

鲁人①为长府②。闵子骞曰：“仍旧贯③，如之何？何必改作？”子曰：“夫人不言，言必有中。”

【注释】

① 鲁人：鲁国人。当是决策的执政大臣。② 长府：收藏保存财货武器的府库。③ 仍旧贯：仍，仍然，延续。旧贯，原有一贯使用的。延续原有的府库继续用下去。

【细读】

鲁国翻修叫长府的金库。闵子骞说：“继续用原来旧的府库不一样吗？为什么一定要改建新的呢？”孔子说：“这个人不怎么讲话，只要一讲话就说到点子上。”

孔子的一贯思想就是珍惜民力、节约财用，反对聚敛。可能是当时的府库还可以继续使用，但当政者要改建，这样就会劳民伤财，因此孔子赞成闵子骞的说法。儒家思想中有一点很重要，即节俭爱民。

过犹不及

子贡问：“师①与商②也孰贤？”子曰：“师也过，商也不及。”

曰：“然则师愈与？”子曰：“过犹不及。”

【注释】

① 师：颛孙师，子张。② 商：子夏，姓卜名商。

【细读】

子贡问：“颛孙师和卜商，谁更优秀一些？”孔子说：“颛孙师有些过分，卜商，则有些不够。”子贡问：“这样的话，是颛孙师更优秀啦？”孔子说：“过分就像不够一样，都有问题。”

子张和子夏是孔子年轻弟子中从政热情最高的两个人，子贡以师兄的身份对他们俩进行比较，看他们谁更优秀，自己把握不准便去请教老师。孔子的回答极其简练，子贡没有真正理解，认为应当是“过”的那个更好一些。孔子回答“过犹不及”，意思是两者是一样的。就是无论什么事情都要有个度的问题，适度也就是中庸才是最好的，这是孔子的大智慧。子贡也是孔子得意并依赖的大弟子，而子张与子夏则是孔门弟子晚辈中的佼佼者，子贡是关心同门师弟的成长才来请教老师的。

为政忌大肆敛财

季氏富于周公[1]，而求也为之聚敛[2]而附益之。子曰："非吾徒也。小子鸣鼓而攻之，可也。"

【注释】

① 周公：说法不同，有的说就是周公，有的说是周公同时期的大臣。笔者认为是指鲁国国君，因其是周公之后，当然可以称周公。因为拿季氏的财富和西周开国时的周公相比，悬殊太大。② 聚敛：通过行政手段急于敛取赋税。

【细读】

季氏比周公都富有，可是冉求还替他搜刮民脂民膏聚敛钱财、增加财富。孔子非常生气，说："他不是我的弟子，你们可以大张旗鼓地反对攻击他嘛！"

本条中的故事可参阅《左传》。当时季氏即季康子执政，季康子要推行"田赋"制度，即按照田地面积缴纳赋税。当时孔子的弟子冉有在季康子处当高级幕僚，季康子让他去征求孔子的意见，孔子明确反对，对冉有说："君子之行也，度于礼。施取其厚，事举其中，敛从其薄。如是则丘亦足矣。"他反对加重赋税，推行新的赋税制度。冉有可能无法左右季氏，此项制度还是推广开来。因此孔子大为恼火，号召学生们共同反对这种措施。孔子如此动怒是很少见的，而且是在晚年。反对聚敛、反对贫富差距太大是儒家思想的重要内容，即要保持社会财富的大体均衡，要仁政爱民，不能出现严重的贫富悬殊和两极分化。

人无完人

柴[1]也愚，参也鲁，师也辟[2]，由也喭[3]。

子曰："回也其庶乎[4]，屡空。赐不受命，而货殖[5]焉，亿[6]则屡中。"

【注释】

① 柴：孔子弟子高柴，字子羔。② 辟：偏僻，偏激。③ 喭：鲁莽，粗俗。④ 庶乎：差不多。⑤ 货殖：经商营利。⑥ 亿：通"臆"，臆测。

【细读】

高柴有点愚笨，曾参有点迟钝，颛孙师有点偏激，子路有点鲁莽。孔子说："只有颜回差不多接近仁道，可又经常很贫穷。子贡有点不信天命，大做买卖，但屡次都被他臆测得很准确。"

这是孔子对他四大弟子的评价，而且都指出了其性格和天分上的弱点。他对于颜回和子贡的评价很生动，颜回最听话，也最接近孔子的要求，但就是太贫穷，而且还短命；子贡比较灵活，他就不信一切都由天定，因而积极主动地改变自己的命运，去做买卖，"货殖"是囤积货物使之增殖，有点类似现代期货贸易的性质，可见子贡确实是个了不起的人才。还应注意，孔子这里并没有反对或批评子贡的意思，他只是客观地评价自己的几个弟子并总结出了他们各自的特点。

践迹方能入室

子张问善人①之道。子曰："不践迹②，亦不入于室。"

子曰："论笃③是与，君子者乎？色庄④者乎？"

【注释】

① 善人：引导人向善。善，动词。② 践迹：踩着脚印。践，踩。迹，足迹。③ 论笃：言论诚实可信。④ 色庄：表情严肃端庄，态度严谨。

【细读】

子张问怎样才能引导人向善。孔子说："不踩着脚印走，也不能进入室内。"孔子说："言论诚实可信算是善人吧？君子算是善人吧？表情庄重、态度严谨算是善人吧？"

对于本条的注解分歧较大，孔安国的说法比较可信："言善人不但循追旧迹而已，亦少能创业，亦不入于圣人之奥室。"意为如果不追寻前代圣贤的足迹，就不能开创事业，也不能到达很高的境界。子张是个很注重理论联系实际的人，他请教老师怎样才能引导他人向善，实际上涉及继承与革新的关系问题。"践迹"就是继承前代历史留下来的文化遗产、典章制度，其实就是从具体的礼乐制度入手来引导人、教育人，这样才可以进入更高的层次。后面是对善人具体表现的三个方面的评价，任何道德都是抽象的，一定要在实际生活态度以及言行方面表现出来，因此只能根据这些言行来评判是否是善人。这些都有实用理性的特点。

因材施教

子路问："闻斯行[1]诸？"子曰："有父兄在，如之何其闻斯行之？"

冉有问："闻斯行诸？"子曰："闻斯行之。"

公西华曰："由也问闻斯行诸，子曰，'有父兄在'；求也问闻斯行诸，子曰'闻斯行之'。赤也惑，敢问。"子曰："求也退，故进之[2]；由也兼人[3]，故退之。"

【注释】

① 斯行：包咸说："赈穷救乏之事。"可能不这么具体，而是指符合"义"之事。② 进之：鼓励他再敢于作为一些。③ 兼人：勇于作为，比常人勇敢。

【细读】

子路问："知道应当做的事就去做吗？"孔子说："有父亲和哥哥在，怎么能够知道应当做的事就要马上去做呢？"冉有问："知道应当做的事就去做吗？"孔子说："对，知道应当做的事马上就要去做。"公西华说："老师，仲由问您知道应当做的事就去做吗，您说'有父亲和哥哥在'，冉求问您知道应当做的事就去做吗，您说'知道应当做的马上就要去做'。我糊涂了，大胆问您到底该怎么做。"孔子说："冉求性格怯懦，所以鼓励他要敢于做事，仲由太敢作敢为了，他的胆子有两个人的大，所以我要抑制一下他。"

这是孔子因材施教最典型的例证。对同样的问题孔子针对不同性格的学生给予了完全相反的回答。子路在孔子的弟子中最勇敢、坦率、鲁莽、刚直，孔子经常抑制批评他，实际上是对他最大的关怀和爱护。而冉求则缺乏勇气和刚性，这从有关他与季氏的两件事上就可以看出来，因此孔子鼓励他。这种对于不同个性心理进行有针对性的发掘和实现的方式，是孔子教育思想的一大特色，具有深远和普遍的意义，对于现代教育有很大的启发和指导作用。通观《论语》，这种教育特色随处可见，体现出了教育的实用性、特殊性与功能性。

永远奉侍老师

子畏于匡[1]，颜渊后。子曰："吾以女为死矣。"曰："子在，回何敢死？"

【注释】

① 子畏于匡：指孔子在匡地被围困，很危险。

【细读】

孔子在匡遭受围困被解救出来，颜渊最后到来。孔子说："我以为你死了呢？"颜渊说："老师还在，我怎么敢死呢？"这是在刚刚脱险后师生的对话，可以看出关系的亲密无间和相互关怀挂念。孔子的话看起来有些突兀，但恰恰表现出他对颜渊的关心，可能是在混乱中脱险后，别的弟子陆续到来而颜渊最后才来，孔子极其焦急才说此话，体现了他忧心如焚的情态。而颜渊的话也更加真诚感人，表达了他想要永远奉侍老师、保护老师、为老师效劳的态度，他们师生间的真诚关切令人感动。

忠贞敢谏方为大臣

季子然[1]问："仲由、冉求可谓大臣[2]与？"子曰："吾以子为异之问，曾由与求之问。所谓大臣者，以道事君，不可则止。今由与求也，可谓具臣[3]矣。"

曰："然则从之者与？"子曰："弑父与君，亦不从也。"

【注释】

① 季子然：孔安国说："子然，季氏子弟，自多得此二子，故问之。"有道理。此人当是季氏家族中有地位的人。② 大臣：执掌大权并坚持原则的重要臣子。③ 具臣：孔安国说："言备臣数而已。"指可以算普通臣子而已。

【细读】

季子然问："子路、冉有可以算是大臣吗？"孔子说："我以为你问别的什么事呢，原来是问子路、冉有啊！所谓的大臣，要依照道义来侍奉国君，如果道义行不通，就辞职不干。如今子路和冉有，可以算是具臣了。"季子然又问："那么，他们会顺从上司吗？"孔子说："如果是干杀父亲杀君主的大逆之事，不会顺从。"

从对话语气看，当是季子然先跟孔子打过招呼，说有大事请教，孔子才接见他，因此才会那样回答。季子然的身份很重要，肯定是季氏家族中的重要人物。冉有和子路都在季氏家当家臣，当是季桓子时期。因为季桓子死后，子路在卫国出仕，后来死在卫国。可能是当时子路、冉有在季氏家当家臣，季氏向孔子询问这两个人，也有炫耀自矜的成分，因此孔子才用不以为然的话来回答。他不是有意贬低自己弟子，而是针对对方的态度。后面的问答最能说明问题，孔子明确告诉对方，自己的弟子虽然可能做不到“以道事君，不可则止”，但大逆不道的事情也不会顺从上级长官的。这句话肯定有现实针对性。季氏曾经要伐颛臾，要封泰山，并且要改变赋税法以聚敛，做这三件事时冉有都在季氏家当臣子，而且地位很重要。季氏的这三件事都是违背礼制的，孔子都坚决反对，因此孔子才会说最后那句话。孔子的意思是说子路和冉有不过具有普通臣子的资格和水平，不够大臣，如果是大臣，当君主或上级的主张不符合道义时，便辞职不干，不能助纣为虐，担负恶名。孔子关心弟子的前途，更关心他们的政治表现。

有错不狡辩

子路使子羔为费宰①。子曰：“贼②夫人之子。”

子路曰：“有民人焉，有社稷③焉，何必读书，然后为学？”

子曰：“是故恶夫佞者。”

【注释】

① 费宰：季氏采邑费地的长官。② 贼：害、伤害。③ 社稷：是祭祀天地的处所，春秋时指土地和五谷，汉代以后专指天坛地坛，代表国家政权。

【细读】

子路让子羔去费邑当行政长官。孔子说：“你这是害了人家孩子啊。”子路辩解道：“那里有老百姓，有土地庄稼，何必一定要读书才叫学习呢？”孔子说：“所以我讨厌那种巧嘴利舌狡辩的人。”

孔子历来主张学习后再出仕，最起码应当学习完基础课再出去当官。而子路让没有学成的子羔去当地方长官，遭到了孔子的严厉批评。这体现了孔子的一贯思想——先学习后做官。“学而优则仕”，学习后有富裕时间再从容当官，反对先当官后学习，因为当官涉及国家和百姓利益，是头等大事。如果让没有知识修养、没有管理水平的人当官，实际上是拿国家和百姓的利益开玩笑。毫无疑问，干部的素质与能否治理好国家休戚相关。而子路总是坚持己见，跟老师顶嘴。如果他能够虚心接受孔子给他的每一条忠告，必会令他受益无穷。

颜渊篇第十二

仁的修养方法

颜渊问仁。子曰："克己复礼①为仁。一日克己复礼，天下归仁②焉。为仁由己，而由人乎哉？"

颜渊曰："请问其目③。"子曰："非礼勿视，非礼勿听，非礼勿言，非礼勿动。"

颜渊曰："回虽不敏，请事④斯语矣。"

【注释】

① 克己复礼：达到仁的境界的修养方法。② 归仁：归向于仁义道德。③ 目：具体内容之意。前面的说法太笼统，属于大纲。④ 事：具体去做。

【细读】

本条关键是对于"克己复礼为仁"的理解。礼是前代遗留下来的典章制度，是一种在等级制度下建立的社会秩序对于各阶层人的行为规范，是外在的制度，属于社会性公共道德，而仁是个体的人本身的道德心理，属于私德。因此可以这样理解：孔子反复强调的礼，实际上有很大的法纪成分，礼对于全社会成员的行为都有要求和规范，是保证社会秩序和谐、保证社会能够良性运转与发展的前提，因此孔子反复强调礼。孔子追求的社会理想便是恢复礼制，天下太平。而要做到这点，就需要每一个社会成员自觉遵守礼制，先从自己做起，先从有文化的社会精英做起，能否自觉遵守礼制则不是礼制的问题，而是社会成员内心感情与追求的问题。于是孔子便提出能够自觉遵守社会公德之礼制就是仁。

当颜回再问细目时，孔子再次用现实行为来解释仁的具体含义，实际上便是具体说明如何“克己复礼”。如果我们用历史的发展的观点来看待和分析问题，那么孔子在这里提出的要求并不算太高，可以说就是要求学生们不要违法乱纪，当时的违礼与现在的违法接近。用自觉的意识去遵守最起码的公德，然后施加影响，使社会秩序恢复到西周时期的井然有序，这便是孔子学说的主要内容之一。另外，我们也要看到，在当时礼崩乐坏的社会环境下，真正做到这一点并不容易，因此孔子才反复加以强调。

己所不欲，勿施于人

仲弓问仁。子曰：“出门如见大宾①，使民如承大祭②。己所不欲，勿施于人。在邦③无怨，在家无怨。”

仲弓曰：“雍虽不敏，请事斯语矣。”

【注释】

① 大宾：高级宾客。② 大祭：重要的祭祀。③ 邦：指公共场合，如今日之单位。

【细读】

仲弓请教孔子什么是仁。孔子说：“出门工作时就好像会见重要宾客那样严肃，治理百姓就好像承担重大祭奠那样谨慎。自己不愿意要的，就不要加给别人。在工作单位中没有仇怨，在家族生活中没有仇怨。”仲弓说：“我虽不聪明敏捷，但愿意按照这些话去做。”

仲弓向老师请教怎样做才算仁，孔子这样回答。完全是从现实生活的具体情境出发，而不是空谈道理。孔子“仁”的观念内涵丰富。这里主要是强调自我修养、谨慎处世、恭敬严谨，在社会上遵守社会公德，以仁爱之心待人；在家族中孝悌谨行，自然会得到人们的尊重。孔子的回答可以概括为恭谨加恕道就是仁。孔子实际上是针对仲弓当时的行为表现和道德修养的程度来说的。尤其是“己所不欲，勿施于人”实在是做人做事的重要原则，充满人性的光辉，既好理解，也可以做到，实际上体现了人与人之间相互尊重的和谐美好的人际关系。

慎言语迟

司马牛[①]问仁。子曰：“仁者，其言也讱[②]。”

曰：“其言也讱，斯谓之仁已乎？”子曰：“为之难，言之得无讱乎？”

【注释】

① 司马牛：孔子弟子，名司马耕，字子牛。② 讱（rèn）：语言迟缓，好像很难出口。

【细读】

司马牛问关于仁的问题。孔子说：“一个有仁德的人，他讲话缓慢而谨慎。”司马牛不解地问：“说话缓慢慎重，这样就叫作仁啊？”孔子说：“做起来很难，说话能不缓慢慎重吗？”

这是一个因材施教的典型事例。据《史记·仲尼弟子列传》，司马牛“多言而躁”，因此孔子这样回答他关于仁的问题。其实孔子是让他尽量慎言谨行，是针对他的实际性格特点所进行的有针对性的教育。意思是说：你克服急躁多话的毛病就接近仁了。这话司马牛自己都不理解，可能需要回去体会。一旦他克服了这个毛病，孔子可能再对他提出更高的要求。但孔子在这里强调的说话谨慎也并非只是针对急躁多话的人，而是针对所有说话不假思索、不懂得周全考虑的人。慎言是一个人非常重要的人生修养，“祸从口出”的教训在生活中太多太多了。

心无愧事，不愁不惧

司马牛问君子。子曰：“君子不忧不惧。”

曰：“不忧不惧，斯谓之君子已乎？”子曰：“内省[①]不疚，夫何忧何惧？”

【注释】

① 内省：内心反省自己。

【细读】

司马牛问怎样才算君子。孔子说：“君子不忧愁、不恐惧。”司马牛问：“不忧愁、不恐惧就可以算是君子吗？”孔子说：“反省自己的行为，没有任何愧疚，还会有什么忧愁，有什么恐惧呢？”

孔安国说：“牛兄桓魋将为乱，牛自宋来学，常忧惧，故孔子解之。”可知这次对话有特殊背景。司马牛的哥哥是宋国大臣，想要叛乱，就是曾经要杀害孔子并拔去大树的那位。司马牛从宋国来到曲阜入孔门求学，经常处在忧愁和恐惧之中，因此孔子才这样开导他，使他从忧惧中解脱出来。古代法律严酷，有株连，对于叛乱者往往灭门，这是司马牛忧惧的原因。孔子劝导他只要自己没有错误、没有罪过，就不必忧惧。因为个体生命的死亡虽然无定但却是必然的，如果自己在道德上没有亏缺，问心无愧，就没有内疚感，当然就可以心安理得。每个人只能为自己的行为负责，内省无罪当然无须忧愁恐惧。

四海之内皆兄弟

司马牛忧曰：“人皆有兄弟，我独亡。”子夏曰：“商闻之矣：死生有命，富贵在天。君子敬而无失，与人恭而有礼。四海之内[①]，皆兄弟也。君子何患乎无兄弟也？”

【注释】

① 四海之内：指全天下，中国古人认为，以中原为中心的华夏民族是中国，围绕中国是九夷，属于蛮荒地区，周围四面都是大海，天下就在大海之间。

【细读】

司马牛忧伤地说：“别人都有兄弟，唯独我没有。”子夏说：“卜商我听说了：死生由命运决定，富贵由上天安排。君子对待工作严谨恭敬而没有缺失，对待他人敬爱而有礼貌，全天下到处都是他的兄弟，君子又何愁没有兄弟呢？”

司马牛是桓魋的兄弟，他的感慨很深刻，明明自己有兄弟，但兄弟却要叛乱，均非仁义之人，故虽有如同没有。子夏了解他的身世，于是对他进行规劝。从子夏的劝慰之词中也可以体会出司马牛是桓魋的兄弟，而且面临一定的危险，否则子夏不会用“死生有命”来安慰他，因为有没有兄弟与死生没有什么关系。但因为有桓魋那样的哥哥自然就与生死有关系了。

“死生有命，富贵在天”虽然出自子夏之口，也可以代表儒家思想。人的生命长短和运势是人类历史上无法逃避的问题，因为其无法把握，孔子一直没有正面回答这个问题。既然命运无法预知和把握，因此不必去思考它，而人通过自己的努力可以改变现实生活处境，这是可以检验可以预知的。付出努力就会有收获，这是必然的，因此儒家强调自强不息，强调以天下为己任。既承认命运的存在又不消极对待而尽人主观的努力，这便是儒家思想关于命运的处理方式。“四海之内皆兄弟也”成为后世经常运用的句子，充满友爱精神，给人以温馨博大的感觉。可以说，子夏虽然是在具体语境下安慰同学司马牛，却说出了最深刻而有人情味的两句话，即“死生有命，富贵在天”“四海之内皆兄弟也”，成为千古名言。

不为谗言所蒙蔽

子张问明①。子曰：“浸润之谮②，肤受③之愬，不行④焉，可谓明也已矣。浸润之谮，肤受之愬，不行焉，可谓远也已矣。”

【注释】

① 明：根据前后文，这里的明是指明察，即看人明白，看事明白。② 浸润：逐渐渗透。引申为积久而发生作用。谮（zèn）：谗毁。③ 肤受：利害切身，颜师古注《汉书》曰：“肤受，谓初入皮肤至骨髓，言其深也。”④ 不行：行不通，指不听不信。

【细读】

子张请教怎样算是见识精明。孔子说：“一点一点渗透而深入骨髓的谗言，切肤之痛的诬告，在你这里都行不通，就可以说非常明智了。一点一点渗透而深入骨髓的谗言，切肤之痛的诬告，在你这里都行不通，就可以说见识非常深远了。”

子张热衷于政事，想从政干一番事业，因此向老师请教怎样体察人事。孔子回答要真正了解事情的真相，了解人的内在品质，这是很难达到的境界。纵观历史人物，有几人能不被谗言欺骗？尤其是对于国君或一般领导来说，只有具备这样的素质才能知人善任、少犯错误，不被巧言令色所蒙蔽，不被巧舌如簧所打动，这确实需要很高的修养和品格。

民无信不立

子贡问政[1]。子曰："足食，足兵[2]，民信之矣。"

子贡曰："必不得已而去，于斯三者何先？"曰："去兵。"

子贡曰："必不得已而去，于斯二者何先？"曰："去食。自古皆有死，民无信不立。"

【注释】

① 政：指国家政治。② 兵：军队。

【细读】

子贡请教应该怎样从政。孔子说："要使粮食充足，军队充足，取得人民的信任。"子贡问："如果不能保全，不得不去掉一个方面的话，这三方面先去掉哪个呢？"孔子说："去掉军队。"子贡又问："如果不得不再去掉一个的话，这两个方面又先去掉哪个呢？"孔子说："去掉粮食储备。自古以来，人都要死亡，但如果得不到人民的信任，国家就不能成立。"

子贡向孔子请教如何治理国家，孔子的回答非常值得深思。"自古皆有死，民无信不立"已成名言警句，可见儒家把对人的诚信放在了最高位置。人民对于国家的信任才是最宝贵的，只要人民信任国家和君主，就会不惜一切代价为国效力，有了这样的人民，又何愁没有军队和粮食呢？

一言既出，驷马难追

棘子成[1]曰："君子质而已矣，何以文为？"子贡曰："惜乎，夫子之说君子[2]也！驷不及舌[3]。文犹质也，质犹文也。虎豹之鞟犹犬羊之鞟[4]。"

【注释】

① 棘子成：卫国大夫。古代大夫均可称为夫子。可能此人年长。② 说君子：评说或解释君子。③ 驷不及舌：四匹马拉的车速度再快也追不上说出去的话。驷，四匹马拉的车。舌，口舌，指说的话。"一言既出，驷马难追"成语出于此。④ 鞟（kuò）：去掉毛的皮。

【细读】

棘子成对子贡说："君子只要质朴就可以了，何必要那些礼仪文采呢？"子贡说："可惜啊，您老先生评说君子的话错了。一言既出，驷马难追。如果文采就是质朴，质朴就是文采，那么，老虎和豹子的皮便等同于狗和羊的皮了。"

棘子成当时可能是对孔子师生举行礼仪活动有看法，因此才说那样的话。子贡的反驳很有力。最后的比喻生动而精彩。鞟是去掉毛后的皮板，这样虎豹的皮和狗羊的皮便没有什么区别了。因为正是毛色斑斓才能显示出虎豹的高贵，如果将毛色都去掉，只剩下皮板，质朴是质朴了，但绝对不是美丽了。因此外在的文采和内在的本质都是需要的。礼仪的外在形式、一切文艺作品的外在形式同样重要，离开了形式的内容是不存在的，形式对于内容也有重要影响。这便是文与质的辩证关系。礼通过具体、生动、丰富的仪式表现出来，没有了仪式也就没有了礼。礼不等于仪式，但必须通过仪式来表现。

民贫则君不能独富

哀公问于有若曰："年饥①，用不足，如之何？"有若对曰："盍彻②乎？"

曰："二，吾犹不足，如之何其彻也？"

对曰："百姓足，君孰与③不足？百姓不足，君孰与足？"

【注释】

① 年饥：指年成发生饥荒。粮食不成熟曰"饥"，这里泛指收成不好。② 彻：全面通行的意思。当时天下通行的税率为十分之一。③ 孰与：如何、怎么。

【细读】

鲁哀公问有子说："年成不好，费用不充足，该怎么办？"有若回答说："何不采用通常的十分之一的税率呢？"鲁哀公说："税率十分之二，我都不充足呢，怎么能实行十分之一的税率呢？"有若回答道："如果百姓充足，您怎么会不充足？如果百姓不充足，您怎么会充足？"

有子规劝国君减轻赋税，推行军民一体的思想，与孔子的一贯思想是一致的。可能是孔子死后，哀公向有子询问如何解决费用紧张的问题。有子做了这样的回答。朱熹疏曰："民富，则君不至独贫。民贫，则君不能独富。有若深言君民一体之意，以止公之厚敛，为人上者，所宜深念焉。”很准确。“小河水多大河满，小河无水大河干”也是这个道理。

崇德辨惑

子张问崇德辨惑[1]。子曰：“主忠信，徙义[2]，崇德也。爱之欲其生，恨之欲其死。既欲其生，又欲其死，是惑也。‘诚不以富，亦祇以异[3]。’”

【注释】

① 崇德辨惑：崇，高。崇德，提高道德水平。辨，辨别。② 徙义：包咸说：“徙义，见义则徙意而从之。”看见正义合理的事就改变自己原来的想法而遵从。③ 诚不以富，亦祇以异：《诗经·小雅·我行其野》中的诗句，是出外经商之人的话，大意说我此行实在不可以致富，只是用来追求一些新鲜罢了。

【细读】

子张问如何提高道德与如何辨别疑惑。孔子说：“以忠诚信任为主，遵从道义，这就是崇尚的道德。喜欢一个人时就希望他长寿，怨恨一个人时就希望他快死，这就是疑惑糊涂。《诗经》说：‘这样做真的不能得到什么，只能让人家感觉怪异罢了。’”

子张请教的问题都很现实，而且往往与政治有关。崇德包括提高自己的私德与社会公德，孔子的回答其实就是两个字，“信”与“义”，无论是用于自身修养还是指导社会，都非常精练准确。至于辨惑，关键是要冷静分析不要感情用事，“爱之欲其生，恨之欲其死”是指对同一个人的态度，改变得如此之大，那就是感情用事的缘故。如果感情用事，便不能提高自己的道德水平和认识能力，只能让别人对你敬而远之。冷静客观地对待人与事，就不会有什么疑惑了。最后两句诗的引用并不难理解，前人多认为这里是错简，恐怕未必。孔子对于《诗经》极其熟悉，且诗句与前面的话题也有内在联系，故如此解读。

君臣父子各尽本分

齐景公[1]问政于孔子。孔子对曰：“君君，臣臣，父父，子子。”公曰：“善哉！信如君不君，臣不臣，父不父，子不子，虽有粟，吾得而食诸[②]？”

【注释】

① 齐景公：名杵臼，庄公异母弟。② 食诸：食之乎。

【细读】

齐景公向孔子询问如何处理国家政治。孔子回答说：“国君要履行国君的职责，大臣要守大臣的本分，当父亲的要像个父亲，当儿子的要像儿子。”齐景公开心地说：“说得真好啊！确实是这样，如果国君不像国君，臣子不像臣子，父亲不像父亲，儿子不像儿子，虽然有粮食，我能够吃得着吗？”

《论语》中孔子说的话多数有现实针对性，因此了解背景是真正理解原意的关键。齐景公后期，权臣当政，有大权旁落的迹象。孔安国说：“当此之时，陈恒制齐，君不君，臣不臣，父不父，子不子，故以对。”所以当齐景公问如何执政的时候，孔子这样回答。其实，任何时代任何民族，只要是人类群居的地方就需要有一定的社会秩序。无论何时，每个人做好自己的本分都是最起码、最基本的要求。人们的自由永远是相对的，而遵守社会秩序和社会公德永远都是每个社会成员的职责。认清自己的地位，忠于自己的岗位，谨慎办好自己分内的事，是每个社会成员最起码的义务和职责。有些文章依旧把孔子的专制思想归结到这句话上，实际上是没能准确理解孔子“君君，臣臣，父父，子子”的意思。孔子这里明确要求的是君君，然后是臣臣、父父，最后是子子。那么就明确要求国君和父亲首先要做好自己，没有丝毫专制的味道。至于三纲五常中“君要臣死，臣不得不死”，臣若不死是为不忠，都是后世出现的说法，与孔子的思想相去甚远。

胸有成竹，果断行事

子曰：“片言[①]可以折狱者[②]，其由也与？”

子路无宿诺[③]。

【注释】

① 片言：有两说，一说是片面的言辞，即单方面的。一说是简短的语言，后说为是。古今断案不能只听一面之词，子路虽直爽草率，也不会如此办事。② 折狱：断案。③ 宿诺：预先答应的诺言。

或说隔夜的诺言，也通，本译综合用之。

【细读】

孔子说："仅凭一两句话就可以判决一场官司的，可能只有子路吧？"

子路从来不轻易答应，答应的事立即就办，从没有拖到第二天的时候。本条记载了子路心直口快而又非常明智的率直性格，这使得他判断是非的能力很强。仅通过几句话便可以判断一件司法案件，确实需要敏锐的思维和判断能力。孔子的话没有贬义，后面的话与前面意义相连贯，都是在描述子路说到做到、爽快坦荡的性格。孔子当年摄相事主持鲁国大政时，曾经启动过"堕三都"的重大工作，也就是把三大家族即季孙氏、孟孙氏、叔孙氏三家采邑超过规定建筑的费、郈、郕的城墙拆毁重建，而且费和郈已经拆毁成功。这项极其艰难的工作具体实施者便是子路，可见子路是非常有执行力、非常有魄力的。

听讼以无讼为目标

子曰："听讼①，吾犹人也。必②也使无讼乎！"

【注释】

① 讼：诉讼，告状，打官司。② 必：关键，一定。

【细读】

孔子说："听取诉讼、判断案件，我和别人差不多。关键是一定要促使社会和谐，没有打官司的。"

孔子的意思是尽量通过仁义道德的教化将民事纠纷压缩到最低限度，甚至没有更好。中国古代历来提倡以道德教化为主，并将刑事案件与民事案件的多寡看成社会太平与否的重要参照指标。其实，这里还有一层深意，就是一切事情都要尽量防患于未然，预防犯罪远远强于制止犯罪，制止犯罪又强于惩罚犯罪，所以孔子的意思是加强礼乐教化，使百姓多礼让而不犯法，那么就不需要打官司了。中国人不愿意打官司与儒家思想的这种倡导有关系。一句话便将谦虚平和的孔子形象栩栩如生地表现出来。

勤政忠诚就是好领导

子张问政。子曰："居[1]之无倦，行之以忠。"

【注释】

① 居：一般解释为"在位"，从政则必在位，故在位的意思很薄弱，当是日常、平时的意思。

【细读】

子张向老师请教如何从政。孔子说："在位时对待日常工作不要疲倦懈怠，执行政令要忠心诚实。"孔子对弟子的教育针对性强，本条是关于从政要时刻注意的两个方面，一是勤政，要勤快、勤恳，不能松懈怠慢；二是要忠诚，既要忠于国家、忠于上级，更要忠于百姓、忠于职守。其实强调的就是敬业精神。只要做到这两点，在古代就是好官吏，在现代就是好领导。

君子成人之美

子曰："君子成人之美[1]，不成人之恶。小人反是。"

【注释】

① 成人之美：成全别人的好事和美好道德。美，包括具体的事和抽象的德。

【细读】

孔子说："君子成就别人的好事和美德，不促成别人的坏事，小人恰恰与此相反。"

这是判别君子与小人最简明的办法。君子往往以自己的心去想象别人，感觉好人多，故多宽容；小人往往以自己之心去揣度别人，故多挑剔，总在别人身上找毛病，看谁都不像好人，故难以充分肯定别人。韩愈在《张中丞传后叙》中便满怀激情地驳斥了许多小人恶毒攻击张巡、许远两位英雄的"不能成人之美"的丑恶行径。"成人之美"就是在他人有好事时不嫉妒，真心祝贺赞美；当他人获取应该得到的美名时也采取这种态度。如张巡、许远在平定安史叛军后受到朝廷的表彰并为之修建《双忠祠》，五十年后有人恶毒攻击二人，韩愈便义愤填膺地写了《张中丞传后叙》一文。所谓的"成人之恶"就是明知是坏事还怂恿别人去做，甚至唆使他人去犯罪，这就是小人甚至是罪人。故能够“成人之美”者是君子，“成人之恶”者是小人。

政者正也

季康子问政[①]于孔子。孔子对曰：“政者，正也。子帅[②]以正，孰敢不正？”

【注释】

① 政：指如何执政。② 帅：通“率”，表率，榜样。

【细读】

季康子问孔子该如何执政。孔子说：“政治，就是‘正’，要端正自身的行为。你以身作则端正自己为民做表率，正道直行，那么，谁还敢不走正道呢？”

以德治国，推行仁义，惠泽百姓是儒家思想中执政理念的根本原则，这种思想非常可贵，具有人文主义色彩。孔子以“政”为“正”的解释，可以说是对于政治的最好诠释。古往今来，很多人在玩弄政治，充当政客，以欺骗为能事，以权术为手段，实际上脱离了“政治”的本义。对于执政者的道德要求是孔子思想的可贵之处，也确实是行政的关键。可以说“政者，正也。子帅以正，孰敢不正”是义正词严的宣言，是古今中外都通用的关于政治一词最科学、最准确、最深刻的诠释。

不贪者难招窃贼

季康子患盗[①]，问于孔子。孔子对曰：“苟子之不欲，虽赏之不窃。”

【注释】

① 盗：强盗，一般指用暴力抢劫的人。也泛指偷盗。

【细读】

季康子苦于强盗小偷太多，向孔子请教。孔子说：“假如你不贪图太多的财物，即使奖赏也没有人去盗窃。”

这句话有着很强的现实针对性。季氏在鲁国连续执掌大权，孔子一生先后经历季武子、季平子、季桓子、季康子四代人，都是首席执政者，其权势可想而知。而季氏的财富也非常之多，《论语》中有“季氏富于周公”的说法，可以证明这一点。孔子如此回答，是对季康子利用职权大肆掠夺社会财富的不满。可以说是最尖锐的回答，如果不是以孔子的身份来讲这句话，实际上是很危险的。

上梁正则下梁不歪

季康子问政于孔子曰：“如杀无道[1]，以就有道，何如？”孔子对曰：“子为政，焉用杀？子欲善而民善矣。君子之德风，小人之德草。草上之风，必偃[2]。”

【注释】

① 无道：没有道德的人。② 偃：风吹草，草倒向一边的样子。

【细读】

季康子向孔子请教如何治理国家，说：“如果杀戮坏人，亲近有道德的人，怎么样？”孔子回答说：“你执政，哪里用得着杀人呢？你只要想做好人，老百姓就会跟随着你做好人了。君子的道德就像风，老百姓的道德就像草，风吹过草上，草一定会跟着倒伏。”

历史是一步步进化而来，三代是氏族部落统治的余绪。因为氏族统治建立在血缘关系上，因此统治也要温情脉脉，强调以德政感化而不是采用强制镇压的手段，这是儒家政治主张的主要特点。同时还应提醒的是，季康子问孔子话的具体背景我们无法知道，季康子的“无道”当有具体所指，可能是鲁国内部的政治反对派，是不同政见者，季康子要用杀戮手段清除异己。他先试探孔子，想取得孔子的同意，因此孔子才明确表示反对。有一点可以肯定，这里的“无道”肯定不是刑事犯罪分子，因为那无须讨论。

批评应对事不对人

樊迟从游于舞雩之下，曰：“敢问崇德，修慝[1]，辨惑。”子曰：“善哉问！先事后得，非崇德与？攻其恶[2]，无攻人之恶，非修慝与？一朝之忿[3]，忘其身，以及其亲，非惑与？”

【注释】

① 修慝（tè）：消除灾害祸患。慝，灾祸。② 攻其恶：批评攻击错误的事情。③ 忿：愤怒。

【细读】

樊迟随从孔子在舞雩下面游览，樊迟说："请问如何提高自己的道德，如何消除别人对自己的怨恨，如何辨别什么做法是糊涂事？"孔子说："好啊！你的问题提得好。先劳动、奉献，后获取报酬，这不就是提高道德吗？批评错误的事情而不去攻击人，这样不就可以消除他人的怨恨了吗？一时愤怒而忘记了自己，也忘记了自己的亲人，这不就是糊涂吗？"

舞雩既然是鲁国一个祭祀求雨的场所，一定有相应的建筑和绿化的措施，而且就在郊区，应当具有一定的游览功能，因此孔子带着樊迟前去溜达。师生边走边聊，樊迟向老师求教三个方面的问题，孔子一一做了回答。第一个很好理解，但关于"攻其恶，无攻人之恶"一语的解释多而令人困惑。大意都是说攻击自己的恶而不攻击他人的恶，但"其"字明显是指"他的"，不宜讲成"我的"。实际上这句话的意思是批评错误而不针对具体的人，就事论事、对事不对人。这样就很容易被对方接受，即使不接受也不会产生怨恨情绪。最后一点是遇事要有一定的克制忍耐的能力，不能为一时解气而不考虑后果。

提拔重用正直的人

樊迟问仁。子曰："爱人。"问知。子曰："知人。"

樊迟未达。子曰："举直错诸枉①，能使枉者直。"

樊迟退，见子夏曰："乡②也吾见于夫子而问知，子曰，'举直错诸枉，能使枉者直'，何谓也？"

子夏曰："富哉言乎！舜有天下，选于众，举皋陶③，不仁者远矣。汤有天下，选于众，举伊尹④，不仁者远矣。"

【注释】

① 举直错诸枉：包咸说："举正直之人用之，废置邪枉之人。则皆化为直。"错，通"措"，安置，安排。② 乡：通"向"，刚才、先前。③ 皋陶：舜时主管司法的大臣。④ 伊尹：汤的执政大臣。

【细读】

樊迟问如何做才是仁德。孔子说："爱人就是'仁'。"樊迟问怎样做才算明智，孔子说："能够识别人就是明智。"樊迟没有明白，孔子又进一步说："提拔那些正直的人到领导岗位上来，批评撤换那些不正派的人，就能够使那些不正派的人也转变为正派的人。"樊迟还是不明白，退出来去见子夏，说："刚才我见到老师问他什么是明智，老师说：'提拔那些正直的人到领导岗位上来，批评撤换那些不正派的人，就能够使那些不正派的人也转变为正派的人。'这是什么意思啊？"子夏说："老师的话含义真是太丰富了。舜拥有天下后，在众人中选拔人才，提拔皋陶，不好的人就远远离开了权利中心。汤拥有天下，在众人中选拔人才，提拔伊尹，不好的人便远远离开了权利中心。"

樊迟去向老师请教问题，老师回答了两遍他也没有真正明白，不好意思再问，于是去找同学子夏询问。樊迟没有明白的是关于"知人"为"知"的问题。关于"举直错诸枉，能使枉者直"的解释，包咸的注解可信，孔子的意思是说只要当政者能够提拔重用正派的人，整个社会风气就会好转，而一些不太正派的人也能受到影响成为正派的人。后来子夏的解释则更进一步。子夏举出历史上舜与汤的两个例子，子夏所说的"舜有天下，选于众，举皋陶，不仁者远矣。汤有天下，选于众，举伊尹，不仁者远矣"中的"远矣"指的是远离政权中心，不是远离社会。其实，任何国家或地方的政权都取决于主要领导人，而主要领导人成败的关键是用人，用人的关键是识人，因此孔子所说的"知人"确实是一切领导者英明的开端和基础。得人则兴，失人则败，古今中外，绝无例外，而识人是得人与失人之端。

劝谏朋友要适度

子贡问友①。子曰："忠告而善道之，不可则止，毋自辱焉。"

【注释】

① 友：这里是交友之道。

【细读】

子贡问交友之道。孔子说："对朋友要忠心劝告并善意引导，如果他不听从就不要勉强，不要自取其辱。"

朋友是很重要的人际关系，而且有很大的灵活性，可以选择。因此，交友之道非常重要。孔子强调对朋友要尽心尽力，要引导向善，要忠心且毫无保留。但如果朋友不理解、不听从则不要一味坚持，因为那样会引起对方反感，等于是自找没趣，是很不明智的，最后可能连朋友都做不成。朋友通常是由于有共同的志向和爱好才走到一起的，是可以选择的，相互之间没有绝对的义务和责任，只要尽到朋友之义就可以了，没有必要苦苦劝谏和制止，要掌握一个尺度。

以文会友，以友辅仁

曾子曰："君子以文①会友，以友辅仁。"

【注释】

① 文：这里的文，是广义上的文，包括礼乐典章、古籍文献等。

【细读】

曾子说："君子通过学问、文章来聚朋会友，通过朋友来辅助提高自己的仁德。"

这是经典语句，体现了朋友的真正意义。古往今来，也不乏"以文会友，以友辅仁"的佳话。这八个字还体现了一种辩证关系，以文化学问来交朋友，与这样的朋友相互切磋琢磨，双方都可以提高自己的仁德水平。这种朋友关系有别于相互利用的官场政客之间、相互吹捧吃吃喝喝的酒肉朋友之间的关系，是真正的益友。"有朋自远方来，不亦乐乎"的快乐便是这种"以友辅仁"之乐，"交友三益"中的"友多闻"也属于这一内容。

子路篇第十三

勤恳敬业

子路问政。子曰："先之[1]劳之[2]。"请益[3]。曰："无倦。"

【注释】

① 先之：先于百姓。之，代指从政领导的对象。② 劳之：勤勉工作。③ 请益：请求增加，即多讲。

【细读】

子路问如何从政当领导。孔子说："自己先以身作则，然后率领下级勤劳工作。"子路请求多讲一些，孔子说："不疲倦不松懈。"本条体现孔子从政思想的具体要求，实际是在仁义爱民大前提确定之后的工作态度问题。以身作则，带头示范，率领百姓共同勤劳工作，而且要勤勤恳恳，毫不懈怠。勤政敬业是贯穿孔子思想的一个重要方面。俗语说"天上不能掉馅饼"，现在时髦的话叫"天下没有免费的午餐"，都是这个意思。我们应该注意一个问题，就是孔子反复强调的一个字就是"勤"，这里的先之，也是指起带头作用，先干活。"劳之"是继续干活，"不倦"是不知疲倦地干活，或者说干工作。这种工作态度本身就是很高尚的表现。目前官场中，有一些人不作为，推诿慵懒，实际上都是违背儒家精神的，也是应该受到批评的。

赦免小的过错

仲弓为季氏宰[①]，问政。子曰："先有司[②]，赦小过，举贤才。"

曰："焉知贤才而举之？"子曰："举尔所知；尔所不知，人其舍诸？"

【注释】

① 季氏宰：季氏家的总管。季氏是鲁国权臣，他的家包括采邑在内相当于一个小型国家。② 有司：主管部门，即分管各个职能的部门。

【细读】

仲弓去担任季氏家的总管，向孔子请教如何执政。孔子说："先明确各个职能部门的工作职责，看大事，赦免一些小的过错，荐举提拔贤良有才能的人。"仲弓说："怎么知道谁贤良有才能呢？"子曰："提拔你所知道的贤才，至于你不知道的贤才，别人难道就会舍弃他们而不举荐吗？"

孔子对于如何行政有自己的看法和思路，但都不离"正"字，本条又是具体要求。从步骤来看，可谓抓住了关键，首先是明确职责，其次是赦免小的过错、抓大节，最后是用人问题。如何辨别贤人与不肖之人的问题是老话题，实际上能否举荐提拔真正优秀人才取决于当政者本人的素质，物以类聚、人以群分，真正开明正派的君子是很难蒙蔽的。用人不当者多数是偏心所致，偏心多数是受贿所致，故孔子提倡提拔清廉的贤才。

学以致用

子曰："诵《诗》[①]三百，授之以政[②]，不达；使于四方，不能专对[③]；虽多，亦奚以为？"

【注释】

① 诵诗：朗诵，也可以理解为背诵。孔子及其弟子都能够熟练背诵诗经中的作品。② 授之以政：以政授之，交给他政事。③ 专对：专门应对。

【细读】

孔子说："能够熟读背诵《诗三百》，而交付政治任务却不能办好；命他出使外国，又不能专门谈判应对，即使读得再多，又有什么用呢？"

古代外交官接受外交任务但不接受具体言辞，叫"受命不受辞"，具体言辞要根据谈判情景随机应变。春秋时外交官在谈判时多采用《诗经》中的诗句，因此《诗经》是当时外交官的必读书。不仅是外交官，所有贵族也都要有礼乐常识并会背诵一定量的《诗经》名篇，在上层贵族的社交场合很多时候都是运用《诗经》中的诗句来表情达意，《左传》中这种事例太多了。孔子历来强调学以致用，强调学习知识和反复实践运用知识的能力。《诗经》绝非单纯用来审美的文学作品，而是当时语言中的经典，具有权威性。当时的外交和社会交际都会经常引用诗经中的诗句，成为社会生活的特殊景观。可以推知那时的社交场合也很有文化气息。

领导应以身作则

子曰："其身正，不令而行；其身不正，虽令不从。"

【细读】

孔子说："自己行为端正，不发布命令别人也会跟着实行；自己行为不端正，虽然发号施令也没有人听从。"

这是伦理政治，也是上古首领的领导艺术，后来就成了传统格言。强调以身作则的决定作用。实际上这种格言至今仍有作用，体现在各个层次的领导中，如果一把手作风正派，整个部门的风气就会很正，否则就会乌烟瘴气。司马迁在《史记·李将军列传》中引用了这句话，赞美飞将军李广以身作则、身先士卒的美好品格。

贤者易知足

子谓卫公子荆①，"善居室②。始有，曰：'苟③合矣。'少有，曰：'苟完矣。'富有，曰：'苟美矣。'"

【注释】

① 公子荆：卫国公子，很有贤名。吴季札曾经把他列为卫国的君子。从孔子的评价看，此人主要优点是节俭知足、不奢侈贪婪。② 善居室：善于处理平常日的家务。③ 苟：姑且，差不多。

【细读】

孔子谈论卫国公子荆，说："这个人很善于处理家务，刚刚有点财产，就说：'差不多够用了。'稍微再有一点，就说：'差不多齐全完备了。'再丰富一点，就说：'差不多完美了。'"

凡是乱世必定会两极分化，上层和富人多数穷奢极欲，因为人们看不到更好的前景，于是便采用及时享乐混吃等死的心理和生活方式。社会状态直接影响人们的观念和心理，而社会成员的观念与心理又直接影响着社会风气。孔子生活的年代是春秋末期即将进入战国的过渡期，社会秩序混乱，奢靡之风大盛，这种形势之下卫国公子荆的生活态度就显得特别可贵了。因此孔子赞美并提倡他的做法。奢靡生活本身并不能给人带来幸福感，只能令人更加空虚，增加坐享其成、坐吃山空的罪恶感。只有不贪不奢，节约用度，才能够得民心、得幸福、得心安。

百姓富裕为首务

子适①卫，冉有仆。子曰："庶②矣哉！"

冉有曰："既庶矣，又何加焉？"曰："富之。"

曰："既富矣，又何加焉？"曰："教之。"

【注释】

① 适：到、去。② 庶：众多。

【细读】

孔子到卫国去，冉有驾车。孔子说："人口很稠密啊！"冉有说："人口既然很多，又该怎样做呢？"孔子说："使百姓富裕起来。"冉有又问："如果已经富裕了，还应该怎样做？"孔子说："对百姓进行教化。"

冉有赶车拉着老师到卫国去，一路上看到卫国人口稠密，孔子便发出感叹，于是冉有接着老师的话进行提问。显然，孔子首先要求百姓先富裕起来。在富裕的基础上再加强教育和道德建设，这样循序渐进推动社会进步，这就是孔子的施政思想和路数。至于宋代儒家学者完全忽视物质生活而单纯强调道德教化，甚至提出“饿死是小，失节是大”的荒唐命题，实际上是对孔子思想的歪曲和背离。先富后教是儒家思想的核心内容之一，既有强烈的人文色彩，也符合人性的基本要求。

贤者不负重托

子曰：“苟有用我者，期月[1]而已可也。三年有成。”

【注释】

① 期（jī）月：指一周年。

【细读】

孔子说：“如果有重用我的人，一年就可以见到效果。三年就能取得成功。”

孔子坚信自己政治主张的正确性，也坚信自己的能力，言谈自信，这样的自信有助于他成就事业。他的一年和三年的说法也是很有道理的，因为任何好的政治措施都需要一定的时间来检验，也需要社会各阶层对其进行一定时间的观察。当年郑国著名的贤人子产刚开始执政时，人们议论纷纷，有不少质疑。但一年后人们都服气了，三年后国家非常和谐稳定，人们都高兴地赞美他。可以说，孔子在这里也不是说大话，按照他的为人和性格，确实可以办到。况且他还有一批能干的弟子，包括各种人才，可惜历史没有给孔子这样的机遇。

善者治国可避杀戮

子曰：“‘善人为邦[1]百年，亦可以胜残[2]去杀矣。’诚哉是言也！”

【注释】

① 善人：指仁义之人。为邦：治理国家。② 胜残：战胜凶残。

【细读】

孔子说：“‘善人治理国家如果达到一百年，就可以消除各种残暴的政治而免除死刑了’，这话确实对啊！”

孔子经常引用前人或同时期贤人的话，有的指明了出处，如在《季氏将伐颛臾》里引用了周任“陈力就列，不能则止”的话，本条则没有。孔子是在充分继承前人思想的基础上创新完善自己的思想的，这一点非常可贵。两千四百多年前的孔子就提出了免除死刑杀戮的设想，非常难得和令人振奋。可以说孔子是世界上第一位提出废除死刑的人。的确，要建立一个完善良好的社会秩序，不是短时间内就能够完成的，如果能够有一个世纪的长治久安，社会经济、文化和道德将会达到很高的水平。

施仁政亦需三十年

子曰：“如有王者，必世[①]而后仁。”

【注释】

① 世：古代以三十年为一世。

【细读】

孔子说：“如果有推行仁政而施行王道政治的人，也一定要用三十年才能使天下普遍走上仁义的轨道。”

儒家向往的是王道政治，主张施仁政，反对横征暴敛和残暴统治；主张温情脉脉，社会和谐，具有一定的人文关怀色彩。但要基本实现这一政治目标，也需要一定的时期，这是以往历史所证明的。中国历史上任何一个朝代建立之初都不稳定，而要进入和平稳定的发展时期，出现逐渐繁荣的景象，都需要二三十年。如汉朝从建立到文帝时期稳定下来，经过了三十三年；唐朝进入贞观年间之后也是在三十年左右开始稳定繁荣。故由乱世转入盛世，一般都需要三十年左右的时间。

正人先正己

子曰：“苟正其身矣，于从政乎何有？不能正其身，如正人何[①]？”

【注释】

① 如正人何：如何正人的倒装。

【细读】

孔子说：“如果自己本身行为端正，从政当领导又有什么问题呢？如果不能端正自己的行为，又怎么去指导端正别人呢？”

做事先做人，这是儒家一贯的要求，也是儒家思想中伦理与政治一体化的特征之一。依然是“政”者，“正也”这一逻辑。这里存在一个问题，即伦理道德的端正是前提和出发点，但当在政治实践中遇到各种复杂现象和一些特殊情况时，还要有随机应变的能力。当然，从原则上讲，孔子的提法是科学的。任何执政者个人的私德都是基础，一个道德品质很差的执政者是创造不出好的社会风气的。

“政”“事”有别

冉子退朝。子曰：“何晏①也？”对曰：“有政。”子曰：“其事也。如有政，虽不吾以，吾其与闻②之。”

【注释】

① 晏：晚。② 与闻：参与闻知。与，参与。闻，使我闻，意谓通知我。

【细读】

冉有退朝回来，孔子问：“为什么回来这么晚啊？”冉有说：“有政事需要处理。”孔子说：“那是有事情。如果有政事，虽然与我无关，我也一定会知道和参与的。”

从师生对话的语气看，当有一定的背景，可能那时冉有正在季氏家中管事，而季氏一直是鲁国权臣，孔子反复强调自身端正应当与季氏多次僭越的行为有关系。孔子的弟子在季氏家当总管的时间最长，最受季氏重视和信任的可能就是冉有。从语气中可以体会出孔子对弟子不冷不热的态度。这次对话应当是孔子周游列国回来，在他晚年时发生的。当时冉有依旧在季氏家当总管，是季康子的红人。季氏要去泰山祭祀，可能就是在这个时候。因此孔子对冉有已经有些不满了，从语气中可以感觉出来。同时本条也提示我们“政”和“事”不同，即一般事务和行政大事是有根本区别的。

“一言兴邦”与“一言丧邦”

定公问：“一言而可以兴邦，有诸？”

孔子对曰：“言不可以若是其几[①]也。人之言曰：‘为君难，为臣不易。’如知为君之难也，不几乎一言而兴邦乎？”

曰：“一言而丧邦，有诸？”

孔子对曰：“言不可以若是其几也。人之言曰：‘予无乐乎为君，唯其言而莫予违[②]也。’如其善而莫之违也，不亦善乎？如不善而莫之违也，不几乎一言而丧邦乎？”

【注释】

① 几：近、接近。② 莫予违：莫违予的倒装，没有谁敢于违抗我的话。

【细读】

鲁定公问：“一句话就可以振兴国家，有这样的话吗？”孔子回答道：“对于语言来说，它的作用不可能像这样接近于事实。有人说：‘当国君很难，当大臣也不容易。’如果知道当国君很难，不就接近一句话可以使国家振兴了吗？”鲁定公又问：“一句话就可以亡国，有这样的话吗？”孔子回答说：“对于语言来说，它的作用不可能像这样接近于事实。但有人说：‘我并不愿意当国君，只是因为国君的话没有人敢违抗，所以就当了。’如果他的话是好话，是善良的话而没有人违抗，不也很好吗？如果他的话不好而没有人敢于违抗，不就近乎一句话就亡国了吗？”

“一言兴邦”“一言丧邦”的成语都出自这里。但这里不仅是一句话，而是一个观念、一种认识，或者一个出发点，也可理解为做某种事情、担任某种职务的出发点。如果认为当国君难，那么就会认真对待、兢兢业业。但光有此点还不行，还需要主客观的一致性，历史上认真敬业而且也比较有水平却亡国的皇帝也有，如唐昭宗和明朝崇祯皇帝都算较好的皇帝，也很忠于职守，却都亡国了。当然，那是非常复杂的事情。历史上一言兴邦、一言丧邦的例子也不少。

仁政凝聚百姓

叶公问政。子曰：“近者说[①]，远者来[②]。”

【注释】

① 近者说：国境内的百姓幸福快乐。② 来：通“徕”，招徕，使他们前来归附。

【细读】

叶公问孔子如何管理国家政治。孔子说：“使国内的百姓幸福欢乐，国外的百姓自愿前来投奔。”

春秋时期诸侯国林立，弱肉强食，因此所有君主都希望国土大、人口多。故当叶公询问关于政治的话题时，孔子如此回答。实行仁政，使百姓富裕幸福，就会增加国家的凝聚力和向心力，本国的百姓便会安居乐业，不会流亡，外国的百姓也会向这里迁徙，远方的百姓也到这里来。如果能够出现这种情况，这个国家的管理就成功了。孔子在去卫国的时候，冉有驾车，师生对话的第一句便是感叹人口多，便是这种思想。其实，在一定面积的土地上，需要一定的人口比例，否则就会很冷清，国家的实力也会受到限制。这也是现在一些国家鼓励生育的原因。政府最需要的是凝聚力和向心力，这也是执政者的目标。

为政忌求快贪小利

子夏为莒父[①]宰，问政。子曰：“无欲速，无见小利。欲速，则不达；见小利，则大事不成。”

【注释】

① 莒（jǔ）父：鲁国一邑镇，具体地点不详。《山东通志》认为在今高密县东南。

【细读】

子夏担任莒父地方长官，向老师请教如何执政。孔子说：“不要追求高速度，不要看眼前的小利益。追求高速度，反而不能达到目的。只看眼前的小利益，就干不成大的事业。”

为政求快不会有善政，治学求快不会有真学。现在有不少官员为政首先想的是政绩，急功近利，往往害民扰民；求学者总想迅速出名，自我炒作或者抄袭取巧，反而弄巧成拙，声名狼藉。“欲速则不达”早已成为至理名言。实际上做任何事情都要有个过程，需要一定数量的积累，需要基本功，得之快者往往失之也快，实际内容的建设才是最重要的。前些年，一些地方领导急于为自己创造业绩，不顾实际情况大力拆迁建设新区，不惜投入大量人力物力，结果花大钱建设的新区无人居住，吃力不讨好。学习手艺也如此：学艺三个月满徒，手艺在眼睛里；学艺三年满徒，手艺在心里。王维说："妙悟者不在多言，善学者还从规矩。"都是在说做任何事要规规矩矩，从基础做起。

处理好情与法的关系

叶公语孔子曰："吾党①有直躬②者，其父攘③羊，而子证④之。"孔子曰："吾党之直者异于是：父为子隐，子为父隐，直在其中矣。"

【注释】

① 吾党：我们那地方。② 直躬：本身正直。③ 攘：盗窃、偷。④ 证：《说文解字》"证，告也。"主动检举揭发。

【细读】

叶公对孔子说："我们那个地方有非常正直的人，爸爸偷羊，儿子就会出来检举揭发。"孔子说："我们那里正直的人与这种正直有区别，父亲替儿子隐瞒，儿子替父亲隐瞒，正直就在这里面。"

本条备受争议，这里涉及法理与亲情的一个重要原则与尺度。孔子提倡的"父为子隐，子为父隐"显然有问题，即真理正义与亲情的关系。但儒家也提倡"大义灭亲"，对于国君或上级也不主张绝对服从。因此对于孔子的这句话，我们要具体分析，采取实事求是的态度，既不为其袒护，也不将其全面否定。其实这就是一个度的问题，一般来说，如果不是大是大非的问题，还是尽量在家庭内部解决为好。尤其是有一些事情是非难明，俗语说"家丑不可外扬"，是符合情理和人心的。如果家族内部发生矛盾，发生争执，还是尽量调解为好。正确做法是将其消极影响缩小到最小限度。如儿子发现父亲偷人家的羊，可以规劝父亲送回去，也可背着父亲自己偷偷送回去，这是最正确的。但如隐瞒甚至帮助销赃，则不可原谅。一般非原则问题均应采用这种方式。亲情要顾，正义更要顾，故主动告发也不是最佳方案。

仁者随处可安

樊迟问仁。子曰："居处①恭，执事②敬，与人忠。虽之夷狄，不可弃也。"

【注释】

① 居处：日常生活中。② 执事：办事，做事，一般指工作。

【细读】

樊迟询问什么叫仁。孔子说："生活起居庄重谨慎，办事严肃认真，与人交往忠诚信实，即使到少数民族地区也不会被人厌弃。"

如果为人谨慎诚信，是个仁人，无论在什么地方都会受欢迎。仁既是公德，也是做人的根本。从孔子时代甚至更早一点讲，"中国"与"夷狄"的区分主要是文化而不是种族，只要融入中原文化的地方便可以看成中国。由于中国古代文化的中心点在今黄河流域，属于中原地区，是当时周边地区最先进的文化，因此具有强大的融合功能，逐渐将周边少数民族地区的百姓聚拢到自己的民族大家庭中来。汉唐盛世，由于强大的民族文化自信心，根本不在乎有外来文化的进入，而是大胆主动地吸收外来文化，促进中国文化的不断繁荣和丰富。孔子只是坚持西周文化，但在民族问题上没有偏见，有同等观点。这对于后世中国文化的发展走向有很好的影响。

行己有耻

子贡问曰："何如斯可谓之士矣？"子曰："行己有耻，使于四方，不辱君命，可谓士矣。"

曰："敢问其次。"曰："宗族称孝焉，乡党称弟焉。"

曰："敢问其次。"曰："言必信，行必果。硁硁然①小人哉！抑亦可以为次矣。"

曰："今之从政者何如？"子曰："噫！斗筲②之人，何足算也？"

【注释】

① 硁硁（kēng）然：浅陋固执貌。② 斗筲（shāo）：东北方言称水桶为"水筲"，当是此字。都是容器，每斗十升，每筲十二升。容量都极有限。

【细读】

子贡问："如何做才可以算作士呢？"孔子说："对自己的行为保持着羞耻心，出使到四方之国而不辜负国君的使命，这样的人就可以算作士了。"子贡又问："请问次一等的。"孔子说："在宗族里称赞他孝敬父母，在乡邻里称赞他尊敬长者。"子贡再问："请问再次一等的。"孔子说："说过的话一定要守信，行动起来坚决果断，固执坚定而无法动摇，是见识一般、偏执孤陋的小人。不过也可以算是次一等的士了。"子贡又问："如今这些从政的人如何？"孔子说："嘿！这些器量狭小见识短浅的人，还值得一提吗？"

孔子在回答弟子提问时首先提出了"行己有耻"的要求，有羞耻之心是对一切正人君子的基本道德要求，是道德底线。因为如果人没有羞耻之心，什么卑鄙拙劣的事都干得出来。另外，从这里也可以看出"小人"一词内涵的丰富性，只是与君子有差别，但基本还是可以肯定的。从孔子的语气看，"小人"比那些在位的"斗筲"之人甚至还高出一个档次。同时也可以理解"言必信，行必果"并不是道德的最高境界，如果发现自己的言行与真理和正义有距离，是可以修正的。

交友可选中行或狂狷者

子曰："不得中行①而与之，必也狂狷②乎！狂者进取，狷者有所不为也。"

【注释】

① 中行：行为采取适中的做法，中庸、中行意思基本相同。② 狂：急躁轻率，有偏激的意思，但属于积极进取的态度。狷（juàn）：拘谨无为，引申为孤洁。指孤高自傲之人。

【细读】

孔子说："如果不能与坚持正道直行而合乎中庸的人在一起，那么就一定会与狂者或者狷者在一起。狂者积极进取，狷者也不肯做那些庸俗低劣的事情。"

本条是孔子自述其交友之道。交友一定要和有思想有独立人格的人在一起，当然是能够中道而行的君子最好，如果周围没有这样的人，那么和那些思想激进而积极进取的人在一起，或者与那些高洁自持不与世俗同流合污的孤僻之人在一起也可以。总之，孔子讨厌那些口是心非、阳奉阴违、庸俗不堪的卑鄙小人。狂者和狷者只是处世态度上有些偏激而已，但还属于君子的品格，如"竹林七贤"等便属于此类人。

恒心的重要

子曰："南人有言曰：'人而无恒，不可以作巫医[①]。'善夫！"

"不恒其德，或承之羞[②]。"子曰："不占而已矣。"

【注释】

① 巫医：古代巫术和医术有相通点，都有治疗疾病的内容。② 不恒其德，或承之羞：此二句引自《易经·恒卦·爻辞》。

【细读】

孔子说："南方人有句话：'人如果没有恒心，便不可以占卜算卦和行医看病。'说得很好。""如果不能持之以恒，就会蒙受羞辱。"孔子说："这样的人不要去占卜和算卦了。"

本条是孔子激励学生要持之以恒时的教导之词。这里的南人当指吴越或楚国之人。当时吴国、越国、楚国都有很多优秀人才，如伍子胥、范蠡、文种等人。引用此话以及《周易·恒卦》九三爻辞的中心只是说明没有恒心什么也干不成，就连巫医这样被人轻视的职业都需要持之以恒，因此要当士人、当知识分子就更需要恒心了。从本条可以推测孔子已经开始研究《周易》并提出一些看法。

"和"与"同"的不同

子曰："君子和而不同[①]，小人同而不和。"

【注释】

① 和而不同：指和谐但不相同。

【细读】

孔子说："君子与人相处和谐但不求同一，小人随声附和好像很同一却不和谐。"

"和"与"同"在春秋时代是许多政治家经常分析论辩的话题。《国语·郑语》记载史伯的话说："夫和实物生，同则不继。以他平他谓之和，故能丰长而物归之；若以同裨同，尽乃弃矣。"不同的东西彼此和谐才能生世间万物，所有东西都一致的话，世界也就不再发展了。当年齐桓公被奸佞梁丘据所迷惑，说只有梁丘据与他最和，管仲批驳说："据亦同也，焉得为和。"并用烹调羹汤为例。

因此"和"与"同"有本质区别。和谐则生，雷同则死。对政治来说尤其如此，最高统治者要善于听取不同声音，采纳不同意见，这样才能避免片面的观点。而人与人之间、民族与民族之间、国家与国家之间，如果能够坚持和谐而不必追求完全同一的原则，则世界就会和平安定。因此君子要保持个体的独立性和特殊性，要在保持各自独立的前提下追求和谐统一。

如何鉴别人之好坏

子贡问曰："乡人皆好之①，何如？"子曰："未可也。""乡人皆恶之，何如？"子曰："未可也；不如乡人之善者好之，其不善者恶之。"

【注释】

① 好之：意动用法，认为好。恶之语法相同。

【细读】

子贡问："如果乡里的人都认为这个人好，这人怎么样？"孔子说："不行，还不能据此就认为是好人。"子贡又问："如果乡里的人都认为他坏，这人怎么样？"孔子说："不行，也不能据此认为他如何。不如乡里的善人都认为他好，坏人都认为他坏。"

本条显示出孔子有很强的是非观念，指出判断一个人的好坏不仅要看全体民众的意见，还要看给出这些意见的人是好是坏，因为道德修养不同的人对于善恶的判断标准是不同的。孔子的这一观点非常有道理，但在现实生活中缺乏一定的可操作性，怎么将给出意见的善人和恶人分开呢？即使能够分开，善恶又并非绝对，在恶人中也不乏是非观念者，所以也不能一概而论。孔子在这里也表达了对那些"墙头草"的不信任，他曾称那些喜欢和稀泥的好好先生为"乡愿"，认为他们是"德之贼"。

君子易事而难说

子曰："君子易事①而难说②也。说之不以道，不说也；及其使人也，器之③。小人难事而易说也。说之虽不以道，说也；及其使人也，求备焉。”

【注释】

① 易事：容易侍奉，意在手下工作容易。② 难说：难以使他高兴。说，通“悦”。③ 器之：像使用东西一样各尽其用。指按照每个人的具体才能安排工作。

【细读】

孔子说：“在君子手下工作很容易，但要讨取他的欢心却很难。不用正当的方式去讨好他，他不会欢喜接受。等到他分配工作使用人的时候，能够根据每个人的特长去安排。在小人手下工作很难，但却很容易取悦于他。虽然用不正当的方式去讨好他，他也会欢喜接受。等到他用人时，就会求全责备，百般挑剔。”

本条既是孔子自己的经验之谈，也是对学生的教育与指导，充满智慧与理性。《说苑·雅言篇》说：“曾子曰：‘夫子见人之一善而忘其百非，是夫子之易事也。’”这种现象在现实生活中随处可见，有的领导很讲原则看似刻板，却会公正地给予下属应得的机会的待遇，能够成人之美；但有的领导看似随和没有原则，并能够以不正当的方式来取悦，却不会给下属以公正的对待。其实，人最需要的是公平，能否坚持公平原则便是君子与小人最大的区别。

君子泰而不骄

子曰：“君子泰①而不骄，小人骄而不泰。”

【注释】

① 泰：安详，平和。

【细读】

孔子说：“君子仪态端庄安泰而不骄傲，小人骄傲自大而不端庄安泰。”

“泰”与“骄”都是内心世界在外在流露，是伪装不出也掩饰不了的。有修养的君主内心充实坦荡，外在自然安泰。而内心很骄傲的人，外表自然傲慢。傲慢便很难得到别人发自内心的尊重，自己也无法心安自得。现实生活中有些人得到点名利地位便趾高气扬，走路都摇摇摆摆，甚至“坐令鼻息吹虹霓”，往往令人生厌，而他的内心也是不坦然不自在的。

坚定寡言者接近仁德

子曰："刚①、毅②、木③、讷④近仁。"

【注释】

① 刚：刚强坚定。② 毅：坚韧果断。③ 木：朴实敦厚。④ 讷：沉默寡言。

【细读】

孔子说："刚强，坚韧，朴实，寡言，接近于仁德的品格了。"

孔子重视行动而不满意夸夸其谈的人。康有为解释得好："刚者无欲，毅者果敢，木者朴行，讷者谨言。四者智能力行，与巧言令色相反者，故近仁。故圣人爱质重之人，而恶浮华佻伪如此，盖华而不实也。"确实，孔子更器重身体力行的实干家，而轻视夸夸其谈、油嘴滑舌的人。只有认清人生的价值取向，沿着仁义的大路奋勇前行的人，而且要有坚忍不拔的意志，才有希望取得成功。孟子说："居天下之广居，立天下之正位，行天下之大道。"也是这种思想。

朋友之间应相互勉励

子路问曰："何如斯可谓之士矣？"子曰："切切偲偲①，怡怡②如也，可谓士矣。朋友切切偲偲，兄弟怡怡。"

【注释】

① 切切偲偲（sī）：相互敬重切磋勉励貌。② 怡怡：兄弟之间和睦。

【细读】

子路问老师："怎样做可以叫作士？"孔子回答说："相互之间要敦促帮助，和睦愉快地相处，就可以算是士了。朋友之间要相互督促，兄弟之间要相互和睦。"

这里强调了如何处理朋友和兄弟之间的关系问题。朋友是以共同追求道义而形成的人际关系，故孔子强调朋友间要相互切磋鼓励，敦促对方向善，实际上是朋友的正面作用，也是朋友间的义务。兄弟之间一是平辈关系；二是因为日常生活在一起，关系密切，容易因为生活习惯等一些细小的事情发生矛盾；三是可能涉及家族利益甚至财产继承与分割，更应当和睦相处。在这方面，谦让就是美德。孔子很讲究人伦关系，因为在具体的人际关系和交往中才能表现出人的品格与道德。孔子总是在回答弟子提问的时候阐释一些道理，而且都具有现实性，是实际生活中需要实行的。话题多集中在“仁”“士”“从政”几个方面。

善人教民七年可即戎

子曰：“善人教民七年，亦可以即戎①矣。”

【注释】

① 即戎：参加打仗了。即，走近、接近。戎，兵戎，军队，战争。

【细读】

孔子说：“善人领导教育百姓七年，也就可以应付战争了。”孔子不是迂腐无能的书呆子，而是有实际治国能力的人。从鲁定公十年辅佐国君在夹谷与齐景公相见一事的经过看，孔子一开始便提出“有文事者必有武备，有武事者必有文备”的策略，而且在会见过程中表现得大智大勇。

培养军队，进行军事训练，需要一定的时间，孔子在这里提到七年，可能是以实践经验为基础推算的时间。孔子几次提到军队与备战。可见其注重国家安全，这是执政者的第一要务。本条实际上是强调平时就要注意训练军队。

未军训者不可参战

子曰：“以不教民①战，是谓弃之。”

【注释】

① 不教民：没有经过教育的百姓，这里指没有经过训练。

【细读】

孔子说：“用未经过训练的人民去打仗，就是抛弃他们。”

本条表现了孔子对于人民高度负责的精神，依然体现了其仁政思想。将本条和前面一条联系起来，便可以理解孔子的思想了。那就是平常要进行军事训练，而且要坚持每年都抽出一定的时间来集中军训，七年后便可以造就有战斗力的队伍。这样的队伍自然有战斗力，能够取得胜利。而让没有经过军训的百姓去打仗，就等于让他们白白去送死。可能当时存在这种情况，孔子的回答往往是有针对性的。这对于现代战争同样适用，现代化程度越高，对于军队培养和训练的要求也越高，所需要的时间也更长。故常备不懈、时刻抓好军事训练和实战演习，是保证国家安全的必要条件。

宪问篇第十四

政治黑暗慎为官

宪①问耻。子曰："邦有道，谷②；邦无道，谷，耻也。"

"克③、伐④、怨、欲不行焉，可以为仁矣？"子曰："可以为难矣，仁则吾不知也。"

【注释】

① 宪：孔子弟子原宪。② 谷：古代官员发放实物工资，给粮谷。③ 克：好胜、忌刻。④ 伐：自夸、自矜。

【细读】

原宪问什么样的德行算是耻辱。孔子说："国家政治清明，就当官拿俸禄；如果政治不清明，再当官拿俸禄，就是耻辱。"原宪又问："好胜、自夸、怨恨、贪心这四种毛病都没有的话，可以算是仁德了吗？"孔子说："可以说能够做到这样就已经很难得了，但是否算是仁德，我就不知道了。"

原宪是孔子很有个性的弟子之一。可能是看不惯当时一些人不择手段当官的行径，便问老师关于耻辱的问题。孔子的回答很明确，政治黑暗混浊时，还能当官就是耻辱。这是很深刻的见解，因为政治黑暗的重要特征是奸佞贪婪之辈当权，权力阶层形成特殊利益集团。如果再说深点，腐败的政府甚至有黑社会的性质。如果有正义感，在这样的政权中便无法容身；如果能够进入其中，则会与其同流合污，是为耻辱。后面是关于仁与其他具体美德和善行的区别。孔子对于仁的要求是非常高的。原宪问的四个方面，可能是他本人所具有的优点，体会原宪为人处世，确实具备那四种美德。

不贪安逸方为士

子曰："士而怀居①，不足以为士矣！"

【注释】

① 怀居：留恋安居生活。

【细读】

孔子说："如果士留恋安逸的生活，那就不配做士了。"

追求安逸是人的本性，但是过于留恋与贪图享受则会失去进取心。儒家以担负天下道义为己任，因此要勤勉追求，永不止息地学习与奋斗。一旦贪图享乐，便丧失了前进的动力，便不配作为"士"了。从本条可以体会出春秋战国时期士人的担当和自觉为天下挺身而出的精神气质。中国古代士人进取和担当的精神均源于儒家思想。儒家历来将社会利益放在自我利益之上。这种精神本身就值得提倡。

谨防祸从口出

子曰："邦有道，危言危①行；邦无道，危行言孙②。"

【注释】

① 危：正直、端正。② 孙：通"逊"。

【细读】

孔子说："政治清明，说话要正直，行为也要正直；政治黑暗，行为仍然要正直，说话则要谨慎小心。"

在政治清明时，人们言行正直则无忧。但在政治黑暗时，行正可以正直，说话则要特别注意，因为政治黑暗时容易因直言而获罪。至于像谏官这样担负着这种职责的官员则另当别论。唐代的阳城、宋代的欧阳修都曾因在政治斗争中言辞激烈而被贬谪过，那是他们坚持正义、坚持大是大非，是天下人瞩目的事情。但对有的事就不宜这样做，如明代大才子杨慎就曾因不满朝廷决定而言辞激烈，结果被杖刑并流放到云南，一辈子就在那里度过，很不值得。慎言是必要的，但无论何时都要“危行”，即正道直行，不走歪门邪道。孔子多次提出在乱世要注意明哲保身，这和道家的思想一致，实际上是对生命的珍惜，不做无谓的牺牲。

有德者必有言

子曰：“有德者必有言[①]，有言者不必有德。仁者必有勇，勇者不必有仁。”

【注释】

① 言：语言，指名言或格言。

【细读】

孔子说：“有道德的人，必定有好的语言，有好语言的人不一定有高尚的道德。有仁爱之心的人一定勇敢，勇敢的人不一定有仁爱之心。”

德是内在的品质，语言是外在表现形式。道德高尚的人，实话实说便是真理，便对人有启发，而且很真诚，令人信服。内在品质美好，必然会在外部形式上表现出来。自我修养是决定一切的。韩愈说：“足乎已而无待乎外之谓德。”强调的也是道德由内心修养与学识来决定。韩愈在《进学解》中评价孟子和荀子时说：“昔者孟轲好辩，孔道以明，辙环天下，卒老于行。荀卿守正，大论是弘，逃谗于楚，废死兰陵。是二儒者，吐辞为经，举足为法，绝类离伦 ，优入圣域。”其中“吐辞为经”便是指有德者必有言。

道德是终极力量

南宫适[①]问于孔子曰：“羿[②]善射，奡[③]荡舟，俱不得其死然。禹稷躬稼[④]而有天下。”夫子不答。

南宫适出，子曰：“君子哉若人！尚德哉若人！”

【注释】

① 南宫适：孔子弟子南容。② 羿（yì）：古代传说中的神箭射手。③ 奡（ào）：人名，夏寒浞之子。多力，相传能陆地行舟。④ 躬稼：亲身种地。

【细读】

南宫适问孔子："后羿擅长射箭，奡力大无比可以摇荡船只，但二人都死于非命。夏禹、后稷只是亲身耕种庄稼却得到了天下。"孔子没有回答。南宫适出去了。孔子说："真是个君子啊，这个人！崇尚道德啊，这个人！"

本条涉及古今中外一个大问题，就是道德和勇猛的力量到底哪个方面更有持久性和真正的力量。后羿和奡都是古代传说中的勇士，传说中有三个羿，都是射箭高手。一为帝喾的射师（见《说文》）；二是唐尧时人，即射落九个太阳者；三是夏代有穷国君主（见《左传》襄公四年）。这里的羿和《孟子·离娄》中的羿都是指的第三个。孔安国曰："羿，有穷国之君，篡夏后相之位。其臣寒浞杀之，因其室而生奡。奡多力，能陆地行舟，为夏后少康所杀。"这两人或神射，或力大无穷，都是不可一世的大英雄，如果比试武功的话，可能天下没有敌手，但这两个人却都不得善终。而夏禹和后稷没有什么特别的长处，就是勤劳而有道德，却得到了天下。孔子并没有直接回答，但理解他问话的意思。因此南宫适出去后，孔子赞美其是位崇尚道德的君子。从历史上看，凭借暴力和霸权来治理国家是不会长久的，只有推行仁政，建立和谐的社会才能够久远。这是儒家思想的核心内容之一，也已被古今中外的历史所证明。最近一个多世纪以来，美欧等西方势力强大，主张以武力横扫天下，成为当今世界混乱的根源，引起全世界的反抗。也从侧面证明了孔子这一观点。

小人无仁心

子曰："君子而不仁者有矣夫，未有小人而仁者也。"

【细读】

孔子说："君子没有达到仁德的情况是有的，但小人是绝对不会有仁德之心的。"

"仁"是一种很高的道德本体，属于全德，即在道德所有方面都没有缺欠，并不是具体的某一种或几种好的品格，可以说只有圣人才能够真正符合仁者的要求。因此君子在道德上也不是尽善尽美的，也有缺点，缺点实际上也可以说是不仁的地方；但小人则绝不会有仁心。这里的小人便是从道德方面来衡量的。需要注意的是，孔子所说的“君子”与“小人”在不同的语言环境中含义也不同，要仔细体会分析。

值得深思的思想

子曰：“爱之，能勿劳[①]乎？忠焉，能勿诲乎？”

【注释】

① 劳：使之劳动、劳苦。

【细读】

孔子说：“如果爱他，能不让他受到劳苦的磨炼吗？如果真心对他好，能不对他进行教育吗？”

这可以做政治培养和家庭教育两方面的格言。人的成长需要不断磨炼，需要有实际经验的历练，也需要不断教育和引导。不但国家政治，各个阶层的领导人都需要如此培养，即使是普通百姓家的孩子也需要在这两个方面，即实际能力的锻炼和文化知识的提高方面下功夫，实际能力依靠劳动与工作，文化知识依靠学习与指导。如果真心对孩子负责任，就要让他自己动手，最起码自己完成自己的事情，要随时教导他做人最基本的道理。少年时期的艰苦生活往往是人一生最宝贵的财富，道理就在这里。

赞美真正的智者

或问子产[①]。子曰：“惠人也。”

问子西[②]。曰：“彼哉！彼哉！”

问管仲。曰：“人也。夺伯氏骈邑[③]三百，饭疏食，没齿[④]无怨言。”

【注释】

① 子产：春秋时期郑国著名政治家，名公孙侨。② 子西：春秋时有三个子西，但从政治作用以及与孔子关系看，当指曾任楚国令尹（即首相）的子西。该人曾经阻止楚昭王想要给孔子及其弟子划出七百里地自治的意见。见《史记·孔子世家》。③ 伯氏：齐国大夫。骈(pián)邑：齐国地名，在今

山东临朐县附近。④ 没齿：指死。

【细读】

有人问孔子子产如何，孔子说：“是一位宽厚惠于百姓的人。”

他又问子西如何，孔子说：“他这个人啊！他这个人啊！”又问管仲如何，孔子说：“那是个人物。他剥夺伯氏骈邑三百户的采邑，使伯氏只能吃粗粮淡饭，但一直到死都没有怨言。”

这是孔子在回答他人提问时对三个人的评价。孔子对于子产历来很钦佩，认为他是位贤人，听到子产离世的消息时孔子还流下了眼泪，但他并没有见过子产，可以看出其敬贤爱贤的真心。对于子西，孔子的口气很明显有贬斥的意味，但只是那样一说而已，没有更严厉批评。其实是子西阻挠了孔子在楚国获取发展的机会，而且子西在历史记载中品格也大有问题，但孔子没有说什么，只是不谈论而已，这正是其厚道之处。对于管仲，孔子基本上是肯定的，主要是肯定他的历史功绩。孔子很重视事功，对于有实际功劳的历史人物都给予很高的评价。至于管仲剥夺伯氏采邑三百户而伯氏至死不怨恨，则肯定是做法较为合理，说明了管仲执政能力之强。

贫而无怨

子曰：“贫而无怨难，富而无骄易。”

【细读】

孔子说：“贫穷而没有怨恨很难做到，富裕而不骄傲容易做到。”

真正做到“安贫乐道”很难，所以因贫穷而有怨恨情绪是普遍存在的现象。能够做到不因贫困而有怨言需要有极好的道德修养和忍耐力。相比之下，富有但不骄奢则更容易做到，富有者毕竟占有更多的社会资源，无论是有德者还是无德者都没有衣食之忧，不被生活所迫。对于执政者来说，则有义务消除贫困，避免由于社会分配不公造成的贫困，为全社会成员创造公平竞争的社会环境。

塑造完美人格

子路问成人①。子曰：“若臧武仲②之知，公绰之不欲，卞庄子③之勇，冉求之艺，文之以礼乐，亦可以为成人矣。”曰：“今之成人者何必然？见利思义，见危授命，久要④不忘平生之言，亦可以为成人矣。”

【注释】

① 成人：指全面完美的人。② 臧武仲：鲁国大夫臧孙纥，后出奔到齐国。因预料到齐庄公不得善终，设法辞去庄公赐给他的田，因此免于受牵连。③ 卞庄子：春秋鲁大夫，著名勇士，食邑于卞，谥庄。《荀子·大略》：“齐人欲伐鲁，忌卞庄子，不敢过卞 。”④ 要：通“约”，穷苦困窘。

【细读】

子路问怎样才算完人。孔子说：“像臧武仲那样明智，像孟公绰那样清心寡欲，像卞庄子那样勇敢，像冉求那样有才能技艺，再用礼乐文采来提升文化，差不多就可以成为完美的人了。”又说：“如今的完人又何必一定要做到这样？看见利益能够首先思考是否合理，看见危险敢于献出生命，长久处于困难境地而不忘记平生的志向与诺言，就算是完美的人了。”

从本条可以看出孔子对于高标准的全德之人的看法，即要明智、勇敢、清心寡欲、有才能有文化，而这一切都是在“仁”的统率下，并自觉遵守礼乐，这样的人才是完美的。但这样的高要求一般人难以做到，退而求其次，也必须正直，能够正确处理利益和道义的关系；勇敢无畏，遇到大事敢于站出来坚持正义；诚信守道，安贫乐道，这些都是切实可行的，每个人都有可能做到，但真正做到也需要很高的修养。儒家重视人格培养，而且都是从人生实际出发，并不是高不可攀的境界，也不神秘玄妙。

忠臣不挟君

子曰：“臧武仲以防①求为后于鲁，虽曰不要②君，吾不信也。”

【注释】

① 防：臧武仲封地，在今山东费县东北六十里之华城，离齐边境很近。② 要：要挟。

【细读】

孔子说：“臧武仲用他的采邑防城请求立他的子弟为鲁国的卿大夫，纵然说不是要挟国君，我不相信。”

孔子一直坚持君臣大义，反对臣子对国君有所胁迫。据《左传·襄公二十三年》记载，臧武仲即臧纥，与孟孙氏有矛盾，遭到嫉妒。孟孙氏尽谗言于掌政的季氏，季氏要处罚臧武仲，臧武仲果断斩关逃跑，后来提出把采邑封给自己的两位同父异母兄弟，不要断了臧氏的祭祀。得到批准后他出奔到齐国。其实，这件事的背景和家族之间的矛盾错综复杂，臧氏的地位在不断下降，而三大家族已经控制了鲁国的大权，故是非曲直很难厘清。孔子对臧武仲曾有较好的评价，但在这件事情上是持批评意见的。这也体现了孔子就事论事、对具体事进行具体分析的态度。

对春秋二霸的评价

子曰："晋文公谲①而不正，齐桓公正而不谲。"

【注释】

① 谲：诡诈，过分用心机。

【细读】

孔子说："晋文公诡诈而不正派，齐桓公正派而不诡诈。"这是孔子对于历史人物的评价。两个人距离孔子生活时代都不远，同样都是五霸之一，也同样叱咤风云过，但孔子对于齐桓公评价很高，对于晋文公却很少赞美，最主要的原因就是晋文公经常使用权术，而齐桓公则比较忠诚守信。孔子不喜欢奸狡而心机重的人，反对使用权术，他对两人的评价是客观准确的。

功大于过也是仁

子路曰："桓公杀公子纠①，召忽死之②，管仲不死。"曰："未仁乎？"子曰："桓公九合诸侯③，不以兵车④，管仲之力也。如其仁，如其仁！"

【注释】

① 公子纠：齐国贵公子之一，是齐桓公哥哥。② 召忽死之：公子纠被逼自杀，召忽作为臣子也自杀殉主。③ 九合诸侯：多次会盟诸侯，共同订立盟约。据考证，齐桓公共联合诸侯会盟十一次，

这里的“九”是虚数。④ 兵车：战车，指战争。

【细读】

子路说：“齐桓公杀死公子纠的时候，召忽自杀以殉公子纠，同样是臣子，管仲却没有自杀。”见孔子不回答，子路又说：“这样做算不仁吧？”孔子说：“齐桓公多次主持诸侯会盟，不使用战争的手段，这样的丰功伟业，都是管仲的功劳啊！能够做到这样，就是仁！能够做到这样，就是仁！”

孔子对于管仲的评价非常重要，因为按照迂腐的观点，管仲不能为自己侍奉的主人尽忠算是不忠，很多人都有这样的疑问。就连孔子的高足子路和子贡都难免有这样的看法，但孔子却给予管仲很高的评价。孔子是从管仲的实际贡献和历史功绩出发来评价的。一是管仲对于齐国乃至那段历史时期相对稳定有功绩，会盟诸侯而尊崇王室，这是孔子最提倡的，实际上他的行为保护了三代以来的华夏文化；二是使齐国富强，使老百姓得到了利益；三是管仲坚决维护华夏文化，自觉保护奉守华夏文化的诸侯国，这都是历史功绩。因此孔子的观点很高远，并没有很迂腐地以私德来责备管仲。

不做无谓的牺牲

子贡曰：“管仲非仁者与？桓公杀公子纠，不能死，又相之。”子曰：“管仲相桓公，霸诸侯，一匡①天下，民到于今受其赐。微②管仲，吾其被发左衽③矣。岂若匹夫匹妇之为谅④也，自经⑤于沟渎⑥而莫之知也？”

【注释】

① 匡：匡扶、匡正。② 微：没有。③ 被发：披散头发，指不束发。被，同“披”。左衽：向左边开大襟。衽，衣襟。指上衣前交领部分。④ 谅：诚实，这里有固执意。⑤ 经：自缢而死。⑥ 沟渎：泛指一般的水沟。

【细读】

子贡说：“管仲是没有仁德的人吧？桓公杀公子纠，他不能以身殉难，还去给公子纠的仇人当宰相。”孔子说：“管仲辅佐桓公，称霸诸侯，匡正天下，老百姓直到今天还在享受着他的恩惠。如果没有管仲，我们这些人都会披散头发，衣服也要向左边开大襟了。他怎么能像普通小民那样守着小节小信在沟里自己上吊自杀而没有人知道呢？”

本条和前条都是涉及如何评价管仲的大问题，如果按照忠君要求，管仲应当为公子纠殉节。公子纠虽然还不是国君，但作为公子，管仲与其关系有君臣的性质。因此管仲的品德遭到很多人的质疑，这就存在小节与大节的问题。孔子前面提到过，“言必信，行必果”是小人之仁德。从对管仲的评价上就可以看出其思想的本质。孔子不想空谈理论，而更重视社会实践和建功立业，造福天下百姓。如果管仲也像召忽那样死去，便不会有后来的这些历史功绩。这便是孔子高度评价管仲的原因。管仲如果为公子纠而死，当然可以，最起码不会遭到批评。但管仲能够辅佐君主，使自己的国家富强，为百姓造福，那么他的生命便更有价值和意义。

值得深思的赞美

公叔文子之臣大夫僎[①]与文子同升诸公。子闻之，曰：“可以为‘文’矣。”

【注释】

① 臣大夫：家臣，大夫。僎（zūn）：人名。

【细读】

公叔文子的家臣大夫僎，与文子晋升到同级别的官职。孔子听说这件事，说：“这便可以谥为‘文’了。”

心胸宽广仁厚，不嫉贤妒能，推荐下级与自己晋升到相同的职位，这本身就是高尚的美德，因此孔子极力赞美公叔文子。这种赞美值得深思，在现实生活中，能够推荐自己的部下晋升，本身就是美德。而推荐部下晋升到和自己同样的官职，就更需要有宽广的胸怀。就像鲍叔牙当年本来可以自己当宰相，却坚决推荐了管仲；安史之乱中，睢阳太守许远主动把自己的位置让给张巡，而自己甘居他的下位，这都是顾全大局、唯贤是举的高尚品格，永远值得赞佩。

良臣可维持国家运转

子言卫灵公之无道也，康子[①]曰：“夫如是，奚而不丧？”孔子曰：“仲叔圉[②]治宾客，祝鮀[③]治宗庙，王孙贾[④]治军旅。夫如是，奚其丧[⑤]？”

【注释】

① 康子：均无注，当是季康子。② 仲叔圉：就是孔文子。③ 祝鮀：卫国大夫，善于言辞，孔子曾说他“佞”。④ 王孙贾：卫国大夫。⑤ 丧：丧失政权，指亡国。

【细读】

孔子说卫灵公很昏庸无道，季康子说：“如果是这样，为什么他还没有亡国？”孔子说：“有仲叔圉管理宾客的事务，祝鮀管理宗庙祭祀的事务，王孙贾管理军队的事务。像这样的话，怎么能够亡国呢？”

孔子对于国君或大臣都有客观的评价，对于卫灵公的昏庸无道有清醒的认识。孔子周游列国时，在卫国逗留时间比较长，对卫国的政治情况以及君臣的人品都很了解，因此《论语》中评价的人物除鲁国的之外，卫国的最多。孔子对于祝鮀等三人均有批评意见，但对他们的工作能力基本上是肯定的。关于卫灵公的无道之举，孔子指的到底是什么不太清楚，但他溺爱南子，宠信弥子瑕和雍渠，逼走太子，使得国本动摇，造成后来的内乱，这些可能都是孔子批评的内容。

轻诺之人不可信

子曰：“其言之不怍[①]，则为之也难。”

【注释】

① 怍：惭愧。

【细读】

孔子说：“说话大言不惭的人，真正做起事来就很难了。”这是孔子告诫学生如何识人做人。凡是喜欢说大话的人，真正请他办起事来都很困难。平时与人交往，如果对方夸夸其谈，一开口就什么事都能办，对他们一定不要轻信并给予重托，这样的人真正办起事来很难成功，弄不好会让你财信两失。而自己在与人打交道时，对于有把握的事可以应承下来，对于没有把握的事不要轻易许诺，只有这样做才能不失信于人。

弑君逆臣人可诛之

陈成子[①]弑简公。孔子沐浴[②]而朝，告于哀公曰："陈恒弑其君，请讨之。"公曰："告夫三子[③]！"

孔子曰："以吾从大夫[④]之后，不敢不告也。君曰'告夫三子'者！"

之三子告，不可。孔子曰："以吾从大夫之后，不敢不告也。"

【注释】

① 陈成子：即陈恒，齐国权臣田常，因其专权，齐简公想除掉他，结果被他杀害。② 沐浴：礼制要求，大夫进朝前要沐浴穿朝服。③ 三子：指三大家族，孟孙氏、叔孙氏和季孙氏。④ 从大夫：等于说从事过大夫之职。

【细读】

齐国的大臣陈恒叛逆，杀害了国君齐简公，孔子沐浴后去朝廷报告哀公，说："陈恒叛逆杀害他的国君，请求您发兵讨伐他。"哀公说："去告诉三位大臣。"孔子说："因为我曾任大夫之职，因此不敢不报告这样的大事、不敢不发表自己的意见。可您却说'去告诉那三个大臣。'"孔子去向那三位大臣报告，三大臣不同意出兵讨伐。孔子说："因为我曾任大夫之职，因此不敢不报告这样的大事、不敢不发表自己的意见。"

这是孔子的政治态度，孔子明知不可为也要去向国君和大臣报告并明确请求出兵讨伐，表明自己的政治立场。而两次重复那句话，则有立此存照给后人看的意思。齐国与鲁国是近邻，并有悠久的历史渊源，因此两国之间的政治事件相互影响。孔子明确请求出兵，是因为春秋时期只要是弑君大逆，人人可以诛之。孔子的要求是出于大义。但哀公已经不掌实权，因此让孔子去报告三大臣，孔子的感叹很深沉，也明白哀公的苦衷，只好无可奈何地去报告三大臣，这里也有留此存照的意思，意思是我孔丘应该做的都做了，我尽力了。三大臣与陈恒都是大臣之职，他们对于这种事情不会有什么积极性。

鲁国三大家族和公室一直存在尖锐矛盾，当年昭公受不了季氏的专横，发兵讨伐季氏，结果季氏联合孟孙氏和叔孙氏将昭公打败，昭公流亡，最后死在他国。因此让三大夫去讨伐叛逆，显然是不可能的。这是《论语》中唯一一次提到孔子主动要求进行战争的文字，可见孔子不是反对一切战争的。

事君可犯不可欺

子路问事君。子曰："勿欺也，而犯[1]之。"

【注释】

① 犯：冒犯，不顺着说。

【细读】

子路问如何侍奉国君。孔子说："不要欺骗他，却可以冒犯他。"

本条极其简明，但思想深刻，值得深入挖掘。孔子认为事君之道在于忠诚，实事求是，不能欺骗，更不能报喜不报忧，整天唱赞歌，阿谀奉承。如果国君在某些问题上执迷不悟，可以坚持正义、坚持真理而对其提出否定意见，甚至可以冒犯。这种观点可以作为一切领导者的座右铭。臣子或下级应如此，国君更应明白这个道理。联系前面孔子"臣事君以忠"的话，那么这里的"勿欺也，而犯之"就是忠，这是极其重要的观点，后世以愚忠解读孔子思想是对其本来意义的歪曲。

君子上达，小人下达

子曰："君子上达[1]，小人下达[2]。"

【注释】

① 上达：向高级方面努力。达，动词，追求。② 下达：向低级方面使劲。

【细读】

孔子说："君子在向提高仁义道德方面努力，小人在向谋取名利地位方面钻营。"

关于"上""下"各家注解不同，这里理解为真理正义与财富利禄的对应为好。"上"解释为形而上，即抽象的东西为好，实际就是道德文化、正义与真理的意思，而这正是儒家和一切有作为的士人所孜孜追求的。"下"解释为形而下，即看得见的物质财富、功名利禄，实际上就是具体利益的意思，这样解释才可以融会贯通。本句意义与"君子喻于义，小人喻于利"的意义近似。

学习是为自己

子曰："古之学者为己，今之学者为人。"

【细读】

孔子说："古代的人学习是为了提高自己的修养和学识，今天的人学习是为了教训别人、向别人炫耀。"

这句话谈的是学习态度。"为己"是指提升自己的修养、增加自己的学识、加强自己对于是非的判断力。真正的学人确实如此，也只有如此，才会感到快乐和满足。《论语》开头的第一句话便是："学而时习之，不亦说乎？"其实就是表达自己有了新感悟后的愉悦心情，这便是为己的典型心态。而学习的目的如果是有资格教训别人或者是在别人面前炫耀，是很肤浅的。

君子时时自检

蘧伯玉①使人于孔子，孔子与之坐而问焉，曰；"夫子何为？"对曰："夫子欲寡其过②而未能也。"使者出。子曰："使乎！使乎！"

【注释】

① 蘧伯玉：卫国大夫，名瑗。很显达，跟孔子关系密切，孔子曾经在他家住过。是善于自省之人。《淮南子·原道篇》："蘧伯玉年五十而知四十九年之非。"因此，五十岁又称"知非之年"。② 寡其过：减少他的过错。

【细读】

蘧伯玉派人来看望孔子，孔子请他落座并与他谈话，问道："蘧老先生在忙什么呢？"来人回答道："老先生总在想减少自己的过错，还不能办到啊！"蘧伯玉派的人走后，孔子赞叹道："好一个使者！好一个使者！"

蘧伯玉是卫国著名的贤人，年龄比孔子大，是当时天下的著名贤士，吴国贤人季札访问卫国时曾专门拜访他，可见其地位之高。孔子与他关系很好，对他也非常赞美，最主要的就是他这种谦退精神，从不自矜自夸，他的下人都能够如此，主人的精神境界更可想而知。不自以为是、不故作高深、温良恭俭让是孔子精神世界的特征。

君子以言过其行为耻

子曰："君子耻其言而过其行。"

【细读】

孔子说："君子以说话超过自己的能力为耻。"

孔子历来反对说大话，主张少说多做，这是做人成功的主要素质之一。人们应当时刻提醒自己做在前，说在后，不要说难以实现的话，更不能大吹大擂，言过其实本身就是耻辱。刘宝楠的《论语正义》中说："此与《里仁》篇'古者言之不出，耻躬之不逮'，语意正同。《礼记·杂记》：'有其言而无其行，君子耻之。'《礼记·表论》：'君子耻有其辞而无其德，有其德而无其行。'亦此意。"内容都要求落实到行动上，只有言论而没有实践能力或者不去实践是没有意义和价值的。

尽量少品评他人

子贡方人①。子曰："赐也贤乎哉？夫我则不暇②。"

【注释】

① 方人：孔安国说："比方人也。"即比较爱品评人。② 暇：闲暇。

【细读】

子贡总爱对他人品头论足。孔子说："子贡你就够贤德吗？我可没有这闲工夫。"

孔子对于说话很谨慎，而且也反复教导弟子们要"慎于言而敏于行"，他很少批评别人，对于他认为不好的人也很少直接批评。子贡聪明机敏，但好品鉴人物，《史记·仲尼弟子列传》中说子贡："喜扬人之美，不能匿人之过。"因此孔子提醒他不要这样做。这也是做人应该注意的一点，尽量少谈论他人之是非。俗语说："宁可说玄话，也不说闲话。"道理就是如此。这是人生经验之谈，也是道德修养的一种表现。

是金子总会发光

子曰:“不患人之不己知，患其不能也。”

【细读】

孔子说:“不要忧虑别人不了解你。只忧虑自己没有真本事。”

这是孔子反复强调的一个观点，即要加强内功，只要有真本事、真学问就一定会被接受的。韩愈《五箴・名箴》说:“内不足者，急于人知。霈焉有余，厥闻四驰。”确实很精彩，水平低下或很一般的人才急于出名，而如果真正有道德学问，其名声自然会被广泛知晓，即使在当代被埋没，在后世也会被发现。另外，本条还有一层意思是要努力学习、提升自己，这样一旦出现机会就能够把握住。

要真诚而明察

子曰:“不逆①诈，不亿②不信，抑③亦先觉者，是贤乎！”

【注释】

① 逆：迎接，这里指未至而先揣测准备。② 亿：臆测，猜测。③ 抑：不过。

【细读】

孔子说:“不要预先就觉得别人欺诈，不要预先就觉得别人不信任自己。但如果真的出现这种情况则首先要察觉并防范，这不也是贤德之人吗？”

要相信别人，要以诚待人，这是儒家在品德方面的基本要求，但当对方不讲诚信时，也要及时察觉并采取措施，这样才称得上贤德之人。如果刚刚交往就防备对方是过于敏感，而且也显示出自己本身的不诚实，因为这样做是以小人之心度他人之腹。所以诚实的人容易上当，但上当只有一次，聪明的人会及时吸取教训，避免再犯同样的错误。

只为教导顽冥不化者

微生亩[1]谓孔子曰：“丘何为是栖栖[2]者与？无乃为佞[3]乎？”孔子曰：“非敢为佞也，疾固也。”

【注释】

① 微生亩：人名。② 栖栖：忙忙碌碌。③ 佞：善辩口才好。

【细读】

微生亩对孔子说：“孔丘，你为什么总这样忙忙碌碌到处奔波啊？恐怕是要炫耀你的理论和口才吧？”孔子回答道：“不敢到处炫耀口才和理论，只是恨那些顽固不化的人。”

微生亩是何人不清楚，可能与孔子很熟悉，关系也不错，但对于孔子如此辛苦到处奔波不理解，因此才这样发问，而孔子坚持自己的观点，表达了自己的志向。

好马在德不在力

子曰：“骥[1]不称其力，称其德也。”

【注释】

① 骥：宝马，一般称千里马。

【细读】

孔子说：“对于千里马，并不是称赞它的速度和力量，而是称赞它的品德。”

好马通人性，能够理解主人的意图并对于主人非常忠心，确实有这样的宝马良驹，如关羽曾经骑过的赤兔马。但孔子这句话的重点还是以马比人，强调道德高于力量的观点，与前文称赞闵子骞关于羿、奡的评价异曲同工。道德的影响永远高于力量的影响。项羽“力拔山兮气盖世”，在战场没有敌手，但缺乏政治智慧，百战百胜后一败便一蹶不振，最后自刎乌江岸边，便是过分凭依武力而缺乏道德的缘故。

以直报怨

或曰："以德报怨[①]，何如？"子曰："何以报德？以直报怨，以德报德。"

【注释】

① 怨：这里是仇怨。

【细读】

有人问孔子："用恩德来报答仇怨，怎么样？"孔子回答说："那么拿什么来报答恩德呢？应当用公正去报答仇怨，而用恩德报答恩德。"

本条内容非常重要，可以看出在处理怨仇问题上孔子的观点，这也是人与人之间、家族与家族之间、民族与民族之间、国家与国家之间经常遇到的实际问题。孔子否定了"以德报怨"的做法。对待怨仇的方法不同，确实会产生不同的效果，无非是三种方式，即"以德报怨""以怨报怨"和孔子提倡的"以直报怨"。以怨报怨，冤冤相报，永远没有终结，不可取，而且对于双方都是永远的伤害；以德报怨，会使坏人更加嚣张和肆无忌惮，而且对于被损害一方太不公平，也显得太怯懦窝囊，一般人也无法接受，也不可取。以直报怨，最合情合理，厚道而不窝囊，最近人情，也容易被接受。现实生活中，对于害过自己的小人，可以不理睬，也不必给予什么恩德，当他们遇到问题时，既不落井下石，也不为之隐瞒什么，永远实事求是，正直对待，该是怎么做就怎么做，这便是正确的态度。但对于恩德则一定要报。中国历来有"滴水之恩，当涌泉相报"的格言，要懂得知恩报恩。

不怨天尤人

子曰："莫我知也夫！"子贡曰："何为其莫知子也？"子曰："不怨天，不尤人，下学[①]而上达[②]。知我者其天乎！"

【注释】

① 下学：向形而下的方面学习，即向具体的社会实践学习。② 上达：向形而上的抽象而无形的道理探索。

【细读】

孔子说："没有人真正理解我啊！"子贡说："为什么会没有人理解您老人家呢？"孔子说："不埋怨天命，不怪罪他人，向下方学习人事而向上追求真理，能够真正理解我的，只有上天了。"

孔子在此处有发牢骚的意味，孔子也经常抒发怀才不遇的愤慨，只不过不说过头的话罢了。说"不怨天，不尤人"，但其中满腹牢骚的语气不是很清楚吗？子贡实际上是在安慰老师，意思是我们这些弟子理解您老人家。但听老师继续发牢骚，当然不敢再接着说，因为他明白，自己以及师兄弟们无法真正理解老师的精神世界。

不提倡暴力手段

公伯寮①愬子路于季孙。子服景伯②以告，曰："夫子固有惑志于公伯寮，吾力犹能肆诸市朝③。"

子曰："道之将行也与，命也；道之将废也与，命也。公伯寮其如命何！"

【注释】

① 公伯寮：孔子的弟子，《史记·仲尼弟子列传》作"公伯缭"，字子周。② 子服景伯：鲁国大夫。③ 肆诸市朝：古代将重罪犯人杀戮后把尸体或首级陈放在朝廷门口或市集人多处展示，以增加震慑力。

【细读】

公伯寮向季孙氏毁谤子路。子服景伯来告诉孔子，并且说："季孙氏已经被公伯寮所迷惑了，可我还有能力把这个坏蛋的脑袋挂在大街上示众。"孔子说："正道如果将要推行，是天命；正道如果将要废止不行，也是天命，公伯寮他能够把天命怎么样！"

本条中公伯寮的身份比较有争议，司马迁的《史记》以及马融注都说是孔子弟子，但后世谯周等学者认为是谗毁子路之人，不是孔子弟子。后者逻辑上不严密，即谗毁子路的人同样可能是孔子的弟子，同门相谗毁者也不足为怪。如果是一般人谗毁子路反而正常，但作为孔子的弟子谗毁同门实际也等于诋毁老师，当然可恨至极，子服景伯有替孔子清理门户的意思。但孔子并没有同意，他反对用这种暴力的手段去处理问题，而是采用顺应自然的方式，任凭命运安排。应当指出，这里的命运是指文化发展大的走势，因为一两个人的谗毁不会影响大的文化发展趋势。孔子看问题较为宏观，尤其是他反对采用暴力手段，主张仁政、主张道德感化的观点，更能反映出他博大宽厚的胸怀。

知其不可而为之

子路宿于石门[①]。晨门[②]曰："奚自[③]？"子路曰："自孔氏。"曰："是知其不可而为之者与？"

【注释】

① 石门：郑玄注："鲁城外门也。"② 晨门：早晨负责开门的人。③ 奚自：自奚的倒装，从哪里来。

【细读】

子路在石门住宿，早晨负责看守大门的人问道："你是从哪里来的？"子路答道："是从孔子那里来的。"守门人说："就是那位明明知道不可能做到还要坚持去做的人吗？"

那位守门人对于孔子"知其不可而为之"的评价成为流传千古的名言，颇具悲壮色彩。为创建和谐的社会，为万世开太平，孔子汲汲奔走，不辞辛劳，就是要推行自己的政治主张，从塑造每个人的个体人格开始，然后扩展开来，实现社会的和谐统一。在礼崩乐坏的社会环境下，孔子明明知道自己的理想难以实现还是苦苦追求，永不放弃，这种精神本身就具有极大的感人力量。

深则厉，浅则揭

子击磬于卫，有荷蒉[①]而过孔氏之门者，曰："有心哉，击磬乎！"既而曰："鄙哉，硁硁[②]乎！莫己知也，斯己[③]而已矣。深则厉，浅则揭[④]。"

子曰："果哉！末之难矣。"

【注释】

① 蒉（kuì）：草筐。② 硁硁：象声词，走路时玉佩相互撞击之声。这里形容孔子敲击石磬的声音。③ 斯己：斯，指这种情况下。己，自己。④ 深则厉，浅则揭：《诗经·邶风·匏有苦叶》中的诗句，原意是水深就穿衣服蹚过去，水浅就提起衣襟过去。即根据不同情况采取不同策略。

【细读】

孔子在卫国敲击石磬，有一个挑着草筐的人经过孔子门前，说："敲击石磬的人心事重重啊！"一会儿又说："见识真是浅陋啊！音调何必那么凄怆！没有人能够理解自己，自己理解就行了。水深就蹚水过河，水浅就提起衣襟过河。"孔子说："这是个看透天下的人，避世态度非常坚决，我没有话来反驳他了。"

一个挑草筐的普通人能够听出孔子击磬音乐的情感表现，很神奇。他对于孔子的为人和心事也很懂，而且能够熟练运用诗经的诗句来恰当表达对于孔子的看法，其中也有规劝的成分，可见他是个有相当文化程度的人。仔细体会，并没有丝毫讽刺和贬低，反而充满温情脉脉的关怀。孔子也明白此人对于社会的认识相当深刻，而其所采用的态度也有其道理，所以才感叹无法反驳。从孔子的言论中，也有隐居的思想，但总放不下拯救天下的责任感，于是坚持做最后的努力，而这恰恰是孔子最可敬之处。

当政者应首先守礼

子曰："上好礼[①]，则民易使也。"

【注释】

① 好礼：爱好礼制，指严格遵守礼制。

【细读】

孔子说："在上位的人喜欢按照礼制办事，老百姓就容易领导。"

古代的礼带有法的性质，如果统治者真正能够按照礼制来办事的话，那么下层领导的工作便好开展。当时礼崩乐坏，而破坏礼制最甚者是上层统治者，因此孔子要求实行礼制要从上层做起。这种观点很有道理，即一切问题和矛盾都是由于上层统治阶级不能遵纪守法造成的。如果往深层次思考的话，孔子这里也有以礼治国的意思，而以礼治国实际上也可以理解为依法治国，"礼"实际上就是规矩，就是各个阶层的人应该遵守的行为规范，也有许多具体的规定，只不过没有像法律那样硬性的规定。法律是制裁犯罪的，而礼是约束全社会人的行为的。如果上层守礼，就会带动全社会的人守法，故有法治的意味。

修己以安人

子路问君子。子曰："修己以敬。"

曰："如斯而已乎？"曰："修己以安人[①]。"

曰："如斯而已乎？"曰："修己以安百姓。修己以安百姓，尧舜其犹病诸。"

【注释】

① 人：这里的人是指自己附近有接触的人。与后面的"百姓"是近与远的关系，范围有大小。

【细读】

子路问如何做才算君子。孔子说："自我修养，严肃认真地对待该做的事。"子路又问："这样就可以了吗？"孔子说："修身以使他人快乐。"子路又问："这样就可以了吗？"孔子说："修身以使百姓安乐。修身以使百姓安乐，尧舜恐怕都犯愁难以做到啊！"

子路是孔子心爱的学生，一直想做有圣德的君子，于是孔子便层层深入诱导他。首先是忠于职守，要有敬业精神，再进一步就是能够使与你交往的人都感觉到安全快乐，更进一步则是天下百姓都感到安全快乐。但这最后一步其实需要位置，如果不是国君或者宰相恐怕都难以做到。尧舜拥有天下尚且难以达到如此境界，因此这是君子的最高境界。

挚友间的幽默

原壤夷俟[①]。子曰："幼而不孙弟[②]，长而无述[③]焉，老而不死，是为贼。"以杖叩[④]其胫。

【注释】

① 原壤：孔子的老朋友，二人是童年之友，而且原壤也是位很有见识之人。夷俟：伸两足箕踞

而坐等待客人。古人视其为倨傲无礼之态。② 孙弟：通“逊悌”，谦虚而有礼貌。③ 无述：自己无贡献，也没有值得称述之处。④ 叩：轻轻敲击。

【细读】

原壤随意伸开两腿坐在席子上等待孔子。孔子见状，说：“你小时候不懂孝悌礼节，长大了也没有什么值得称道的，岁数大了还不死，这就是贼。”说完，用手杖敲他的小腿。

据《礼记·檀弓篇》记载，原壤的母亲死时孔子前去帮助他治丧，而原壤却唱起歌来，孔子只能装作听不见。可见原壤是对于当时的礼制颇不在意的人。其思想行为特点很像后来的庄子、阮籍等人。可见当时人们对于礼乐制度普遍不太遵守，礼崩乐坏已经到了相当大的程度。所以很多人都已经认识到恢复礼乐制度不太可能，而孔子也不是认识不到，明知不可为而坚持着，而他也看不到更好的社会制度和社会文化，因此苦苦追求着。其实这是挚友间的幽默，原壤的潇洒，孔子的诙谐幽默，二人的亲密关系历历在目，亲切而生动。

不敬师长难成器

阙党[①]童子将命。或问之曰：“益者与？”子曰：“吾见其居于位[②]也，见其与先生并行[③]也。非求益者也，欲速成者也。”

【注释】

① 阙党：党是古代一级居民区的名称，阙是地名。② 居于位：坐在成人位置上。古代童子无事则要站立在大人之侧，不能与成年人平起平坐。③ 与先生并行：《礼记·曲礼》上篇说：“五年以长，则肩随之。”肩随是并肩而稍后。

【细读】

孔子乡里的一个童子来向孔子传达使命。有人问孔子：“这小孩儿是来求上进的吗？”孔子说：“我看他占据大人的席位，看见他和长辈并肩而行。这不是来求上进的，是急于求成的人。”

尊敬师长是中国最古老、最优秀的传统之一，但这个童子却不懂规矩，因此遭到孔子的批评。进来就与成年人并肩同行，又占据成年人的位置，但孔子只是指出这是个急于求成的人，并没有严厉批评，体现了他宽厚仁慈之处。

卫灵公篇第十五

避免以战争解决问题

卫灵公问陈①于孔子。孔子对曰："俎豆②之事，则尝闻之矣；军旅之事，未之学也。"明日遂行。

【注释】

① 陈：通"阵"，军队战争。② 俎豆：都是古代盛肉食的器皿，祭祀礼仪陈列的礼器。

【细读】

卫灵公向孔子询问关于军队阵营队列之事，孔子回答说："礼仪祭祀的事情，我曾经听到过一些。军队作战的事，我没有学习过。"

第二天他就离开了卫国。孔子反对采用战争手段解决问题，但他并不轻视战争，也不反对所有的战争。譬如当齐国发生大臣叛逆弑君的政变时，孔子曾态度鲜明地请求鲁国出兵干预。卫灵公询问孔子战争之事的具体背景不清楚，故不好分析孔子立即离开的原因。但他对卫灵公将注意力用在军事方面不满意则是肯定的。孔子不愿意用战争手段和暴力方式来解决问题是他一贯的思想，这种思想很可贵。

君子固穷

在陈绝粮，从者病[①]，莫能兴[②]。子路愠[③]见曰："君子亦有穷乎？"子曰："君子固穷[④]，小人穷斯滥[⑤]矣。"

【注释】

① 病：一般指病情严重，这里偏重形容词，是饥饿严重的意思。② 兴：指站立。③ 愠：有怨气，有情绪。④ 固穷：固守穷困的现状也不采用不正当手段。⑤ 滥：本义是水泛滥，胡乱流淌。引申为没有操守，胡作非为。

【细读】

孔子周游列国时在陈地绝粮挨饿，跟随的弟子饿坏了，都要站立不起来了。子路很懊恼，来见老师说："君子也有穷困潦倒没有办法的时候啊？"孔子回答说："君子在穷困潦倒没有办法时，依然坚持着，如果小人穷困潦倒就该胡来了。"

关于陈地绝粮的背景，孔安国说："孔子去卫如曹，曹不容。又之宋，遭匡人之难。又之陈，会吴伐陈，故乏食。"说得很笼统，根据《史记·孔子世家》载，吴国讨伐陈国而楚国出兵救援，两国交兵，孔子和弟子被困于陈蔡之间。楚国准备迎接孔子师生，陈蔡两国的大夫听说后很恐慌，害怕孔子到楚国后讨伐陈蔡而对他们不利。于是派兵包围了孔子师生，才出现严重的断粮现象。一些学生饿得都起不来了，可见情况之严重。在这种情况下，孔子依旧坚持着，不允许弟子们有任何违背礼制的行为，而且还要坚持推行仁道，该是何等胸怀！该是何等气魄！"君子固穷"是非常重要的思想，其实就是说君子在遇到困难的时候也要顽强地坚持正道，俗语有"穷死不下道，要饭不砢碜"的话，其实就是"君子固穷"的世俗化，是孔子思想的民俗化。

学习知识应一以贯之

子曰："赐也，女以予为多学而识[①]之者与？"对曰："然，非与？"曰："非也，予一以贯之[②]。"

【注释】

① 识：这里是记住、记忆的意思。② 一以贯之：用一种思想贯穿自己的全部学问或行动。

【细读】

孔子说："端木赐，你以为我是勤奋学习而记住很多知识吗？"子贡回答说："对啊！难道不是这样吗？"孔子说："不是这样，我是用一个基本思想观念来贯穿它。"关于"一以贯之"解释甚多，后世民间"一贯道"的宗教取名可能也是此语。如果仅从字面讲，"一贯道"基本符合孔子原意，用来贯穿始终的是"道"，而儒家的"道"到底指什么，则需要进一步探讨。孔子回答曾子，曾子的解释可以基本回答这个问题，即作为一种态度贯穿做学问与做人之始终，就是"忠恕"，忠是真诚不虚伪，属于个人私德，即做人的基本准则；恕是己所不欲勿施于人，是与人相处的原则，属于社会性公德。其根基则是仁。即抱定仁的准则，坚持忠恕的精神，以此来贯穿一生的学问和行为。

忠诚谨慎方行得通

子张问行。子曰："言忠信，行笃敬，虽蛮貊[①]之邦，行矣。言不忠信，行不笃敬，虽州里，行乎哉？立则见其参于前也，在舆则见其倚于衡[②]也，夫然后行。"子张书诸绅[③]。

【注释】

① 蛮貊：古代称南方和北方的落后部族，亦泛指四方落后部族。② 衡：古代车前横木。③ 绅：古代穿长袍，腰系大带，带子在前边垂下一段叫"绅"。

【细读】

子张问如何才能使自己行得通。孔子说："说话忠诚可信，办事忠厚谨慎，即使到了野蛮落后的地方，也一样行得通。说话不忠诚可信，办事不忠厚谨慎，即使是在本乡本土，能行得通吗？站立的时候就要感觉这种规范站在你的前面，坐车的时候就要感觉这种规范依靠在车前手扶的横木上，这样以后就可以到处都行得通了。"子张将这些话写在下垂的腰带上。

子张是有理想要干事业的人，是孔子的优秀弟子之一。他在向老师请教后，急忙将老师的话记录在自己前边的大带子上，形象生动逼真。这是《论语》中唯一写到弟子直接记录孔子语录的地方，很可贵。孔子要求的两点非常实在，具有很强的可操作性，只要想去做都可以做到，也是人性最美好的两个方面，即说话与行动都要真诚，与人和善，以仁义之心去对待他人。孔子相信文化的感化力量，实际上是人性最基本的要求。

史鱼和蘧伯玉

子曰："直哉史鱼①！邦有道，如矢；邦无道，如矢。君子哉蘧伯玉②，邦有道，则仕；邦无道，则可卷而怀之。"

【注释】

① 史鱼：卫国大夫史鳅，字子鱼。② 蘧伯玉：卫国著名贤大夫，孔子很赞美他。

【细读】

孔子说："真正直啊，史鱼！国家政治清明像箭一样直；政治黑暗，也像箭一样直。真是君子啊，蘧伯玉！政治清明就出来做官，政治黑暗就把自己的才能掩藏起来。"

孔子对于卫国的政治情况和人物都比较熟悉，对于这两个人的行为给予了高度评价。史鱼是位忠臣，正道直行，至死不渝；而蘧伯玉则是智臣，达则兼善天下，穷则独善其身，他们属于两种类型。据史载，史鱼临死时嘱咐儿子不要治丧正室，以此劝告卫灵公进用蘧伯玉，斥退弥子瑕，古人称为"尸谏"，可见其耿直。事见《韩诗外传》卷七。史鱼死后的做法取得了一定效果，也说明卫灵公还不是昏庸透顶的人。对于史鱼与蘧伯玉都有赞美，表现了孔子对于两个类型的人都认可，蘧伯玉的处世态度中道家思想的因素更多，可见孔子思想中具有很大的灵活性。

交谈的智慧

子曰："可与言而不与之言，失人；不可与言而与之言，失言。知者不失人，亦不失言。"

【细读】

孔子说："可以与他谈话而不谈，就会错过交朋友的机会；不可以与他谈话却谈了，就浪费了语言。聪明的人既不错过人才，也不浪费语言。"这属于生活智慧，但确实需要有慧眼慧心方可，不容易把握好尺度。韩愈《言箴》从此引发，可谓经典："不知言之人，乌可与言？知言之人，默焉而其意已传。幕中之辩，人反以汝为叛；台中之评，人反以汝为倾。汝不惩也？而以害其生也？"不知言的人，就不应该与他交谈，如果能够理解你的人，即使你不说也能够知道你的心思。所以尽量要少说话为好。这确实是经验之谈，韩愈就喜欢辩论，也为此吃过亏。

志士可杀身成仁

子曰："志士仁人，无求生以害仁，有杀身以成仁。"

【细读】

孔子说："志士仁人，不会苟全性命来损害仁，宁可牺牲生命也要保全仁。"

这是流传最广的格言，可见儒家为坚持正义而献身的精神。但其中尺度也不好把握，何为"仁"，很难说清。管仲不为公子纠殉死，成就齐桓公霸业，孔子不但没有批评，反而赞美；司马迁不为受宫刑而死，留下了太史公书，后世也没有诟病之言。屈原投江，端午节成；范滂投案，青史留名；张巡视死如归，文天祥大义凛然，均属于舍身成仁者也，因为他们都处于大义与生命的取舍之间。孔子的这句话成为儒家杀身成仁的宣言，是儒家培育出众多英雄的思想基础。因此，可以说儒家是中国历史上出现那么多英雄人物的思想来源。后来的孟子提出"舍生取义"的思想，与孔子在这里提出的"杀身成仁"前后辉映，对于激励培育华夏民族英雄情结有极其深远而重要的影响。《宋史·文天祥传》载："天祥临刑，殊从容，谓吏卒曰：'吾事毕矣！'南向拜而死……其衣袋中有赞曰：'孔曰成仁，孟曰取义，惟其义尽，所以仁至。读圣贤书，所学何事。而今而后，庶几无愧。'"文天祥明确说自己是"孔曰成仁，孟曰取义"的实践者，并说明自己这样是死得其所而没有惭愧，可见儒家思想对于英雄情结培育的直接效果。

欲善其事，先利其器

子贡问为仁。子曰："工欲善其事①，必先利其器②。居是邦也，事其大夫之贤者，友其士之仁者。"

【注释】

① 善其事：使他的活干得好。② 利其器：使他的工具好，先进。

【细读】

子贡问怎样实行仁。孔子回答说："工匠要干好他的活计，就一定要先把他的工具磨得很锋利。居住在一个地方，就要侍奉当地那些贤德的长官，结交那些仁义贤明的知识分子。"

一切事情都要从头做起。即使要学习如何推行仁政，也要通过社会实践来逐步实现。而最后一句的说法在实际生活中存在现实问题，即如果所居之邦没有贤大夫，也没有仁义之士当如何做？或者贤大夫都被边缘化了，而小人得势，这种情况相当多，那可能便只可"卷而怀之"了。其实也就是政治清明的时候就努力工作，政治不清明的时候就要明哲保身。而子贡所问的前提是有实际权力治理一个地方时需要如何做，孔子的这种教导便具有了实际的指导意义。

汲取优秀文化

颜渊问为①邦。子曰："行夏之时②，乘殷之辂③，服周之冕，乐则《韶》《舞》④。放郑声，远佞人。郑声淫⑤，佞人殆。"

【注释】

① 为：动词，意义不确定，这里有治理和建设二意，后者为重。② 行夏之时：推行夏朝的历法。夏朝建寅之月，即以寅月为正月，商朝以丑为正月，周朝以子为正月，但从有利于指导农业生产和与四季相吻合看，还是夏历为好，我们现在的农历便属于夏历。③ 辂：商代的车名，实用而质朴。④《韶》《舞》：《韶》乐和舞蹈。《韶》是舜禅让给夏禹仪式上演奏的音乐，由夔指挥，并伴有大型的化装舞蹈。⑤ 淫：过分。

【细读】

颜渊问如何治理国家，建立国家制度。孔子说："施行夏朝通用的历法，乘坐商朝形制的车子，穿戴周朝的礼服礼帽，采用虞舜时的《韶》乐和歌舞。舍弃郑国的音乐，远离那些花言巧语的人。郑国的音乐太过分，花言巧语的人很危险。"

颜渊是孔子弟子中性格最内向的人之一，但他问的却是如何治理国家和创建国家制度的大问题，很值得深思，可见孔子的弟子多有大志。孔子的回答是如何建立国家制度的大政方针，表现出用开放兼容的态度，吸收前代一切优秀的文化遗产。远至虞舜时代的音乐、夏代的历法、商朝的车，都统统继承下来，而为新的时代服务。仅从夏历来说，可见孔子一切从实际出发的原则，因为夏历最适合季节的实际情况，又有利于农业生产，因此便予以采用，而不是全盘采用周文化。音乐采用虞舜的韶乐，是出于谦让的美德，反对使用暴力来夺取政权。春秋时期诸侯纷争、战争频繁，而且很难说那些战争正义与否。"春秋无义战"，因此孔子基本反对战争，但不是反对所有战争。这里表现孔子继承一切优秀成果、兼收并蓄的精神，为后世儒学开放和兼容的特性开创了思想源头和方法论的先河。儒家能够在中国历史上长期占据统治地位，与这种精神有直接的关系。

人无远虑，必有近忧

子曰："人无远虑，必有近忧。"

【细读】

孔子说："人如果没有长远的考虑，就一定会有眼前的忧患。"

这是治国者必须掌握并运用的格言，对于日常生活也是经验之谈。《诗经·豳风·鸱鸮》："迨天之未阴雨，彻彼桑土，绸缪牖户。"是说要在下雨之前啄取桑皮树根来固定绑缚好破旧的窗户和门，指凡事要提前准备的意思。清代朱用纯在《治家格言》中说："宜未雨而绸缪，毋临渴而掘井。"也指出要有长远打算，而不要只顾眼前。孔子在这里强调的是防微杜渐，要看出事物发展的方向，要有战略的眼光。欧阳修"祸患常积于忽微，而智勇多困于所溺"的观点便是这一观点的延伸。

好德与好色

子曰："已矣乎[①]！吾未见好德如好色者也。"

【注释】

① 已矣乎：强烈的感叹。已，结束，完了。

【细读】

孔子说："完喽！完喽！我没有看见喜欢高尚道德能像喜欢美貌女子那样的人啊！"

这是有具体背景的感叹。据《史记·孔子世家》载：孔子"居卫月余，灵公与夫人同车，宦者雍渠参乘，出，使孔子为次乘，招摇市过之"。孔子才发如此感叹。卫灵公与南子同乘一车，而让宦官陪乘，也坐在同一辆车上，却让孔子的车跟在后面，而且是"招摇过市"，大庭广众之下，孔子才如此感叹，之后便离开了卫国。

柳下惠之贤

子曰："臧文仲[①]其窃位者与！知柳下惠[②]之贤而不与立也。"

【注释】

① 臧文仲：鲁国大夫，历仕庄、闵、僖、文四朝。② 柳下惠：春秋鲁大夫展获，字季，又字禽，曾为士师官，食邑柳下，谥惠，故称其为展禽、柳下季、柳士师、柳下惠等。以柳下惠之名最为著称，相传他与一女子共坐一夜不曾心动，后用以借指有操行的男子。

【细读】

孔子说："臧文仲恐怕是个尸位素餐的人吧！他明明知道柳下惠是位贤士却不给他官位与俸禄。"

臧文仲是早于孔子半个多世纪的鲁国大夫，孔子批评他不能任贤用能，实际上是感叹自己不被当世执政者所重用。当政者的重要职责之一便是举贤进能，这也是一个政权能否兴盛的关键。百里奚在虞愚而到秦则智，便是显著例证。孔子这句话不是凭空而来，肯定是他在阅读到《国语·鲁语》中关于《展禽不祀爰居》的文字之后发出的感慨。当初臧文仲执政，鲁国东城门来了两只叫爰居的海鸟，这种鸟从来不来内地，故鲁国曲阜城中的百姓有些恐慌，臧文仲便叫人祭祀爰居，以免给鲁国带来灾害。此举遭到柳下惠的批评，柳下惠认为祭祀应该是很严肃的事，只有对国家和百姓有大功德的圣贤才能给予祭祀的待遇。为什么要祭祀几只海鸟呢。何况海鸟到来可能是为了躲避自然灾害。当年冬天东海发生大风暖冬，灾害很重。臧文仲见柳下惠说得很准确，便命令有关部门记录下这件事，“书之三策”。

责己多于责人

子曰：“躬自厚[①]而薄责于人，则远怨矣。”

【注释】

① 躬自厚：躬，自身。本词后面省略“责”字，属于蒙后省。

【细读】

孔子说：“严格要求自己，多责备自己而少责备他人，就会远离怨恨了。”

本条要求严于律己，宽以待人，这是儒家思想中处世准则的一个方面，具有实用理性的特点，是对现实行为的指导。的确，这是我们现实生活中应该时刻把握的原则，是一种思想方法。黄侃说：“责人厚，则为怨之府。责己厚，人不见怨，故云远怨。”对本条理解得很准确，阐释也很精到。

勤于思考发问

子曰：“不曰‘如之何，如之何’者，吾末如之何也已矣。”

【细读】

孔子说：“不说‘该怎么办，该怎么办’的人，我也不知道该怎么办了。”

这可能是孔子讲课时的语言，或者和几个弟子谈话时发的感叹。我们可以想象孔子说话时摊开两手那无奈的表情，充满幽默感。总不思考便发现不了问题，发现不了问题便没有疑问，没有疑问便不会积极探索思考，也就不会进步。学问是需要通过学和问来不断提高的。另外，没有问题其实就是没有追求，没有追求的人任是神仙也教育不了。故有追求便一定会遇到问题，有问题才会去读书和思考。与“不愤不启，不悱不发”的观点是不同说法，而本质是一致的。

不聊无谓的话题

子曰：“群居终日，言不及义，好行小慧①，难矣哉！”

【注释】

① 小慧：小聪明。

【细读】

孔子说：“一帮人整天聚在一起，不谈论正经事情，经常好耍点小聪明，这可就难办了。”

闲人好扎堆，在一起侃大山，这也是现代经常有的现象。时间的流程便是生命的过程，故能否抓紧时间努力学习和工作确实是人生命价值的体现。康有为说：“今世无教，滔滔皆是。虽有志之士欲救正之，而畏其利口之指摘，险诈之相倾，此其风俗之可忧，人种之贻害甚矣。”表达了对这种现象的危害深恶痛绝。因此，爱耍小聪明、爱扎堆议论而又不涉及有意义的问题的做法只能是浪费时间而无益于社会，是不负责任的，故孔子批评之。

君子以正义为本

子曰：“君子义以为质，礼以行之，孙①以出之，信以成之。君子哉！”

【注释】

① 孙：通“逊”。

【细读】

孔子说：“君子以正义为本质，以礼制来实行正义，以谦虚的语言来表达正义，以诚信的行动来完成正义。这样才是君子啊！”

本条强调了君子实行义的过程，这里的君子是有一定社会地位的。通过个人修养而实现道义，只能在具体事务上表现出来。但如果推行正义，扩大施行正义的范围，则需要相应的社会地位。其实孔子在这里说的是君子在内外两方面的修养和表现。内在品格要有正义感，也就是要有高尚的道德；在社会行为上要遵守礼制，即要遵守公共道德；说话要谦虚谨慎，最后在社会上建立高度的信任。这几个方面有一方面做得不够，就不能算是君子。

君子患己无能

子曰："君子病[1]无能焉，不病人之不己知也。"

【注释】

① 病：忧虑、担心。

【细读】

孔子说："君子只忧虑自己没有水平，而不忧虑别人不知道自己。"

这是孔子反复强调的一个观点，可能是这种现象当时比较普遍，故孔子反复要求弟子们要沉住气安心学习，提升自己的修养和水平，加强内在力量。其实，如果实力强大，是谁也阻挡不住、谁也埋没不了的。只有这样认识问题，才能使其成为激发一个人刻苦努力的动力。最典型的例子是姜子牙和诸葛亮的故事。姜子牙七十多岁还没有什么地位和功名，在渭水河边遇到周文王后被重用，才得以施展才能而成为著名谋略家和军事家。诸葛亮在隆中耕种田地，就是一名农夫，但他胸有韬略，被刘备三顾茅庐请出来，便辅佐刘备干成了一番轰轰烈烈的事业。这种情况甚多，故内在的学识水平是非常关键的。

没世名实不符

子曰："君子疾没世[1]而名不称焉。"

【注释】

① 没世：一般指死。这里当指没落的社会、世道。

【细读】

孔子说："君子痛恨这个没落黑暗的时代，名称与实际不相符合。"本条表面看很容易理解，却很难解释。一般都解释为："君子痛恨一直到死也没有出名。"

从表面看这样理解很顺畅，但和孔子提倡的"不患人不己知""人不知而不愠""君子病无能焉，不患人之不己知"等一贯思想与言论不符。孔子一生追求的目标便是"克己复礼"，是"正名"，而"正名"则是纠正当时社会普遍的思想混乱所造成的名实不符，君不君、臣不臣，谁有权利谁就有话语权，就可以获得很好的名声等，就像庄子所批判的："窃钩者诛，窃国者为诸侯。诸侯之门，而仁义存焉。"《群经评议》说：此章言谥法也。细行而受大名，名不称焉。虽然这一解释稍嫌狭隘拘谨，但应当包含这个因素在内。孔子痛恨当时社会秩序混乱，名实不符，许多身在高位者却是猥琐小人，许多有德君子却处境卑贱。道德才能与社会地位严重失衡，实际上是最大的名不副实，孔子要"正名"就是解决这一问题。本条另一难点就是关于"没世"的解释，如果解释为"没落的世道"，按照笔者的解释便没有任何障碍，按照"死亡"解释也通，即君子痛恨一直到死社会都名不副实，又无力拯救这样混乱的社会。

君子善律己

子曰："君子求诸己，小人求诸人。"

【细读】

孔子说："君子要求自己，小人要求别人。"

是道德修养方面的生活格言，即"严于律己，宽以待人"以及前面"躬自厚而薄责于人，则远怨矣"的不同说法。指一旦有什么问题，君子会在自己身上找原因，而小人则埋怨他人，把责任推到别人身上。总是埋怨别人的人不会有出息，自身很难进步。只有善于发现自己的过错并改正，才可以不断提升自己的道德修养和人生品位。孔子的好友蘧伯玉就是善于改过的人，他在五十岁时还能知道自己的四十九岁之非，故"蘧瑗知非之年"指五十岁，是仅次于孔子"知命"之岁的说法。李清照在《金石录后序》中说："过蘧瑗知非之两岁"就是说自己五十二岁，用的便是这一典故。

君子不争不党

子曰："君子矜[①]而不争，群[②]而不党。"

【注释】

① 矜：谨守，慎重。② 群：合群，指能够团结人。

【细读】

孔子说："君子谨慎庄重而不争名夺利，与人团结而不搞小团伙。"

"党"在古代原意是中等规模的居民区，后来也作为拉帮结伙形成小团体的名称，故在这个意义上是贬义词。但是"党"字在古代基本上是中性的，要在具体语言环境中来考察分析其意义。时刻严谨恭敬、忠于职守，具有敬业精神而不去斤斤计较，不争名夺利，永远坚持正义而不拉帮结伙，这才是君子。纵观历史和现实，事实确实如此。明末大奸臣魏忠贤拉帮结伙，把朝野搞得乌烟瘴气，凡是效忠他的都能飞黄腾达，成为一帮乌合之众。他一倒台，他的大批党羽便被捕被杀，这是结党营私的恶果。而在现实社会中，有的地方的官场也会出现塌方式地震，即一个领导班子集体腐败，其实就是不能"群而不党"的原因。

不以人废言

子曰："君子不以言举人，不以人废言[①]。"

【注释】

① 废言：废弃语言。指不采纳。

【细读】

孔子说："君子不因为某人会说话就举荐这个人，也不因为人的地位和品行一般就不听取他的意见。"

这是如何对待他人意见的正确态度。不能因为有些人能说会道就对其提拔举荐，也不能因为有些人地位低或人品不佳就完全忽视其意见。"不以人废言"一般都认为是人品不好之人，其实也包括地位低贱之人，即君子应当体认真理，只要符合真理，符合正义，无论谁的话都应该采纳，表现出虚怀若谷的气度和服从真理的博大胸怀。刘邦就因为具有“不以人废言”的智慧才赢得天下。当年郦食其去见他的时候，正好有两名美女正在给他洗脚，他很傲慢，但当郦食其对他提出批评意见时，他能够马上改变态度，而采纳了一位陌生人的意见。实际这便是不以人的地位和身份而“废言”，是大智慧，实际上孔子早就明确指出了这一点。

“恕道”之可贵

子贡问曰：“有一言而可以终身行之者乎？”子曰：“其恕[1]乎！己所不欲，勿施于人。”

【注释】

① 恕：用自己之心情去揣摩体会他人之心情。

【细读】

子贡问道：“有可以终身奉行的话吗？”孔子说：“恐怕那就是‘恕’吧！自己所不愿意要的，自己所不愿意做的，也不要推给别人。”

恕道也是一种行为规范准则，属于孔子一以贯之的思想观念。关键是一个“恕”字，如果将此字解释透彻，对于孔子思想的理解将上一个层次。曾子在解释老师“一以贯之”的思想时曾经说过“忠恕”而已的话，是非常准确的。“忠”，《说文解字》说：“忠，敬也。从心中声。”认为是形声字。笔者认为此字也应是会意字。“忠”是对于自己的要求，把心放在正中间，对于一切事情，对于一切人都要如此；而“恕”字则是用自己的心去体会他人的心。“忠”指自己处事之准则，“恕”则指对人之态度，这便构成了人在做人做事以及处理社会人际关系方面的准则。因此，永远坚持把握忠恕便是仁义的关键。而“己所不欲，勿施于人”恰恰是用自己的心去体会他人的心，也就是“如自己心”的意思。如果能够做到“恕”，那么就是尊重别人，实际也就是尊重自己。在当今国际舞台上，“恕道”就更加重要。各国事务应当由各国自己去解决，要相互尊重。中国正因为有“恕道”的基本准则，才会五千年文明不断。

毁誉有根据

子曰："吾之于人也，谁毁谁誉？如有所誉者，其有所试[①]矣。斯民[②]也，三代[③]之所以直道而行也。"

【注释】

① 试：尝试，这里是经过验证的意思。② 斯民：这些人，指孔子赞美过的人物。③ 三代：指夏、商、周三个朝代。

【细读】

孔子说："我对于他人，批评了谁？赞美了谁？如果是我曾赞美过的人，都是经过历史验证的。正是由于这些人的功德，才使得三代时期人们可以正道直行。"

本条当是有具体背景的感叹，是孔子关于对其他人物如何评价的观点。其中包含两层意思：一是我不随便批评赞美谁，尤其是不批评人。而对于赞美的人，一定是经历史验证过的，是对历史有贡献的人。自已曾经赞美过的这些人物都是三代中的圣贤，他们使三代的人可以正道直行。二是说三代的人可以正道直行，现在则不可以，因此一定要慎于言而敏于行。纵观《论语》全书，可以看出孔子对于一切人物的评价都是有历史依据的，是经受得住考验和推敲的。这也给我们带来了启示：即要谨言慎行，说话一定要有根据，而且是确凿的事实。这样才可以取信于当代，更可以取信于历史。

学风严谨

子曰："吾犹及史之阙文[①]也。有马者借人乘之，今亡矣夫！"

【注释】

① 阙文：有短缺文字的历史文献。

【细读】

孔子说："我还来得及看到一些有阙文的历史文献。有马的人，借给他人去骑，如今已经没有了。"

本条比较艰深，有人认为前后两句话没有联系，认为这是两条。但从版本上看，这种说法缺乏依据。包咸的说法有道理："古之良史，于书字有疑则阙之，以待知者。有马不能调良，则借人乘习之。孔子自谓及见其人如此，至今无有矣。言此者，以俗多穿凿。"通过包咸的话我们可以基本理解孔子前后话的意思。大意是说，我还能够看到古代史官记录的带有阙文的文献资料，即古代史官如果遇到搞不准的情况宁可阙文也不穿凿附会。这就像有马匹如果自己不能驯服则不勉强驾驭，而是借助别人的力量来把马匹驯服。就好像古代史官，对自己搞不懂的地方宁可阙如，等待他人或来者将其搞清楚一样。如今具有这样严谨态度的史官以及这样严谨治学态度的人已经没有了。

小不忍则乱大谋

子曰："巧言[①]乱德。小不忍，则乱大谋。"

【注释】

① 巧言：巧妙的言辞。即花言巧语。

【细读】

孔子说："花言巧语便会败乱道德。如果在小的事情上不能忍耐，就会败坏大的事情。"

孔子在这里是提醒弟子或当事人要忍耐。这句话前后有内在的逻辑关系，即有一些善于花言巧语诡辩的人，会对一些是非问题混淆视听，他们对一些人的判断可能会带来混乱。但对于不是大是大非的问题，则不必与之辩论，因为有一些问题并不是非白即黑，如果争论起来则没完没了，甚至会浪费许多精力，实在没有必要。所以要学会忍耐而向大目标前进。"小不忍则乱大谋"已经成为经典格言，是为人处世的策略，也是生活经验与哲理，属于实用理性的范畴。适当的忍耐是生活中必需的品格，否则可能会寸步难行。适当的宽容与忍耐也是自由与民主的基础，关键是如何掌握这种度。如果不是大的原则问题，一般都可以忍耐下来而不去计较。

察人不据人言

子曰："众恶之，必察①焉；众好之，必察焉。"

【注释】

① 察：考察、观察。

【细读】

孔子说："大家都厌恶一个人，一定要进行考察；大家都赞成一个人，也一定要进行考察。"

对于他人的认识一定要亲自考察。这里的"众"是一定范围的人群，因为可能会存在朋比为奸、结党营私的情况，因此一定要通过具体的考察方可真正了解人的善恶和能力，尤其是具有一定权力的官员更需要自己独立观察和判断。《战国策·冯谖客孟尝君》中的冯谖，开始时便被很多人瞧不起，就连礼贤下士的孟尝君也对他一点都不了解。但在后来的实践中他表现出了非凡的胆识和才能，受到了孟尝君的器重，成为历史名人。

人弘道而非道弘人

子曰："人能弘①道，非道弘人。"

【注释】

① 弘：弘扬、发扬光大。

【细读】

孔子说："人能够发扬光大真理，而不是真理发扬光大人。"

本条只是强调真理需要人来弘扬，而真理本身是客观的，并不能对人施加任何影响。"道"是人类社会发展到一定阶段后发现并不断认识的宇宙规律，故需要人来继续探讨和弘扬。《尚书·泰誓》说："惟人万物之灵。"《左传·僖公十九年》说："民，神之主也。"都讲人才是天地间的主宰，因为思维和哲理思考是人类才有的，故也只有人才能发现道、探讨道、弘扬道。孔子在这里强调人的主观能动性，这在当时也是很了不起的思想，是对于人的尊重和对于人性的自信。正因为如此，孔子才终生汲汲奔波，周游列国推行自己的政治主张。

知错即改

子曰："过而不改，是谓过矣。"

【细读】

孔子说："有了错误而不知道改正，这就真正是错误了。"

《韩诗外传》卷三引孔子的话说："过而改之，是不过也。"可以与本条相互注解，错误如果改正，就不算大错，如果坚持不改，则是大错。给人以改正错误的机会并且既往不咎，是儒家思想中精彩的部分，充满人文色彩。不纠缠历史旧账而向前看，无论是对于人际关系，还是国家与国家、民族与民族之间的关系，都值得提倡。廉颇和蔺相如"负荆请罪"的故事之所以广为流传，就是因为廉颇能够真心改正错误。人与人之间尚能如此，其他各种关系也都可以这样看。如"二战"中德国纳粹和日本军国主义对世界人民犯下了滔天罪行，但德国认识态度较好，而日本却不肯认罪，这使得世界人民对这两个国家的看法也不相同。

读书是思考的前提

子曰："吾尝终日不食，终夜不寝，以思，无益，不如学也。"

【细读】

孔子说："我曾经整天不吃饭，整夜不睡觉，来苦苦思索，也不如读书学习。"

这是经验之谈。没有很深的知识积累，只是凝神苦思不会有收获与心得。因此读书学习、增加知识是进一步提高思维能力的关键。与"思而不学则殆"同意。其实，在思与学的关系上，学是第一位的，不学思什么？故读书是一切思考的前提。后来荀子"吾尝终日而思之，不如须臾之所学也"是对本条的发挥。南宋大学者朱熹在读书上有很多体会。他在《观书二首》其一中说："半亩方塘一鉴开，天光云影共徘徊。问渠那得清如许？为有源头活水来。”“源头活水”便指读新书时所获得的新的知识和新的感受。故读书才是获取知识的首要因素。

君子谋道不谋食

子曰：“君子谋道不谋食。耕也，馁[①]在其中矣；学也，禄在其中矣。君子忧道不忧贫。”

【注释】

① 馁：饥饿。

【细读】

孔子说：“君子用心于学术事业而不用心于吃饭问题。种地，饥饿就在其中；学习知识，俸禄就在其中。君子忧虑事业不成功，不忧虑生活贫穷。”

可能当时学习的士人不少，也有找不到职业的，尤其是那种混乱的时代，出身是关键，因此孔子的弟子可能也有一些是想要学习农业技术以及其他生产技能的人，如樊迟就曾经想要学习农业和蔬菜林果技术。孔子讲这些话有一定的针对性，另外从当时出现的一些隐居者的生活状况看，多数是农夫。而孔子的教育目标是将来能够推行仁政的人才，因此他才如此强调。从客观角度讲，孔子这种说法是鼓励学生安心学习诗、书、礼、乐、射、御等课程，无可厚非。但孔子确实有轻视体力劳动、轻视农民的倾向，也应当正确看待他的这一缺点。

智仁而守礼

子曰：“知及之[①]，仁不能守之；虽得之，必失之。知及之，仁能守之。不庄以莅之，则民不敬。知及之，仁能守之，庄以莅[②]之，动之不以礼，未善也。”

【注释】

① 知及之：用聪明才智获得它。孔子并未明确这里的“之”指代什么，但从最后两句可以推测是国君或是大夫，一定是可以统治管理百姓的职务。② 莅：临视，治理。

【细读】

孔子说："能用聪明才智获得它，但不能用仁德来保守它，虽然得到，也一定会失去它。能用聪明才智获得它，也能用仁德保守它，但不能用严肃庄重的态度来对待它，那么百姓也不会敬重。能用聪明才智获得它，也能用仁德保守它，还能用严肃庄重的态度来对待它，但在具体行动中不用礼制来约束指导，也不算是最好的状态。"

这里讲述获得官爵后该如何做到尽善尽美的问题，仁是可以守住官爵的关键，如果缺乏仁德之心，那么即使是获得了官爵早晚也会失去。要取得成功，还要有严谨恭敬的态度和按照礼制办事的章法，才可以取得最佳效果。本条的关键依然是"仁"字的含义。仁包含的内容比较宽泛，总体上是一种感情，是对于他人的关怀、热爱、负责的情感。最后强调的是官员遵守礼的重要性，实际是要守规矩，这在任何时代都是非常重要的。

大智若愚

子曰："君子不可小知①而可大受②也，小人不可大受而可小知也。"

【注释】

① 小知：小智慧、小聪明。② 大受：承受、胜任大的事情。

【细读】

孔子说："君子没有小聪明却可以承担大事，小人不能承担大事却可以耍小聪明。"

尺有所短，寸有所长，人各有所长，不可求全责备。担当大任的人在一些细微小事上忽略不计较，好像不聪明，而总在细微小事上花费脑筋的人则往往难以成就大事业。柳宗元《梓人传》中记载了一位姓杨的人，在他亲属家租房住，屋里一张床缺了腿却不能自己修，柳宗元问他从事什么职业，他回答说是"梓人"，就是土木工程师的意思。柳宗元心里很疑惑，连自己住的床腿都不会修理，还说是什么"工程师"，有点怀疑。后来他路过一个修建皇宫的工地，看见那位梓人正对着一张建筑图纸，指挥很多工匠，他说完一番话后手一指，一帮工匠就操起各自的工具去堆木材的地方干活。不一会儿便都指派完毕。柳宗元这才大吃一惊，并悟出一个道理。"通是道者，所谓相而已矣"，精通这个道理，就是宰相的材料。宰相是要在大的方面全面掌控，而在具体小的事务上则未必精通。这便是人生的大道理。

人民急需仁政

子曰："民之于仁也，甚于水火[①]。水火，吾见蹈而死者矣，未见蹈仁而死者也。"

【注释】

① 水火：这里指生活必需品，不能离开。

【细读】

孔子说："老百姓需要仁德，比需要水和火更紧迫。水和火，我看见进入其中而死的人，而没有看见过实行仁德而死的人。"

本条是以日常生活中离不开的水和火做比喻，说明推行仁政对于百姓的重要性。人类生活的质量并不是完全由物质生活所决定，精神生活是衡量幸福指数的关键，而仁政之下的社会环境是人们获得幸福感的重要条件。水与火虽然不可或缺，但有数量的限制，一旦超过一定的量就会酿成灾难。而仁德没有数量的限定，越多越好。赴水火可死，而行仁义则绝对没有危险。因此孔子希望弟子们尽力去推行仁政。

当仁不让

子曰："当[①]仁，不让于师。"

【注释】

① 当：面对。

【细读】

孔子说："面对真理时，即使是老师也不能让步。"

这是实事求是的精神，是对于弟子的鼓励，同时也体现了老师的胸怀，这是孔子的伟大之处。西方思想家亚里士多德说："吾爱吾师，吾更爱真理。"与孔子的话异曲同工。学生要坚持真理、坚持正义，如果老师不能容纳，则不配做老师。韩愈说："师不必贤于弟子，弟子不必不如师。"其意思也由此生发而来。本条后来被概括为"当仁不让"这个成语，这个"仁"也有面对正义需要挺身而出的意思，这就需要大智大勇了。如张溥的《五人墓碑记》中歌颂的五位苏州市民，便是在阉党严厉追查当初市民暴动的关键时刻，主动挺身而出承担全部责任，献出宝贵生命而营救了一大批有关人员的英雄，这便是当仁不让的光辉榜样。张溥深有感触地赞美道：“亦以明死生之大，匹夫之有重于社稷也。”

君子贞而不谅

子曰：“君子贞[①]而不谅[②]。”

【注释】

① 贞：操守坚定不移；忠贞不贰。② 谅：本义是诚实，这里指固执。

【细读】

孔子说：“君子坚持真理而不固守小的信义。”

孟子说：“大人者，言不必信，行不必果，惟义所在。”与本条意义相同。朱熹说：“贞，正而固也。谅，则不择是非而必于信。”非常准确，即要保持原则的坚定性与策略的灵活性。这里有一个灵活处理事物的问题，即对于一些在非自愿情况下答应的事完全可以不办。比如孔子和弟子曾经在蒲地被围困，对方提出只要不去卫国就可以放了他们。子贡去谈判，在征求孔子意见时孔子答应了，于是对方解围。孔子和弟子继续前行，走到岔道口时，子贡问往哪里去，孔子说去卫国。子贡说不是答应了不去卫国吗？孔子说那是在被逼迫的情况下答应的，不能算数。这便是灵活性。

先劳后得

子曰：“事君，敬其事而后食[①]。”

【注释】

① 食：指俸禄。

【细读】

孔子说：“侍奉国君，先谨慎做好工作，然后再拿俸禄。”

这是要求先劳动后得报酬，不仅侍奉国君应当如此，凡是劳动关系均应如此，人际关系也应如此。这便是我们经常赞美的劳动在前，享受在后的奉献精神，也是先劳动后获取报酬的一种交际关系。国君是代表国家在执政，故侍奉国君实际上也是在参加社会工作，故也可以说是个人和社会的关系。因此，先工作后获取劳动报酬便是合理的方式。人与人的交换和劳动雇佣关系也应该如此，先付出劳动再获取相应的报酬和回报才公平合理。凡是不劳而获者均是社会的蠹虫，尤其是那些巧取豪夺者、化公为私贪污腐败者，虽然好像占了社会的便宜，但道德的亏欠使他们对全社会都有罪恶，会遭千夫所指，实际上是最大的失败者。

有教无类

子曰："有教无类①。"

【注释】

① 类：类别，包括地域、贫富、贤愚、贵贱等。

【细读】

孔子说："教育学生要一视同仁，不能有什么类别之分。"

这是孔子教育思想的一个重要方面，可以说是中国教育史乃至世界教育史上的伟大宣言，具有划时代的意义。孔子之前，学在官府，教育是官僚培养机构，而受教育的一定是贵族子弟。学校分天子和诸侯两个级别。天子的学校叫"辟雍"，诸侯的学校叫"泮宫"，都是卿大夫子弟才可以入学，而百姓子弟再优秀也没有受教育的资格。因此孔子创办私人教育，广泛招收各个阶层的子弟入学，并明确提出这一口号，非常伟大。按照《尚书·尧典》孔颖达注，"类"是"族"的意思，那么孔子的思想就更了不起了。我们可以看到孔子的弟子有不同国籍者，至于是否有少数民族则不得而知，但如果真的有少数民族子弟求学者，孔子也一定会收留。

道不同，不相为谋

子曰："道不同，不相为谋。"

【细读】

孔子说：“所走的道路不同，就不必相互商量谋划。”这是生活的原理，也是政治上的原理。在生活中，去不同地方不同方向的人当然不必商量走什么道路。而在政治追求方面也是如此，坚持不同政治主张的人不可能相互商量谋划。这在现代尤其重要，现代社会生活极其丰富，社会分工越来越细，人们追求不同便没有共同语言，而不同职业的人一般也不会共同商量谋划如何发展，因此这句话的意义越来越突出。这句话的关键是“道”，如果深入思考，实际上主要还是指的正道和邪道的不同。如果我们仔细分析和思考，就会知道不是同类人是不可能成为好朋友的，即使你想交也交不成，除非你改变自己。

语言在精不在繁

子曰：“辞①达而已矣。”

【注释】

① 辞：语言、文辞。

【细读】

孔子说：“语言足以表达意思就可以了。”

很明显，这里省略了“义”，即语言能够表达清楚意思就可以了。孔子要求表达思想能够说明白就可以，反对华丽的辞藻。也是君子要“慎于言”在书面语言方面的要求，和孔子反对“巧言令色”的主张是一致的。北宋文学家欧阳修当年和朋友比赛看谁能用最少的文字记录一件事。当年欧阳修在翰林院任职时，一次与同院三个下属出游，见路旁有匹飞驰的马踩死了一只狗。欧阳修提议：“请你们分别来记叙一下此事。”只见一人率先说道：“有黄犬卧于道，马惊，奔逸而来，蹄而死之。”另一人接着说：“有黄犬卧于通衢，逸马蹄而杀之。”最后第三人说：“有犬卧于通衢，卧犬遭之而毙。”欧阳修听后笑道：“像你们这样修史，一万卷也写不完。”那三人于是连忙请教：“那你如何说呢？”欧阳修道：“‘逸马杀犬于道’，六字足矣！”三人听后脸红地相互笑了起来，比照自己的冗赘，深为欧阳修为文的简洁所折服。其实，最精彩的文章语言都非常简明扼要，这是好文风。

对待残疾人细致周到

师冕[①]见，及阶，子曰："阶也。"及席，子曰："席也。"皆坐，子告之曰："某在斯，某在斯。"

师冕出。子张问曰："与师言之道与？"子曰："然。固相[②]师之道也。"

【注释】

① 师冕：师，乐师。冕，人名。古代乐师一般都是盲人。② 相：会意字，以木为目，用木棍或木棒作为眼睛，给盲人领路者都用一根木棍作为工具。古代本义是辅佐盲人为之领路的人。

【细读】

鲁国音乐大师冕来见孔子，孔子接待他。走到台阶边的时候，孔子说："这是台阶。"走到坐席旁边时，孔子提示说："这是坐席。"等到都坐好了，孔子告诉师冕说："某人坐在这儿，某人坐在这儿。"等到师冕出去，子张问："老师，这是接待盲人以及与他谈话的规矩吗？"孔子说："是这样。这当然是帮助辅佐盲人的方式了。"

本条生动地表现了孔子对待师冕的亲切关怀和照顾。这里的"道"可以理解为方式与规矩。孔子对弱势群体表现出非常细致的关怀与体贴，是高度的人道主义精神的表现，是仁的具体表现。还要指出，这里的"相"字用的是本义。"相"是以木棍为眼睛的意思，就是给盲人领路的人。

季氏篇第十六

以德治国

冉有曰："今夫颛臾[1]，固而近于费。今不取，后世必为子孙忧。"

孔子曰："求！君子疾夫舍曰'欲之'而必为之辞。丘也闻有国有家者，不患寡而患不均，不患贫而患不安。盖均无贫，和无寡，安无倾。夫如是，故远人不服，则修文德以来之[2]。既来之，则安之。今由与求也，相夫子，远人不服，而不能来也；邦分崩离析[3]，而不能守也；而谋动干戈于邦内。吾恐季孙之忧，不在颛臾，而在萧墙之内[4]也。"

【注释】

① 颛臾：春秋小国名，鲁国附属国。故城在今山东费县西北。今费县西北八十里有颛臾村，当是颛臾故址。② 来之：使他们来。来，通"徕"，招徕，归附。③ 分崩离析：四分五裂。④ 萧墙之内：指朝廷或家庭内部。

【细读】

冉有说："颛臾那地方城池坚固，而且离费邑很近，如果现在不把它占领下来，将来就会成为子孙的忧患。"

孔子说："冉求！君子痛恨那种不说'我想要干什么'而一定要寻找借口的做法。我听说，拥有国或拥有家的人，不忧患贫穷而忧患不平均，不忧患人少而忧患不安定。因为平均了就不会有贫穷，和睦团结就无所谓人口少，政治安定就没有倾覆的危险。如果这样，那么远方的人不归附，就加强文教德化而使他们来。既然使他们来了，就要使他们安居乐业。如今子路和冉求，辅佐季氏，远方之人不归附而不能使他们前来，国家四分五裂而不能保全，却图谋在国家内部发动战争。我担心季氏的忧患不在颛臾，而在鲁国朝廷内部。"

这是《论语》中影响比较大的一段。体现了孔子主张以德治国，反对暴力和以武力征服对方的仁政思想，以及合理控制财富分配的观点。这段话的背景是，冉有和子路向孔子报告季氏将要攻打颛臾，孔子认为不合理，明确表示反对。冉有又提出攻打颛臾的理由是"后世必为子孙忧"。孔子再度驳斥冉有的观点，并正面提出自己治国治家的主张："不患寡而患不均，不患贫而患不安。"这句政治格言对后世产生了深远的影响。此处的"均"不是绝对平均的意思，而是指按照等级地位和劳动成果给予相应的报酬。"季孙之忧""祸起萧墙"成语也出自这里。

礼乐征伐自天子出

孔子曰："天下有道①，则礼乐征伐自天子出；天下无道，则礼乐征伐自诸侯出。自诸侯出，盖十世希②不失矣；自大夫出，五世希不失矣；陪臣执国命，三世希不失矣。天下有道，则政不在大夫。天下有道，则庶人不议。"

【注释】

① 有道：指政治状态正常。② 希：同"稀"，稀少，很少。

【细读】

孔子说："天下太平，制定礼乐制度，决定是否战争，由天子做主；天下不太平，制定礼乐制度，决定是否战争，则由诸侯决定。礼乐和战争如果由诸侯决定，大约传到十代便会失去政权；礼乐和战争如果由大夫决定，传到五代便很少有不失去政权的；如果是大夫的家臣执掌权力，那么就不会超过三代。天下政治清明，政权不在大夫手中而在国君手中；天下政治清明，那么普通百姓就不会议论和批评国家政治。"

这是孔子政治理想的主要内容，实际上是承认当时全天下是统一的政权，而诸侯国只是天子统治下的地方政权，观念上的大一统思想非常明显。这实际上也是文化的大一统，对于中国历史进程有深层次的潜移默化的影响。杨伯峻先生的注解引用史实分析了孔子的说法："孔子这一段话可能是从考察历史尤其是当日时事所得出的结论。

‘自天子出’，孔子认为尧、舜、禹、汤、西周都是如此的；‘天下无道’则自齐桓公以后，周天子已无发号施令的力量了。齐至桓公称霸，历孝公、昭公、懿公、惠公、顷公、灵公、庄公、景公、悼公、简公十公。至简公而为陈恒所杀，孔子亲身见之。晋自文公称霸，历襄公、灵公、成公、厉公、平公、昭公、顷公九公，六卿专权，也是孔子所亲见的。所以说‘十世希不失’。鲁自季友专政，历文子、武子、平子、桓子而为阳虎所执，更是孔子所亲见的，所以说‘五世希不失’。至于鲁季氏家臣南蒯、公山弗扰、阳虎之流都当身而败，不曾到过三世。当时各国家臣有专政的，孔子言‘三世希不失’，盖宽言之。”这段话引证了孔子亲身所见，说明孔子所言有充分的历史根据。

君弱臣强之弊

孔子曰：“禄①之去公室五世矣，政逮于大夫②四世矣，故夫三桓③之子孙微矣。”

【注释】

① 禄：这里指任命官职的权利。② 政逮于大夫：政令出自大夫。③ 三桓：鲁国三大贵族孟孙氏、叔孙氏、季孙氏都出自桓公。桓公死，太子庄公立。庄公三个弟弟，即庆父、叔牙、季友。庄公死后，政权动荡，庆父兴风作浪，季友除掉庆父而拥立庄公之后，庆父之后为孟孙氏、叔牙之后为叔孙氏、季友之后为季孙氏。从此大权落在季友手中。三大贵族都是桓公后代，故称三桓。

【细读】

孔子说：“国家俸禄不由国君做主已经五代了，政权落到大夫手中已经四代了，因此鲁国国君的子孙就要开始衰微了。”

本条是孔子感叹本国的政治情况。孔子对于鲁国的历史发展太熟悉了。孔子生活在礼崩乐坏的春秋后期，而这一时期鲁国的政治状况也很糟糕，国君基本上是傀儡，权利掌握在季氏手中。孔子年轻时是季平子，中年后便是季桓子，晚年则是季康子。孔子开始积极求仕，准备在政治上有所作为时，季桓子当政，季桓子嫉妒孔子的才能和威望，接受齐国送来的女乐，并和国君荒淫游乐，孔子见政事不可为，才离开鲁国去卫国的。天子形同傀儡，国君没有实权，大臣专政，这些现象都是名不副实的具体表现。孔子提出的“正名”就是首先要使这些问题得到解决，天子、君、臣、大夫各自执掌自己的权利，这样社会秩序才能有条不紊，而这一点在鲁国便无法实现。因此孔子才周游列国想到别的诸侯国实现这一政治主张。

友直，友谅，友多闻

孔子曰："益者三友，损者三友。友直，友谅①，友多闻，益矣。友便辟②，友善柔③，友便佞④，损矣。"

【注释】

① 谅：诚信、理解。② 便辟：亦作"便僻"。谄媚逢迎。③ 善柔：圆滑而好献媚。④ 便佞：巧言善辩，阿谀逢迎。

【细读】

孔子说："有益的朋友有三种，有害的朋友有三种。以直率坦诚的人为朋友，以忠诚讲信用的人为朋友，以知识渊博的人为朋友，这样就大有益处。以虚伪浮夸的人为朋友，以圆滑谄媚的人为朋友，以夸夸其谈言不由衷的人为朋友，可就有损害了。"

这是对交友之道的经验之谈。确实，朋友不像兄弟，有自由选择权，是人伦中重要的一伦，因此一定要慎重再慎重。看你的朋友就基本可以知道你的品位。还应该指出，交友之道实际上是人以群分、物以类聚，因为某种利益而结交的所谓朋友算不上真正意义的朋友，只能算蝇营狗苟，因为这样所谓的朋友一旦没有共同利益便会结束友情。因为道义相同，为共同追求真理或某种事业而交往的才能算朋友。

培养健康的爱好

孔子曰："益者三乐，损者三乐。乐节礼乐，乐道人之善①，乐多贤友，益矣。乐骄乐，乐佚游②，乐晏乐③，损矣。"

【注释】

① 乐道人之善：愿意称道他人的优点与好处。② 佚游：放荡游玩。③ 晏乐：宴饮游乐。

【细读】

孔子说："有益处的快乐和爱好有三种，有损害的快乐和爱好也有三种。喜欢用礼乐来节制约束自己，喜欢宣扬别人的优点和善事，喜欢多结交贤良的朋友，这大有益处。喜欢骄纵放肆，喜欢闲逸游荡，喜欢宴饮消遣，这就有损害了。”

这是对于实际生活态度的要求，值得借鉴。一切道德都在具体行为中表现出来，现实社会中有不少人生活俭朴，待人真诚和善，喜欢结交良友，愿意成人之美，人们都喜欢与这样的人交朋友。但也有不少人不懂得节制，没有健康的生活目标，以宴请游玩为时尚，以骄奢放逸为本事，这种人无疑是在浪费生命，严重的甚至会误入歧途。

与上级相处的禁忌

孔子曰：“侍于君子有三愆[1]：言未及之而言谓之躁，言及之而不言谓之隐，未见颜色而言谓之瞽[2]。”

【注释】

① 愆：过失、罪过。这里是过错、错误。② 瞽：盲人。

【细读】

孔子说：“侍奉上级容易犯三种过错：还没有问你时就说话叫作急躁，问到你时该说话不说话叫作隐瞒，不看上级的表情和脸色就说话叫作盲目。”

孔子教育学生都是在一定的语言环境之中进行具体指导。这是处世哲学的经验之谈，即谈话要选择时机选择好对象，要注意对方的表情，在对方生气的时候最好不要提出什么意见。人是活的，故有很大的机动性，因此选择时机便很重要。这既是人生经验，也同样是在官场中应该注意的问题。这并不是教育学生投机取巧，而是一种有浓厚人情味的人生经验。

人生三戒

孔子曰：“君子有三戒[1]：少之时，血气未定，戒之在色；及其壮也，血气方刚，戒之在斗；及其老也，血气既衰，戒之在得[2]。”

【注释】

① 戒：戒备、警惕。② 得：这里指贪图已经获得的名誉地位。

【细读】

孔子说："君子时刻要有三种戒备：年轻的时候，血脉和气血未长成，要戒备性生活过分放纵；等到壮年的时候，血脉和气血都最旺盛，要戒备争强好斗；到了老年，血脉和气血都已经衰弱，要戒备贪图名利。"

朱熹说："范氏曰：圣人同于人者血气也，异于人者志气也。血气有时而衰，志气则无时而衰也。少未定，壮而刚，老而衰者，血气也。戒于色、戒于斗、戒于得者，志气也。君子养其志气，故不为血气所动。"这段分析很深刻。人生都要经过各个阶段，任何人在生理上的血气都要经历"未定""壮""衰"这三个阶段，但君子用心理来约束各个时期容易出现的错误倾向，坚持自己的人生理想，守住志气，就可以保证人生健康度过，不犯人为的错误。老年戒之在"得"，指应当放下一切功名利禄，有的人晚节不保就在于放不下，为保住已得到的名誉地位而屈从于势力，或过于贪恋禄位而不能主动退出官场，从而大大降低了自己的人生价值。

君子之三畏

孔子曰："君子有三畏：畏天命，畏大人①，畏圣人之言。小人不知天命而不畏也，狎②大人，侮③圣人之言。"

【注释】

① 大人：这里指占据高位有实权的人。② 狎：轻慢、戏谑；狎玩。③ 侮：侮辱、诋毁。

【细读】

孔子说："君子有三种敬畏：敬畏天命，敬畏王公大臣，敬畏圣人的话。小人不知道天命所以不敬畏，轻视嘲笑大人，轻视嘲笑圣人的话。"

孔子对于天命没有做过正面的回答，处于疑似之间。"三畏"是生活经验之谈，天命不可知，人无法逃脱天命，故不必怀疑，当然要敬畏。王公大臣掌握生杀大权，当然得罪不得，只能敬畏，最起码是不得罪。而圣人的话具有社会评价的意义，当然也值得敬畏，一旦遭到圣人的批评，恐怕难以免除恶名，甚至会在历史上留下不好的名声。当然圣人也不会轻易批评他人。孔子这几句话可能有针对性，但我们难以知道背景。从“畏圣人之言”这句话可以曲折反映出“唯仁者能好人，能恶人”的真实含义，即仁者的话有道德终审裁判的意味，故要畏惧。

学习态度决定人的品位

孔子曰：“生而知之者，上也；学而知之者，次也；困而学之，又其次也；困而不学，民斯[①]为下矣。”

【注释】

① 民斯：人如果这样。

【细读】

孔子说：“天生就知道学习的，是上等人；经过引导教育后才知道学习的，是第二等人；遇到困难才去学习的，是第三等人；即使遇到困难也不学习的，人如果是这种状态就是最次等的了。”

此处还是强调学习的重要性。只要学习，就会进步，孔子在这里鼓励一切能够学习的人，批评遇到困难也不知学习的人不可挽救。朱熹说：“杨氏曰‘君子惟学之为贵，困而不学，然后为下。’”孔子从来不承认自己是“生而知之者”，当然也不会承认有这种天生就具备知识的人。故“知之”的“之”理解为学习的自觉性当更符合孔子的本意。孔子还说过“知之者不如好之者，好之者不如乐之者”，“之”都是学习的自觉性，与“生而知之”的“之”意义相同。

时刻反省自己

孔子曰：“君子有九思：视思明，听思聪，色思温，貌思恭，言思忠，事思敬，疑思问，忿思难[①]，见得思义。”

【注释】

① 忿思难：愤怒时思考后果之难办，即考虑后患。

【细读】

孔子说：“君子在九个方面要有思考：看的时候，要考虑看清楚没有；听的时候，要考虑听明白没有；自己的面部表情，要考虑是否温和端庄；容貌态度，要考虑是否恭敬；说话，要考虑是否忠诚；办事，要考虑是否谨慎认真；有疑问，要考虑向内行请教；生气愤怒，要考虑是否会引起棘手难办的后果；看到利益，要考虑自己获取是否合理。”

这是非常具体的生活规范，包括举止行为的各个方面，都是在日常生活中经常遇到的情况，故有很强的现实针对性和可操作性，表现儒家积极、谨慎、谦虚、严谨的生活态度。“见得思义”是现在最应该提倡的行为规范，不应该得的名利坚决不要，而现在骗取名利者多矣，故保持操守，坚守道德才更可贵。

隐居便不能行义

孔子曰：“见善如不及，见不善如探汤①，吾见其人矣，吾闻其语矣。隐居以求其志，行义②以达其道。吾闻其语矣，未见其人也。”

【注释】

① 探汤：手伸到热水中。汤，古代指开水，也指热水。② 行义：实行仁义之道。

【细读】

孔子说：“看见善良之人与德行，便努力追赶，很怕做不到，看见丑恶的行为便立即躲开，好像手被开水烫了一样，我看见过这样的人，也听说过这样的话。隐居避世以保全他的志节，按照道义行事来贯彻他的主张，我听过这样的话，但没有见过这样的人。”

本条感叹人们保持自我品格德行还可以做到，但隐居避世而坚决推行仁义之道是难以做到的。因为隐居没有地位，想履行仁义、坚持推行自己的政治主张则很难办到，可以说根本做不到。故隐居与推行道义是矛盾的。这是孔子之所以周游列国的原因。

道德文化永恒

齐景公有马千驷，死之日，民无德而称焉。伯夷、叔齐饿于首阳[①]之下，民到于今称之。其斯之谓与?

【注释】

① 首阳：山名，马融注："首阳山在河东蒲坂县，华山之北，河曲之中。"但后世有不同说法。

【细读】

齐景公有四千匹好马，但是他死的时候，老百姓却不觉得他有什么德行可以称赞记忆。伯夷、叔齐在首阳山下饿死，老百姓直到如今还在称颂他们，说的大概就是这个吧?

从本条内容和语气看，应当是孔子说的，但不知何故没有"子曰"二字。最后一句话和前文缺乏逻辑上的联系，故中间当有缺文。总之，本条是说名声以"德"传而不是财富和高位。齐景公所拥有的宝马超过古代帝王，但他死后并没有人颂扬他、怀念他，而饿死的伯夷和叔齐却被千古传诵。道德评判高于其他，因此有钱缺德之人如不被诅咒就已经很幸运了。在历史事实的对比中阐明自己的观点，很有说服力。

叨陪鲤对

陈亢[①]问于伯鱼曰："子亦有异闻乎？"

对曰："未也。尝独立，鲤趋[②]而过庭。曰：'学诗乎？'对曰：'未也。''不学诗，无以言。'鲤退而学诗。他日，又独立，鲤趋而过庭。曰：'学礼乎？'对曰：'未也。''不学礼，无以立。'鲤退而学礼。闻斯二者。"

陈亢退而喜曰："问一得三。闻诗，闻礼，又闻君子之远其子[③]也。"

【注释】

① 陈亢：孔子弟子，字子禽。② 趋：在长辈或上级面前小步快走以表示恭敬。③ 君子远其子：君子不亲自教育自己的儿子，要保持一定距离，这样对于孩子成长有好处。

【细读】

陈亢问孔鲤："您听到什么特别的知识传授了吗？"孔鲤回答道："没有听到过。有一次，父亲独自一个人站立在庭院中，我小步快走经过老人家身边，父亲问我：'学习诗了吗？'我回答说：'没有学习诗。'他说：'不学习诗便不会说话。'我回去之后便学习诗歌。有一天，他又独自站立在庭院中，我再次经过那里，他问我：'学习礼没有？'我回答说：'没有学习礼。'他说：'不学习礼，就没有办法在社会立足。'于是我回去学礼。我所听到的就这两件事。"陈亢回来后，非常高兴，说："我问一件事，却知道了三件事。一是知道了学习诗的意义，二是知道了学习礼的意义，三是知道了君子对待儿子应该保持一定距离。"

这是非常有生活情趣的一条，三个人物形象历历在目。陈亢肯定比孔子的儿子孔鲤年长，否则孔鲤的话不能用"对曰"。可以想象，孔子的弟子趁着没有人的机会询问小师弟，试探老师是否教给了自己儿子什么秘诀妙方，结果小师弟的回答对他大有启发。而从孔鲤的话中也可以想象出这个少年忠厚老实，多少有点天真，而孔子独立庭院深思的情形似乎也可以想见。另外，孔子对于儿子不溺爱、不偏私的情形也可以想象出来，父子间亲近敬爱，父亲关心其学业，点到为止，并不严厉，也不批评。这对于当今儿女教育也有很大的启发性。这样，师生关系、父子关系都很恰当，充分体现孔子严肃慈祥的父亲形象与师长形象。

国君之妻的称谓

邦君①之妻，君称之曰夫人，夫人自称曰小童；邦人称之曰君夫人，称诸异邦②曰寡小君；异邦人称之亦曰君夫人。

【注释】

① 邦君：本国国君。② 称诸异邦：在外国称呼国君妻子时。诸，之于的合音。

【细读】

国君的妻子，国君称她为夫人，她自称自己为小童；国内的人称她为君夫人，但在外国人面前则称她为寡小君；外国人也称她为君夫人。

本条只是记载对于国君正妻的称谓，不同人的身份以及在不同场合都应当如何称呼，似乎没有表现什么思想。有人怀疑是在《论语》书中有空白简，后人记载当时礼制称呼时随笔写的。但这样讲似乎也不通，因为古代书简空白处难有这么大，且古本《论语》都有本条。虽然没有“子曰”二字，但也有可能是孔子讲课内容，学生所记，也是“正名”的具体表现。或许当时称谓有些混乱，孔子才特意对学生强调一下这个问题。另外，在鲁哀公十二年，孔子参加鲁昭公夫人的葬礼，而季氏等三大家族的掌门人不按照葬礼的规矩进行。本条可能是委婉批评季氏等人对国君夫人没有礼貌的行为。

阳货篇第十七

不与陪臣同流合污

阳货[①]欲见孔子，孔子不见。归[②]孔子豚[③]。

孔子时其亡也，而往拜之。

遇诸途。

谓孔子曰："来！予与尔言。"曰："怀其宝[④]而迷其邦，可谓仁乎？"曰："不可。""好从事而亟失时[⑤]，可谓知乎？"曰："不可。""日月逝矣，岁不我与。"

孔子曰："诺！吾将仕矣。"

【注释】

① 阳货：又名阳虎，季氏家臣，执掌季氏大权并干涉国政。② 归：通"馈"，送给。③ 豚：乳猪，这里指烤熟的乳猪。④ 宝：这里指本领。⑤ 亟：屡次。失时：失去时机、机会。

【细读】

阳货想要见孔子，可是孔子不见他。他给孔子送去一只烤乳猪。孔子探听到他不在家的时候去回访他，结果在路上碰到了阳货。阳货对孔子说："你前来，我跟你说几句话。"问孔子道："本身有雄才大略却让自己的国家混乱而迷失方向，这样的人可以称作仁者吗？"孔子说："不可以。""想要干番事业却屡次失去机会，这样的人可以称作智者吗？"孔子说："不可以。"阳货又说："日子一天天过去，年龄不饶人啊！"孔子说："好吧，我就要出来做官了。"

本条记录了孔子一次尴尬的遭遇。孔子和阳货的关系以及对阳货的态度很值得琢磨。阳货是季氏家臣，专横霸道，甚至可以干涉国家政事。对于这种严重违反礼制的行为和人品，孔子当然不满意。从这件事情看，阳货是想拉孔子当官，以为自己增加政治资本。阳货在季平子时已开始专季氏家政。从鲁定公元年一直到鲁定公九年阳货失败流亡，阳货专权长达九年时间。阳货刚刚专权时，急切盼望孔子能够参加到自己的集团中来，以提高社会威望。这样阳货便提出要见孔子，孔子没有答应。而按照当时的礼节，如果“大夫有赐于士，不得受于其家，则往拜其门”（《孟子·滕文公下》）。阳货是趁孔子不在家时代表季氏送给孔子烤乳猪的，这样，按照礼节孔子就必须亲自到季氏府上回拜。于是孔子采取以其人之道还治其人之身的策略，趁阳货不在时去回拜，既不失礼又不见阳货。但在路上遇到阳货，没有办法避开。是阳货主动喊的孔子，然后才有了三段对话。阳货说得在理，孔子的回答也没有问题，但孔子不能把最关键的问题揭出来，即“陪臣执国政”是违背礼制的。孔子也要保护自己，所以最后表态将要出仕。但阳货在鲁国时，孔子始终也没有出仕。

何谓“上知与下愚”

子曰：“唯上知①与下愚不移。”

【注释】

① 上知：即上智，上等智慧的人。解释不同，有的以道德为标准，有的以智力为标准。仔细分析，当以后者为是。

【细读】

孔子说：“只有最聪明的智者和最愚蠢的白痴，才无法改变。”人们于“上知”与“下愚”的含义的理解分歧较大，如《汉书·古今人录》说：“可与为善，不可与为恶，是谓上智。可与为恶，不可与为善，是谓下愚。”可以肯定，这种解释与孔子的原意不符，因为“下愚”指愚昧而不是奸恶。而这句话在编排上紧承前句“性相近也，习相远也”，两者之间确实有联系。因此可以认为本句的重点是绝大多数人都可以通过教育来进行改变。“上知”指天生就知道勤奋的人，或者是所谓的“生而知之者”，但孔子自己都不承认自己是，因此只能是当时人们的一种认识而已。“下愚”当指极其愚蠢的白痴。“上知”和“下愚”都是极少数的人。孙星衍认为是“困而不学”的人，也有道理，但恐怕未必是孔子本意，因为这样的人一旦有觉悟依然可以改变。

杀鸡亦用牛刀

子之武城[①]，闻弦歌之声。夫子莞尔而笑[②]，曰："割鸡焉用牛刀？"

子游对曰："昔者偃也闻诸夫子曰：'君子学道则爱人，小人学道则易使也。'"

子曰："二三子[③]！偃之言是也。前言戏之耳。"

【注释】

① 武城：地名，当在今山东境内。② 莞尔而笑：自然地微笑。③ 二三子：你们。

【细读】

孔子到武城，听到弦歌之声，孔子不禁一笑道："杀鸡何必用杀牛的刀？"子游马上提出疑问："以前听老师讲课说'当官的学习仁德就会仁爱他人，老百姓学习仁德就好领导、听使唤。'"孔子说："学生们，子游的话是正确的，我刚才不过是开个玩笑罢了。"

孔子很重视学生的实际工作能力，子游出任武城县令时，孔子带领几个学生前去观览，刚进武城县境，便听到琴瑟等音乐之声，一派祥和景象，于是便顺口赞叹，并随意说了那句话。意思是子游治理一个小小的县城居然使用礼乐这样大的政治手段。子游一反驳，孔子马上就赞成学生说得好，改口说自己是在开玩笑。从中可以看出孔子灵活敏捷的思维。因为子游提倡礼乐、教民礼乐，因此有弦歌之声。

急于寻找机会的孔子

公山弗扰[①]以费畔[②]，召，子欲往。

子路不说，曰："末之也，已，何必公山氏之之也？"

子曰："夫召我者，而岂徒哉？如有用我者，吾其为东周[③]乎？"

【注释】

① 公山弗扰：人名，与阳货同为季氏家臣。② 畔：同"叛"，叛逆。③ 东周：有两种理解，一

是指恢复东周初年的政治状况，恢复周朝的一统天下；一说在东方复兴周朝的事业。后说为优。

【细读】

公山弗扰依靠费这个地方发动叛乱，来召孔子前去。孔子想要去。子路非常不高兴，说："没有地方去就算了，何必去公山氏那里呢？"孔子说："那个聘请我的人，难道是白白让我去吗？如果有重用我的人，难道我就不能在东方复兴周王朝吗？"

孔子说这句话的背景很值得关注，当时一个名叫公山弗扰的人占领了季氏的领地造反，聘请孔子前去。孔子有点动心，但子路坚决反对，说："如果实在没有地方去就算了，何必要到那里去？"孔子才这样回答子路。此问题很复杂，也很有意思。按照孔子的思想观点，他对于反叛者应该深恶痛绝，但在这件事上却产生想要前去的念头，肯定有具体复杂的背景。季氏在鲁国专政很久，而公山弗扰究竟何许人不太清楚，其召孔子欲重用也无疑，这样或许可以曲线掌握政权。当然孔子最后并没有去，但此事表现出孔子急于践行自己的政治理想的心情。

仁的五种品德

子张问仁于孔子。孔子曰："能行①五者于天下为仁矣。"

"请问之。"曰："恭，宽，信，敏，惠。恭则不侮，宽则得众，信则人任焉，敏则有功，惠则足以使人。"

【注释】

① 行：实行、推行。

【细读】

子张问孔子如何是仁。孔子说："如果能够在天下推行五种品德就是仁了。"子张说："请问您说的是哪五种德行啊？"孔子说："庄重、宽厚、诚信、敏捷、恩惠。庄重就不会被人轻慢，宽厚就容易得到群众的拥护，诚信就会得到百姓的信任，恩惠就足以使唤百姓。"

子张是孔子最热衷政治的弟子之一，因此孔子在回答他关于"仁"的问题时与回答颜回、曾参的内容不一致。这里回答的实际上是推行仁政的结果，是将仁心外化为具体社会实践的行为方式。如果能够做到这五点，则一切政事以及与一切人的交往都会顺畅无阻，也自然就是在推行仁政了。孔子总是在针对不同学生的思想、志向来回答其问题，因此对同样的问题会给出不同的答案。

君子能出污泥而不染

佛肸[①]召，子欲往。

子路曰："昔者由也闻诸夫子曰：'亲于其身为不善者，君子不入也。'佛肸以中牟[②]畔，子之往也，如之何？"

子曰："然，有是言也。不曰坚乎，磨而不磷[③]；不曰白乎，涅而不缁[④]。吾岂匏瓜[⑤]也哉？焉能系而不食？"

【注释】

① 佛肸：晋大夫赵简子的邑宰，即主管采邑的官员。赵简子采邑在中牟。佛肸叛变，赵简子带兵去攻打。② 中牟：春秋时晋国邑县，故址在今河北保定与邢台之间。③ 磷：薄。④ 缁：黑。⑤ 匏瓜：一年生草本植物，果实比葫芦大，老熟后可剖制成器具。亦指这种植物的果实。

【细读】

佛肸召孔子，孔子打算前去。子路说："从前我听老师说：'亲身做过不善之事的人，君子不能到他那里去。'佛肸凭借中牟叛逆，老师却要前去，这是为什么？"孔子说："是这样，是有这样的话。但最坚硬的东西，即使磨也磨不薄；真正白的东西，染也染不黑。我难道是匏瓜吗？怎么能只是悬挂着而不吃？"

从本条以及前面"公山弗扰召"一条可以看出孔子汲汲用世的迫切心情，他太需要有自己的社会实践基地了。因为无论要干成什么事情，都一定要有基础。商汤建立殷商王朝，文王建立周朝，都有一定的地盘，因此孔子两次动心要到两个叛逆的家臣手下去做事。两次都遭到了子路的反对，孔子去意未决，故子路一提出反对意见他便采纳了。前一次明确表示要利用费在东部建立周王朝的礼制。而这次则表明自己不会与叛臣同流合污，清者自清。仔细思来，孔子一直想真正实践其政治主张，并不想停留在理论层面。但子路提出反对意见可以说是义正词严，直接用老师的话来批评老师的做法，不愧是孔子弟子中最敢说话的人。

六种美德和弊端

子曰："由也！女闻六言[①]六蔽矣乎？"对曰："未也。"

"居[②]！吾语女。好仁不好学，其蔽也愚[③]；好知不好学，其蔽也荡[④]；好信不好学，其蔽也贼[⑤]；好直不好学，其蔽也绞[⑥]；好勇不好学，其蔽也乱；好刚不好学，其蔽也狂。"

【注释】

① 言：一般指一句话，这里指一个字。② 居：坐下。③ 愚：仁而没有学识容易迂腐。故此愚指容易被蒙蔽。④ 荡：指行为放荡，办事缺乏根基。⑤ 贼：固执不开化。不辨别正义与否只知讲信用，就容易被恶人利用。⑥ 绞：急切。

【细读】

孔子问子路："子路啊！你听说过有六种美德和六种弊端的说法吗？"子路回答说："没有听说过。"孔子说："你坐下，我告诉你：追求仁爱而不爱好学习，弊端就是愚蠢而容易被人愚弄；追求聪明而不爱好学习，弊端就是放荡而没有根基；追求诚信而不爱好学习，弊端就是狭隘固执；追求正直而不爱好学习，弊端就是急躁；追求勇敢而不爱好学习，弊端就是闯祸；追求刚强而不爱好学习，弊端就是狂妄。"

这是关于如何处理现实问题和如何与人相处的实用教导。孔子特别强调学习对于人美好品德形成的重要作用，只有学习才可以使美好品德发扬光大，否则就会出现偏差。六种都是美德，但如果不学习并正确运用，则会出现问题，如果只知道仁爱而缺乏对于社会人生的认识，确实会很愚蠢，光干傻事，反而被人愚弄和轻视。如果只知道讲信用而不学习增加辨别是非的能力，就会被坏人利用甚至误入歧途。其他几种美德也是如此，因此有见识、有知识、有辨别是非的能力是做人成功的前提。子路比较率性，因此孔子专门对他讲述了这六个方面，给他敲响了警钟。

经典的诗论

子曰："小子何莫学夫诗？诗，可以兴[①]，可以观[②]，可以群[③]，可以怨[④]。迩[⑤]之事父，远之事君；多识于鸟兽草木之名。"

【注释】

① 兴：振奋精神，引发感情。② 观：观察社会、民生以及人心。③ 群：团结人，凝聚人心。④ 怨：抒发哀怨，抒发牢骚。⑤ 迩：近处，指身边，家里。

【细读】

孔子说："年轻人为什么不学习诗？诗，可以启发想象使人精神振奋，可以观察社会、观察事物，可以团结使人合群，可以使人抒发哀怨。近处可以在家用来侍奉父亲，远处可以到朝廷侍奉国君。还可以认识和记忆很多动物和植物的名称。"

这段话是关于学习《诗经》意义的解说，"兴、观、群、怨"是中国传统文艺批评的重要原则。中国诗歌"温柔敦厚"传统的形成与孔子的这段话有很大关系。孔子用《诗经》教育学生，师生问答中多次引用诗句，并对其进行比兴意义的解说，这对于《诗经》的流传以及后世的阐释都有重要影响。而《诗经》大部分内容都出自生活在基层的百姓之口，和自然非常亲近，具有原生态的特点，其中的"鸟兽草木之名"确实非常多，具有很强的认识价值。有些鸟兽草木的名字如今已经很难考证了。

重视学习"二南"

子谓伯鱼曰："女为《周南》①《召南》②矣乎？人而不为《周南》《召南》，其犹正墙面而立也与？"

【注释】

①《周南》：《诗经·国风》中有"二南"。后人认为《周南》所收大抵为今陕西、河南、湖北之交的民歌，颂扬周德化及南方。②《召南》：召，古邑名。周初召公奭的采邑。在今陕西岐山县西南。周东迁后，别受采邑，在今山西垣曲县东。《诗·召南·甘棠序》："甘棠，美召伯也。"汉郑玄笺："召伯，姬姓，名奭，食采於召。"

【细读】

孔子对儿子伯鱼说："你学习研讨《诗》中的《周南》和《召南》了吗？人如果不学习研讨《周南》和《召南》，就好像正面对着墙壁站着一样啊！"

《诗经》乃当时的经典，学习礼制、与人交往以及外交都必须应用并作为依据，因此不学诗就寸步难行。而且《周南》和《召南》是春秋后期一些诸侯国地方乡校里学习的内容，相当于今天的普及教育，因此非常重要。这两部分又在十五国风的最前面，其内容是基本的人伦、社会规范、健康的爱情等，在《诗经》中位置靠前。《毛诗序》说：“《周南》《召南》，正始之道，王化之基。”在那个时代就如此注重文化知识的学习和运用，值得我们深思。“犹正墙面而立”的比喻太精彩了。

礼乐的核心是仁

子曰：“礼云礼云，玉帛①云乎哉？乐云乐云，钟鼓云乎哉？”

【注释】

① 玉帛：圭璋束帛，祭祀用的礼品。

【细读】

孔子说：“总说礼啊礼啊，难道就是说上供美玉锦帛吗？总说乐啊乐啊，难道就是说钟鼓琴瑟吗？”

孔子反复强调内容与形式的统一性，没有内容的形式是没有什么意义的。因此礼乐活动的中心是内在感情的真诚而不是外在形式的华美。故一切制度的意义是维持社会秩序，这种秩序需要全体社会成员尤其是当政者自觉的行为，而不是表面的过程。其本质是反对虚伪。

小人色厉内荏

子曰：“色厉而内荏①，譬诸小人，其犹穿窬②之盗也与？”

【注释】

① 荏：柔弱、怯懦。② 穿窬：挖墙洞和爬墙头。指偷窃行为。穿，指穿穴，挖洞。窬，通“逾”，跳，爬。

【细读】

孔子说：“表面装模作样很严厉，内心很怯懦，用小人来比喻，就好像是穿墙盗洞的小偷吧？”

本条以精彩的比喻揭露了那些道貌岸然的伪君子和有腐败行为的官员的丑恶嘴

脸，也是指那些在政治上不作为、苟且偷生者心虚的神态。这些人并不是公开的小偷或强盗，甚至表面上还冠冕堂皇，却在背地里窃取他人劳动成果，或者踩着他人的肩膀往上爬，都是小人行径。唐代大奸相李林甫便是这种“口蜜腹剑”的人，陷害别人而不露声色。许多道德有亏阙者恐怕都是如此。

是非分明

子曰：“乡愿①，德之贼也。”

【注释】

① 乡愿：也作“乡原”，指没有是非之人。

【细读】

孔子说：“好好先生，和稀泥无是非，是道德的祸害。”

“乡愿”指在乡间左右逢源到处讨好的人。孔子非常讲究是非，追求公平，认为社会公平是最大的道德。因此如果没有是非观念，不敢表达看法，唯唯诺诺就是对公平原则的损害，也就是道德的敌人。公平需要人们敢于站出来讲真话，表达自己真实的看法。从这一点看，孔子很有民主思想并倡导社会公平正义。有些人认为这种做法就是中庸，是对“中庸”的最大误解。在现实社会生活中，无论是民间还是朝廷，对于许多事的是非是很明确的，但有些人为保全自己，明明知道对错也不肯表达自己的立场。这种人破坏了追求正义的道德原则，会带来有损社会公平正义的恶劣风气，故应该批判。

道听途说近失德

子曰：“道听而途说，德之弃也。”

【细读】

孔子说：“走在道路上听说点道理或什么事，在路上就对别人讲，这是极不负责的态度，是对道德的抛弃。”

对于道理要真正弄明白、对于事情要落实后才能对别人讲，这是诚信原则。而在道路上、旅途中传播的一些消息都是无根之言，无法证实，故不能信以为真而到处传播。但在现实生活中，这类人不少，闻风就是雨，到处散布一些未经核实的小道消息，这是非常不好的习惯。可能孔子的弟子中也不乏有这种缺点的，因此孔子提醒学生不要这样做。

患得患失

子曰："鄙夫[①]可与事君也与哉？其未得之也，患得之。既得之，患失之。苟患失之，无所不至矣。"

【注释】

① 鄙夫：见识浅陋道德低下的人。

【细读】

孔子说："对于浅薄粗鄙的人，怎么可以与他共同侍奉国君呢？当他没有得到官位的时候，很怕得到；已经得到官位后，又很怕失去。如果怕丢掉乌纱帽，便什么事情都可能干了。"

本条批评的是那些患得患失、没有担当的人。"患得之"，就是害怕得到官位，确实有这种人，不敢担负社会责任，即使是需要也不敢站出来。如传说中的许由、历史记载中的伯夷、叔齐，还有略早于孔子的季札都属于这类坚决不肯出仕的人。"患失之"就是在得到官位后又为了面子和利益很怕失去，因为害怕丢掉官位，就使用各种手段保住官位，这样官场中的腐败就不可避免。孔子在这里所说的可能是两类人，也可能是一类人前后有不同的表现。孔子所说的"患得之""患失之"，是对于官位的"患得患失"，他批评的是人的两种表现，一种是害怕或者不愿意承担社会责任，不肯出仕；一种是贪图利禄、贪位恋栈。现代也常用"患得患失"来形容不够果断，拿不起放不下的人。

世道人心每况愈下

子曰："古者民有三疾①，今也或是之亡②也。古之狂也肆③，今之狂也荡④；古之矜也廉⑤，今之矜也忿戾⑥；古之愚也直，今之愚也诈而已矣。"

【注释】

① 疾：本义是轻微的伤病，这里是小毛病。② 亡：没有。这里是说连这样的小毛病也发生变异，即变味了。③ 肆：包咸注："极意敢言。"④ 荡：孔安国注："荡，无所据。"⑤ 廉：本义是器物之棱角，这里比喻行为方正。⑥ 忿戾：愤怒乖僻而好争。

【细读】

孔子说："古代的人有三种毛病，如今就连这样的毛病都变味了。古代的'狂'是率性直言，现在的'狂'是放荡不羁；古代的'矜'是清廉有棱角，现在的'矜'是盛气凌人而乖戾；古代的'愚'是直爽直率，现在的'愚'是通过伪装欺骗来获取名声罢了。"

孔子感叹世道人心的每况愈下，这里所说的古代先民的"疾"是指没有接受礼乐教化的百姓，虽然在人际交往中有稍微过度的地方，但都是真诚坦率的，是内心真实感情的抒发。而现实中人们的一切行为中都加进了虚伪和矫饰，风气每况愈下。

对古代文化的坚守

子曰："恶紫①之夺朱②也，恶郑声③之乱雅乐也，恶利口之覆邦家者。"

【注释】

① 紫：古代有五行学说，与之相应有许多五的观念，其中五色中有红色，而红色以朱红为正色，紫色比朱红色重，故非正色。② 朱：赤，五色之一，为正色。③ 郑声：郑国的音乐，音节细碎淫靡，孔子认为"郑声淫"。

【细读】

孔子说："我很憎恶紫色占据夺取了红色的地位，憎恶郑国的淫靡曲调破坏了正统的高雅音乐，憎恶那些尖嘴利舌能说会道的谄佞之徒颠覆了国家。"

五行中以红色为正色，而紫色接近红色但不正，因此孔子有这种感慨。从《左传》看，鲁桓公和齐桓公都喜欢穿紫色衣服，可能这时候紫色已经成为诸侯的正色。从本条可以看出孔子坚持古代文化的观点，服色、音乐都是很重要的文化现象，可以看出文化的倾向。孔子这里可能有暗喻的意味，表面上是在谈色彩和音乐，实际上是象征一些人不能坚守古代道德。换一个角度，可以看出当时郑声一定非常流行，大受欢迎，对于雅乐有很大冲击。

天道本自然

子曰："予欲无言。"子贡曰："子如不言，则小子何述[①]焉？"子曰："天何言哉？四时行焉，百物生焉，天何言哉！"

【注释】

① 述：传述学术思想与知识，与作相对，作是创新，创作。

【细读】

孔子说："我不想讲话了。"子贡说："您如果不讲话，我们可怎么传述您的学说啊？"孔子说："天说什么话了，可是照样四季运行，万物自然生长。天说什么话了！"

孔子开始是发牢骚，是对于自己政治主张难以推行的忧虑，因为如果不能推行，再讲授和宣传便没有什么意义了。子贡一问，才引出孔子后面的话。可知孔子强调天地自然运转，并无意志，万物也是自然生长，是无神论，与道家顺应自然有相通之处。但本条之深意应当从对话的场景来体会。孔子提示子贡，一切学问都在自然当中，这自然当然包括天地万物与人类社会生活，只要善于体察天地万物之道理与人生之道理，便可以悟出道来。做学问要善于观察和领悟。

见孔子也需要引见

孺悲[①]欲见孔子，孔子辞以疾。将命者[②]出户，取瑟而歌，使之闻之。

【注释】

① 孺悲：鲁国人，也是孔子的弟子。② 将命者：指持孔子命令的人，就是传达人。

【细读】

孺悲想要拜见孔子，孔子用有病为由推辞不见。等传达孔子之命的人刚出门，孔子便取瑟弹奏歌唱起来，故意让孺悲听到。

如果孤立看这件事，孔子好像不仁慈，人家诚惶诚恐来求见，怎么可以如此用有病来推辞？怎么可以在人家还没有离开故意弹瑟唱歌让人家听到，从而知道自己没病？这样可能太伤来人的自尊了。但从《礼记·杂记》记载来看，孔子后来不但见了孺悲，而且还收入门内为弟子。那么，可以推知这是孺悲初次来求见孔子。而按照当时礼节，陌生人要求见士人，一定要有人介绍才可，不可以直接去家门求见。据《太平御览》卷四百二引《韩诗外传》云："子路曰：闻之于夫子，士不中间而见者，女无媒而嫁者，非君子之行也。"就是求见士人时要有人在中间介绍，好像女子出嫁一定要有媒人一样。或者是孔子提醒孺悲应当按照通常礼节来见。或许是提醒孺悲还没有见他的资格，应该提高自己。具体背景不清楚，但孔子肯定有他的理由。

古礼的人性化

宰我问："三年之丧①，期②已久矣。君子三年不为礼，礼必坏；三年不为乐，乐必崩。旧谷既没，新谷既升，钻燧③改火，期可已矣。"

子曰："食夫稻，衣夫锦，于女安乎？"

曰："安。"

"女安，则为之！夫君子之居丧，食旨不甘，闻乐不乐，居处④不安，故不为也。今女安，则为之！"

宰我出。子曰："予之不仁也！子生三年，然后免于父母之怀。夫三年之丧，天下之通丧也，予也有三年之爱于其父母乎！"

【注释】

① 三年之丧：古代为父母守丧之期为三年时间。② 期：一周年。③ 钻燧：古代用钻燧取火的方式，季节不同所使用的木头也不同。④ 居处：指守丧期间孝子的生活不能安逸，要住临时搭建的茅庐，睡草垫，枕土块。

【细读】

宰我问："三年的丧期，时间也太长了。君子如果三年不演习参加礼仪活动，礼仪制度就会被破坏；三年不演习音乐，音乐就会失传。旧的粮食已经吃完，新的粮食已经收入粮仓，打火用的火石和钻木换成新的材料，重新准备下一年的用度，一周年就可以了。"孔子说："守丧一年后就吃粳米饭，穿锦绣衣服，对于你来说，能安心吗？"宰我回答："能安心。"宰我出去了。孔子说："宰予不仁德啊！孩子出生三年，然后才能够离开父母的怀抱。三年的守丧期，是天下通行的制度规则。宰我难道就没有受到父母三年的爱护抚养吗？"

这是很重要的一条，说明孔子将古代遗留的文化礼制以及历史传说都理性化，并赋予其情感。三年之丧究竟起源于何时不好确定，但从孔子"天下通丧"的解释来看，不但地域广，时间也很久远。孔子没有从理论上进行解释，而是用三年不离父母之怀，这样报答父母养育之恩便需要守三年之丧。是从人性化的角度来解释三年之丧的合理性。将外在的礼制规范解释为内在情感的要求，并使其合情合理，令人信服。这样就把礼制与情感要求紧密结合在一起，便于保存和流传，并逐渐积淀为心理结构。应该说，在孔子思想和教学过程中，始终有一个出发点，即内仁外礼，把礼制的要求尽量阐释为内在感情的需求。这样就把流传两千多年的礼从人的内在感情方面寻找原因，这对于中国传统的文化心理的建构是非常关键的。

博弈也能益智

子曰："饱食终日，无所用心，难矣哉！不有博奕[①]者乎？为之，犹贤乎已。"

【注释】

① 博弈：博弈是古代的智力游戏，具体玩法难以实考。一般认为，博是掷骰子之类，弈是围棋之类。或如民间之"下五道"等，都由来已久。

【细读】

孔子说："整天吃饱饭，什么事情也没有，什么心事也没有，那就太难受了。不是有下棋掷骰子这样的游戏吗？玩一玩，还能好一些吧。"

人最怕赋闲，孔子也不能避免，玩玩游戏，也能动脑筋，开发智力。但不能过度，偶尔为之，作为生活的小插曲则可。其实很多古代文化名人也都有在闲暇时博弈的记载。如唐代韩愈就喜欢博弈，遭到朋友张籍的批评。而现代学者黄侃可能喜欢打牌九，因为他曾经把自己比喻为“地八”。偶一为之，也未尝不可。现在很多人整天搓麻将，则属于玩物丧志了。人最怕闲，什么事都没有，对于人不是好事，反而容易造成心灵的空虚，故偶尔玩一玩动脑筋的游戏，也是可以的。现在有一些博弈已经成为专业运动，如围棋、象棋、桥牌等都如此，则另当别论。

勇敢更需要正义

子路曰：“君子尚[1]勇乎？”子曰：“君子义以为上，君子有勇而无义为乱，小人有勇而无义为盗。”

【注释】

① 尚：崇尚、提倡。

【细读】

子路问：“君子崇尚勇敢吗？”孔子回答说：“君子最重视礼义。君子只有勇敢而没有礼义的约束就会造反作乱，小人只有勇敢而没有礼义的约束就会沦为强盗。”

子路非常勇敢，重视武力，有时候把握不住度，尤其是不懂得“权”，即缺乏灵活性，因此孔子总是提醒告诫他。就品性而言，仁义是高于一切的，是统帅与灵魂。离开了仁义，其他品性都无法确定其性质。如果道德低劣，智力越高为害越烈，勇力越猛祸害越大，故仁义为根本，道德是根基。

君子反感之事

子贡曰：“君子亦有恶乎？”子曰：“有恶：恶称人之恶者，恶居下流而讪[1]上者，恶勇而无礼者，恶果敢而窒[2]者。”

曰：“赐也亦有恶乎？”“恶徼[3]以为知者，恶不孙[4]以为勇者，恶讦[5]以为直者。”

【注释】

① 讪：诽谤。② 窒：封闭，不同别人交流。③ 徼：窥视、偷看。孔安国注：“徼，抄也，抄人

之意以为己有。”即今日之抄袭。④ 孙：通“逊”。⑤ 讦：包咸注：“谓攻发人之阴私。”

【细读】

子贡问：“君子也有厌恶的事情吗？”孔子说：“有厌恶的事情啊：厌恶讲别人坏话的人，厌恶自己不进取而讽刺诽谤别人进取的人，厌恶鲁莽勇敢而不知礼制的人，厌恶果断而专横固执的人。”孔子接着问：“端木赐，你也有厌恶的事情吗？”子贡回答：“厌恶偷袭别人东西却以为自己聪明的人，厌恶毫不谦虚却自以为是的人，厌恶以揭发别人隐私却以为自己很直率的人。”

本条可以看出孔子与弟子平等讨论，相互交流，教学相长的情形。子贡是孔子弟子中水平高、头脑灵活、实际能力高、综合能力最强的弟子之一。孔子厌恶的四种人基本属于掌握一定权利的统治者，而子贡厌恶的三种人基本属于知识分子中道德修养比较差的人，看来那个时代已经有抄袭之恶劣风气，古今人性没有根本差别，这也是今天我们能够读懂古书能够理解古人的关键。人们讨厌的对象与本人地位阶层有直接关系。

对女子小人的误解

子曰：“唯女子与小人为难养①也，近之则不孙②，远之则怨。”

【注释】

① 养：指相处。② 不孙：不逊，不按照礼制行事。

【细读】

孔子说：“只有女子和小人难以相处，亲近了就会无礼缠磨你，疏远了就会怨恨你。”

本条颇为后世诟病，是孔子歧视女性重要而直接的证据。但如果仔细分析和体会，孔子说的只是女子的心理特征和性格特征而已，并不是道德的好坏，也不是从褒贬意义来说的。但把女子和小人联系起来肯定有特殊原因。我以为，这里的小人指国君身边的宦官之类的人。如齐桓公身边的竖刁与易牙，卫灵公身边的弥子瑕和雍渠等，而卿、大夫身边也有一些侍奉的近臣，这些人与主人的关系十分密切，其职责也与女子相仿，故当指这些人。女子则指诸侯或卿大夫身边的嫔妃姬妾。孔子这句话，与“吾未见好德如好色者也”的感叹可能是前后说的，是一个背景。孔子在卫国时，一次，卫灵公坐在车上，左边是美人南子，右边是宦官雍渠，孔子之车在后面，招摇过市，孔子才发出那句感叹。而南子和雍渠同车坐在卫灵公的两边，可能是孔子将“女子与小人”联系在一起的契机。这样理解，可能更接近孔子之本义。孔子是提醒弟子们要注意处理好与这种人的关系，要不即不离、要保持距离。孔子这句话的“女子与小人”，当时指的是卫灵公左右的女宠南子和右边的男宠雍渠，而概括指国君身边的姬妾和宦官以及男宠，是有具体指代对象的。

四十不见恶

子曰：“年四十而见恶①焉，其终也已。”

【注释】

① 见恶：被人厌恶。

【细读】

孔子说：“人如果到四十岁了还被人厌恶，那这辈子就算完了。”

四十岁是人生定型阶段，如果依然被人厌恶，当然没有希望了。这句话可能是针对具体人而言，但具体是针对谁可能无法考证了。但其有普遍意义。因此人生应发奋，不要浑浑噩噩，少壮不努力，老大徒伤悲。俗语说，“浪子回头金不换”，是说年轻人放荡不羁，而一旦悔悟便会有大出息。这种人古今都有。最著名的是西晋的周处，由一名不良少年转变为仁义道德的将军。唐代著名诗人陈子昂也是“浪子回头”型的文人，他在少年时斗鸡走狗无所不干，就是不爱读书，后来幡然悔悟，刻苦攻读，便成为一代名人。但如果到四十岁还被人厌恶，说明其品性恶劣，而人生观基本定型，不可能再出现“浪子回头”的情况。

微子篇第十八

不能用贤则国危

微子①去之，箕子②为之奴，比干③谏而死。孔子曰："殷有三仁焉。"

【注释】

① 微子：名启，是纣王同母兄。他出生时，母亲尚为帝乙妾。他出生后生母被立为正妻，其后生纣王受，故帝乙死后，纣王得立。事见《吕氏春秋》。古籍中唯《孟子·告子篇》认为微子是纣的叔父。② 箕子：纣王的叔父，一说是庶兄。见纣王无道，进谏不听，佯狂而被降为奴隶。后武王灭商，请他出仕，他坚决不肯，求教治国方略，他上《洪范》。其后带领家族"适朝鲜"，是一重要历史人物。③ 比干：纣王叔父，苦心进谏，被纣王剜心而死。

【细读】

微子离开朝廷，箕子被当成奴隶，比干因为谏诤而死。孔子说："殷商王朝末年有三位仁人。"

这是孔子对于历史的评价，纣王有三位仁人而不能用，且加以迫害，导致自身灭亡。孔子可能是针对当时天下各国诸侯不能任用贤人的慨叹，也是对自己命运的慨叹，鲁国国君以及权臣不能用他，致使鲁国日益衰落。季桓子死时曾经认识到这一点，嘱咐其嗣子季康子一定要迎回孔子并加以重用。但孔子一直到死也未得到重用。另外，还有一层意义，即好人不一定得好报。

直道而事人

柳下惠为士师[1]，三黜。人曰："子未可以去乎？"曰："直道而事人，焉往而不三黜？枉道而事人，何必去父母之邦？"

【注释】

① 柳下惠：春秋鲁大夫展获，字季，又字禽，曾为士师官，食邑柳下，谥惠，故称其为展禽、柳下季、柳士师、柳下惠等。以柳下惠之名最为著称。相传他与一女子共坐一夜，不曾越轨。后用以借指有操行的男子。

【细读】

柳下惠当法官，三次被罢免。有人问："你难道还不考虑离开鲁国吗？"柳下惠回答道："如果坚持用正直忠诚的态度去办理事件去侍奉人，到哪里去能不遭到多次罢免？如果采取不正当的途径去办理事情侍奉上级，那么又何必离开生养自己的父母之国呢？"

本条意义很深刻，也是孔子遭遇的间接写照，说明那个时代均如此，"天下乌鸦一般黑"，"滔滔者天下皆是也"。在那个时代，如果坚持正道直行便一定走不通，到哪里都一样。而如果曲意事人，违背良心则缺德，因此宁可选择在自己的家乡坚持着操守，干干净净生活着。柳下惠的美名比任何显赫的官职不都更有价值吗？孔子周游列国是为推行自己的政治主张，是为天下开太平，故更加伟大。柳下惠被后来的孟子评价为"和圣"，在中国历史上名气很大。

国君昏庸失良臣

齐人归[1]女乐，季桓子受之，三日不朝[2]，孔子行。

【注释】

① 归：通"馈"，赠送。② 不朝：一般解释为不问政事，或不上朝办事。笔者理解为停止早朝。当时政归季氏，季氏决定是否举行朝廷会议。

【细读】

齐国送来美丽的歌舞女伎，季桓子接受了。三天没有举行早朝，孔子便离开鲁国。

这件事之始末见于《史记·孔子世家》。鲁定公十三年到十四年曾经重用孔子，先是齐鲁两国在夹谷举行高级峰会，孔子辅佐定公前去，大义凛然使齐国君臣敬服，并归还汶阳之地。鲁国政治大好，“与闻国政三月，粥羔豚者弗饰贾；男女行者别于涂；涂不拾遗；四方之客至乎邑者不求有司”。于是齐国感到恐慌，认为如果孔子继续辅政，鲁国一定强大，强大则首先威胁齐国。于是采取离间之策，精心挑选美丽的歌舞伎女八十人，彩车三十辆，装饰的良马一百二十匹，送给鲁国，使鲁国君臣迷恋享乐，这样孔子必定反对。果然，季桓子欣然接受，并且与定公沿着大街游行炫耀这些车马和女乐，三天不理政事。子路对孔子说：“老师，我们可以走了。”孔子说：“明天是鲁国进行郊祀的日子，郊祀就一定赐给大夫祭肉。如果明天送来祭肉，还可以留下观察。”结果没有祭肉送来，孔子才带领弟子离开鲁国。说明孔子对于自己的国家还是非常留恋的，但见祭肉不到，说明执政君臣沉溺于女色音乐的享受之中。鲁国的政治完全没有希望了。

国衰难伸志

楚狂接舆[①]歌而过孔子曰：“凤兮凤兮！何德之衰？往者不可谏[②]，来者犹可追。已而，已而！今之从政者殆[③]而！”

孔子下，欲与之言。趋而辟之，不得与之言。

【注释】

① 接舆：春秋楚隐士，佯狂不仕。亦代指隐士。② 谏：匡正；挽回。③ 殆：危险。

【细读】

楚国的狂人接舆唱着歌走过孔子的车前，道：“凤凰啊！凤凰啊！德行为什么这么衰微？过去的日子不能挽回，未来的日子还来得及。如今从事政治的人啊，非常艰难险危！”孔子急忙下车，要跟他谈谈。可是接舆已经紧走几步躲避开了，孔子没能够与他说话。

关于接舆之名，邢昺疏说其姓名叫陆通，后世多遵从之，恐怕不是无稽之谈。看来孔子当时已经是名满天下的人，否则远在南方的楚国怎么也有人知道他而且认识他的车？接舆确实很有文化也很有政治见解，因此他唱的歌词很深刻，也很有文学韵味。当时楚国的政治更糟糕，确实如接舆说的那样，搞政治很危险，弄不好就会被灭门。但孔子从事的不是政治运动，而是宣传政治主张。孔子没有介入任何实际的政治斗争中，只是在寻找实现自己政治主张的途径。如孔子在卫国时，在卫出公姬辄和他父亲姬蒯聩争夺君位的过程中，孔子的立场很重要，但孔子没有参与其中，这样的立场当然不会有危险，同时也可以看出孔子要推行的是仁义大道，不是谋求个人的权势。

处江湖之远不忘其君

长沮、桀溺耦而耕①，孔子过之，使子路问津②焉。

长沮曰："夫执舆③者为谁？"

子路曰："为孔丘。"

曰："是鲁孔丘与？"

曰："是也。"

曰："是知津矣。"

问于桀溺。

桀溺曰："子为谁？"

曰："为仲由。"

曰："是鲁孔丘之徒与？"

对曰："然。"

曰："滔滔者天下皆是也，而谁以易之？且而与其从辟人之士也，岂若从辟世之士哉？"耰④而不辍。

子路行以告。

夫子怃然曰："鸟兽不可与同群，吾非斯人之徒与而谁与？天下有道，丘不与易也。"

【注释】

① 长沮、桀溺：两名农夫。耦而耕：耦耕是古代一种耕地方式。② 问津：打听渡口。津，渡

口。③ 执舆：拉着马缰绳。④ 耰：种地下种后用土覆盖种子的程序。

【细读】

长沮、桀溺两人正在种地，孔子的车经过那里，派子路前去打听渡口。长沮问子路："那位驾车的人是谁？"子路回答："是孔丘。"长沮又问："是鲁国的孔丘吗？"子路回答："是。"长沮道："那他就知道渡口了。"子路又去问桀溺。桀溺问："你是谁啊？"子路道："我是仲由。"问："是鲁国孔丘的门徒吗？"子路回答："是这样。"桀溺道："浊流滚滚，天下到处如此黑暗。谁又能改变这种情况呢？你跟随躲避坏人的人，怎能比得上跟随躲避乱世的人呢？"又继续劳动而不停止。子路回来报告给老师。孔子很感伤，说："我们总不能和飞禽走兽一起生活吧？我不跟这些人在一起又跟谁在一起呢？如果天下太平，我孔丘也不会带领你们到处奔波而主张改变了。"

长沮和桀溺是两名对现实认识很深刻的人，对于孔子师生有些冷嘲热讽。他们居然也知道孔子的名字，但连他们问路都不明确告知，显得有些刻薄。他们的避世行为总是被划归道家隐居一流，而又劝导子路也像他们一样采取避世的生活态度。桀溺的话很值得深思玩味，即他提出避人与避世的两种隐居方式。这可以看作儒家与道家隐居思想的区别，同样是隐居，儒家是"处江湖之远不忘其君"，道家则完全忘却世事，不过问政治。儒家总是自觉担负起拯救社会的责任，有极其深沉的忧国忧民情怀。孔子明知天下不可为而为之，正是其可贵之处。尤其是孔子最后的感叹："我们总不能和飞禽走兽一起生活吧？我不跟这些人在一起跟谁在一起呢？如果天下太平，我孔丘也不会带领你们到处奔波而主张改变了。"更能体会出他的感伤和无奈。

不仕无义

子路从而后[①]，遇丈人[②]，以杖荷蓧[③]。

子路问曰："子见夫子乎？"

丈人曰："四体不勤，五谷不分。孰为夫子？"植其杖而芸[④]。

子路拱而立。

止子路宿，杀鸡为黍而食之，见其二子焉。

明日，子路行以告。

子曰："隐者也。"使子路反见之。至，则行矣。

子路曰："不仕无义。长幼之节，不可废也；君臣之义，如之何其废之？欲洁其身，而乱大伦。君子之仕也，行其义也。道之不行，已知之矣。”

【注释】

① 从而后：指跟随孔子出游列国而落在后面，掉队了。② 丈人：对年老男性的尊称。③ 荷蓧：扛着。蓧，锄草工具。④ 芸：同“耘”，指锄草。

【细读】

子路跟随孔子周游，落在后面。遇见一位老人，用手杖挑着锄草工具。子路问：“您看见老夫子了吗？”老人说：“四肢也不勤劳，连五谷都分不清楚，怎能称得上老师？”放下手杖用蓧锄草。子路拱手站在那里。老人留子路住宿，杀鸡做黄米饭招待他，并让两个儿子出来见子路。第二天，子路继续赶路，把自己的遭遇告诉孔子。孔子说：“这是个隐士。”让子路返回求见他。等子路到了那里，老人已经走了。子路说：“不做官没有道理。长幼的秩序不能废弃，君臣之间的道义又怎么可以废弃呢？想自身清白，却破坏了极其重要的社会关系。君子做官，是履行知识分子的道义。至于道义行不通，我们早就知道了。”

中国历来有“五伦”之伦理观念，根深蒂固。父子有亲，君臣有义，夫妇有别，长幼有序，朋友有信，这确实是非常重要的社会人际关系。孔子汲汲奔波，是要尽社会责任。五伦观念的建立实际上完成于汉代，但源于孔子思想。本条连同前面两条是孔子对于隐居者的劝告以及冷嘲热讽的回应，表现了其“明知不可为而为之”的积极进取精神和崇高的社会责任感。这五伦有其合理性，故深深植根于中华民族传统的心理结构中。这是处理人际关系不可或缺的关系，应当吸取其合理因素。

无可无不可的超脱

逸民[①]：伯夷、叔齐、虞仲[②]、夷逸[③]、朱张[④]、柳下惠、少连[⑤]。子曰：“不降其志，不辱其身，伯夷、叔齐与！”谓：“柳下惠、少连，降志辱身矣，言中伦，行中虑，其斯而已矣。”谓：“虞仲、夷逸，隐居放言，身中清，废中权[⑥]。我则异于是，无可无不可。”

【注释】

① 逸民：隐居而没有发挥应有才能的人。② 虞仲：有两种说法，一说是吴太伯之弟仲雍，一说

是仲雍曾孙。吴太伯与二弟仲雍为实现父亲心愿让三弟季历继承爵位，出奔到荆蛮地区，创建吴国。太伯死仲雍即位。武王建立周朝，访求太伯后人，找到仲雍曾孙周章，已经是吴国国君。因而加封，又封周章之弟虞仲到周之北，故夏墟，此为虞国。当以后说为是。③ 夷逸：《尸子》载，夷逸是夷诡诸的后裔。夷逸说，比如我是牛，宁可服轭耕于野，也不愿意披上锦绣进入庙堂成为祭祀用的牛。④ 朱张：有人说就是仲弓，肯定不对。孔子对七位逸民另外六位都有评论，只未提朱张，可能是朱张事迹在孔子时代已经失传，但其名字尚存，故孔子未加评论，采取“阙如”之谨慎态度。⑤ 少连：《礼记·杂记》中载，孔子说少连、大连善居丧，三日不怠，三月不懈，一年悲哀，三年忧伤。是东夷之人。⑥ 废中权：废弃符合权变的思想与策略。马融说：“遭世乱，自废弃，以免患，合于权也。”

【细读】

德行高拔超逸的隐逸之士有：伯夷、叔齐、虞仲、夷逸、朱张、柳下惠、少连。孔子说：“不放弃降低自己的志向，不侮辱自己的身心，就是伯夷和叔齐吧。”又说：“柳下惠、少连则放弃降低了自己的志向，而且也使自己的身心受到侮辱了。但说话合乎伦理，行为经过考虑，不过如此而已。”又评价说：“虞仲、夷逸隐居避世，不再谈论世事，一身清廉干净，被废弃是他们的权谋。我和他们这些人都不同，没有什么可以，也没有什么不可以。”

本条是研究孔子处世哲学和策略的最重要的文献资料。孔子先对古代七位逸民贤士中的六位给予评价，对于伯夷、叔齐的评价最高，对于另外四人评价也不低，最后表示自己的观点以及处世态度与他们都不同，即“无可无不可”，是非常灵活而又坚定执着的人生哲学与生存智慧。是“经”与“权”的灵活妙用。联系孔子终生行事的情形与其发表的观点，可以理解其“无可无不可”的内涵，即针对不同情况采取不同对策，没有固定不变的生活方式，体现出个体的主动性与灵活性。对于伯夷、叔齐，孔子赞美归赞美，但他自己如果处在那种情况下不会那么做。以对于柳下惠的态度来看，可以体会出孔子的人生道路选择。柳下惠是道德高尚的榜样，其言论也很高。但他不肯离开鲁国，这当然也是一种人生选择。而孔子则不那么死板，见鲁国无法施展才能，立即离开，周游列国，甚至曾经产生去落后荒蛮地区谋求发展的念头。孔子的原则是坚持推行仁政，坚持克己复礼，只要有机会和可能便绝不放过。公山弗扰、赵国的佛肸以家臣身份搞叛乱请他前去，他都曾经动过心，可见其实现自己政治主张的迫切心情。而对于季氏，对于阳虎这些专权者，他也不与之做针锋相对的坚决的斗争，因为那样可能是无谓的牺牲。因此，仔细体会本条孔子的话，尤其是“无可无不可”的真实思想，非常重要。

不要求全责备

周公谓鲁公[①]曰：“君子不施[②]其亲，不使大臣怨乎不以。故旧无大故[③]，则不弃也。无求备于一人！”

【注释】

① 周公：即姬旦，周开国功臣，制定礼乐典章制度者。鲁公：周公儿子伯禽。② 施：通“弛”，松弛，疏远的意思。③ 大故：大的缘故，指严重的罪行。

【细读】

周公对他儿子鲁公伯禽说：“君子不能怠慢亲族，不使大臣抱怨不被信任。故旧老臣如果没有严重错误，就不要抛弃。不要对任何一人求全责备。”

这是周公教育自己的儿子在执政中应当如何处理好家族亲属以及功臣关系的话，清楚地体现了氏族体制下重视血缘关系的观点，同时也表现了重视故旧关系的特点，这两点对于中国历史政治关系产生了极其深远而广泛的影响。“一人当官，鸡犬升天”的现象与此有关，注重“老关系”也与此有关。当然，这种观点并不全是消极的，关键是要把握好尺度。不求全责备的观点则是非常可取的，具有实用理性。

子张篇第十九

士的高尚行为

子张曰："士见危致命[①]，见得思义[②]，祭思敬，丧思哀，其可已矣。"

【注释】

① 致命：不惜献出生命。② 义：宜也，应当。

【细读】

子张说："士见到危难不怕牺牲生命，见到利益便想到是否应该获取，祭祀时严肃恭敬，参加丧礼时想到悲哀，这样就可以了。"

子张是孔子著名的弟子之一，他关注政治问题，关注如何实现理想，如何推行政治主张，如何解决实际的社会问题，是孔子的弟子中志向最远大、最积极进取的人，但因为寿命短而没有成就什么大业。此处是对士人在各种场合应当采取什么态度提出的要求。他这里所提的两点都是士人最宝贵的品格。

坚守道德

子张曰："执德不弘[①]，信道不笃，焉能为有？焉能为亡？"

【注释】

① 弘：弘大，宽广。

【细读】

子张说："履行道德却不宽广，相信道义却不坚持，怎么能算有？又怎么能算没有？"

孔子弟子中，子张比较注重从政，询问政事较多，当然要求道德的弘广远大。"弘"是指弘大而不小家子气，是指对于弘扬道德的范围而言。"笃"是指态度诚恳坚定，是指弘扬道德的意志而言。两个字概括出对于弘扬道德的广博和坚定，确实是士人应该有的态度和气魄。这里的"弘"，杨伯峻先生同意章太炎先生的观点，认为是"强"字，是坚强的意思。但为政则必须兼顾天下，道德要弘大广博，故用本字解释也可以。最后两句意谓如果执德不弘，信道不笃的话，有没有这个人都无所谓。

尊贤容众

子夏之门人问交[①]于子张。子张曰："子夏云何？"

对曰："子夏曰：'可者与之，其不可者拒之。'"

子张曰："异乎吾所闻：君子尊贤而容众，嘉善而矜不能。我之大贤与，于人何所不容？我之不贤与，人将拒我，如之何其拒人也？"

【注释】

① 问交：询问交朋友之道。

【细读】

子夏的学生问子张如何交朋友，子张问："子夏怎么说的？"回答说："子夏说：'可以交的就交，不可以交的就拒绝交。'"子张回答说："这和我所听到的不一样，君子尊重贤德的人而能够包容普通群众，赞美好人而不轻视慢待不行的人。如果我是贤人，那么对于别人还有什么不能宽容的？如果我不是贤人，别人将要拒绝我，我还怎么能拒绝别人呢？"

子夏和子张都是孔子的弟子，但在交友方面二人观点略有不同，而且从孔子那里听到的教诲就不同。据蔡邕说，子夏交往太宽泛，故孔子教育他要慎重选择，而子张交游面太狭窄，因此孔子教育他要宽容。看来子张和子夏都没有完全领会老师的意思，对于他们的弟子也应该因材施教。不过从总的原则来看，子张的话作为人间交际来看，更有实用性。“尊贤容众”应该是在人群中处理人际关系的重要原则。

追求大道者不沉迷小道

子夏曰：“虽小道①，必有可观者焉；致远恐泥②，是以君子不为也。”

【注释】

① 小道：朱熹注：“如农圃医卜之属”，基本正确，与大道相对而言。② 泥：阻滞；滞留。

【细读】

子夏说：“虽然是小的技艺，也一定有很可观的地方。但如果有远大目标，就不能沉溺于其中，所以君子不致力于小的技艺。”

孔子的教育目标是培养推行仁义、治理国家的人才，是以提高人的道德修养为旨归、以拯救天下灵魂为目标，使天下走上和谐之途径为最高理想，因此以政治、哲学、伦理、思想教育为主要内容，对于具体技艺并不重视。此处的小道按照朱熹的说法是指农圃医卜之类，恐怕不会那么狭窄，可能还包括其他一些具体技艺，如唱歌、弹琴、下棋、各种工匠等。这也是对“君子不器”的具体阐释。

学问不在一朝一夕

子夏曰：“日知其所亡①，月无忘其所能，可谓好学也已矣。”

【注释】

① 亡：通“无”。

【细读】

子夏说：“每天能够知道一些新知识，每个月不忘记所学过并掌握的旧知识，就可以算是好学了。”

学问是靠日积月累，而不是一朝一夕所能成就的，是终身事业。“活到老，学到老”不是空话。每天都能够了解新的知识，就需要每天都读书学习，因此，读书是获得知识的基础。而每天新增加的知识也需要不断巩固，需要进行阶段性的温习回顾，使之消化理解。每个月都要温习回顾一下所学习的知识，检验自己是否已经忘记了。这样不断地增加新知识与不断进行阶段性温习巩固，学问则在不断增长。当然，进行阶段性归纳回顾的时间周期不一定是一个月，每个人应该根据自己所学习知识的实际情况做安排。顾炎武《日知录》名字即出于此。

博学而笃志

子夏曰："博学而笃志，切问[①]而近思[②]，仁在其中矣。"

【注释】

① 切问：态度恳切提出问题。② 近思：思考切近的问题。

【细读】

子夏说："广泛学习，坚定志向，诚恳提问，认真思考当前的问题，'仁'就在其中了。"

这是端正求学态度的四个方面。如果不广泛学习便无法获取渊博的知识，如果志向不坚定就会半途而废，如果志向不明确就会空泛没有实学，因此"笃志"包括坚定志向与坚定学习大方向两个方面。否则容易出现"样样通，样样松"的情况，当然也就不会有成就。如果提出问题研究问题没有针对性，没有现实价值，则学习缺乏动力，也会劳而无功。因此通过对身边的具体事和人来思考问题和道理，则更容易厘清思路。"以今逆古，以己度人"的学习方法道理与此相同。

实践为要

子夏曰："百工居肆[①]以成其事，君子学以致其道。"

【注释】

① 肆：作坊，店铺，市集。这里侧重作坊。

【细读】

子夏说："各种工匠在他们的作坊里完成他们的制作，君子应该努力学习而实现他们的理想，完成他们的事业。"

这是用工匠完成制作具体器物比喻知识分子也应当有自己实际的贡献，有自己的思想和学说。如果什么也完不成，还不如工匠对社会有贡献。因此，实践是第一位的，空头理论和空头政治没有什么实际的意义和价值。其实，子夏的这句话可能有具体现实的针对性，其本质是有具体效果具体成果才是最主要的。孔子死后，子夏到西河进行教学活动，曾经是魏文侯的老师，弟子众多，在传授孔子学问方面子夏的功绩是最大的。这句话便是他重视实际效果的宣言。

小人喜文过饰非

子夏曰："小人之过也必文①。"

【注释】

① 文：用美丽的语言掩饰。

【细读】

子夏说："小人犯了过错，总是要进行掩饰。"

有过错不能算是小人，有过错还要强词夺理，故意掩饰自己的错误，这就可以定为小人了。其实很多人明明知道自己犯了错误，却不肯承认，偏要为自己的错误遮遮掩掩，或者找各种理由掩饰。《史记·殷本纪》载："帝纣资辩捷疾，闻见甚敏，材力过人，手格猛兽，知足以距谏，言足以饰非。"其结果便是使殷商王朝灭亡，身死国灭而留下千古恶名。"文过饰非"成语起源于此。在现实生活中，有人被称为"常有理"，就属于这种类型。

君子三变

子夏曰："君子有三变：望之俨然①，即之也温②，听其言也厉③。"

【注释】

① 俨然：端庄严肃貌。② 温：态度温和亲切。③ 厉：严厉深刻。

【细读】

子夏说："君子给人的印象有三种变化：初看时很严肃，接近后却感觉很温和平易，听他讲话却准确犀利而深刻。"

这是子夏描述对于老师的印象，就整部《论语》而言，孔子给人的印象确实如此，这也是一切道德高尚之大学者的共同性格特征，这样的态度既好接近又不可以轻慢狎昵。子夏对老师非常敬重，他在指导两名弟子公羊高和谷梁赤撰写《春秋公羊传》和《春秋谷梁传》时在同样的位置加上"庚子日，孔子生"六个字，是我们考证孔子生日的最早的文字。仅此一点，子夏的贡献就太大了。

取信于民最重要

子夏曰："君子信而后劳其民；未信，则以为厉[①]己也。信而后谏；未信，则以为谤己也。"

【注释】

① 厉：严厉、残酷。

【细读】

子夏说："君子在得到老百姓信任后，才可以使唤他们，使他们干活。如果没有取得信任就使唤百姓，百姓就会认为你是压迫奴役他们。得到国君或上级信任后才进行劝告。如果没有得到信任，就会认为你是在诽谤他。"

这确实是很重要的处世策略，取得信任是一切人际交往的前提。这是站在不同立场上的思考。前面是统治者对老百姓，后面是下级对待上级，但首先都要取得其信任，然后才可以开展其他工作。其实，人与人之间很重要的一点就是相互信任，这样交往才会更轻松愉快。

把握好大德与小德

子夏曰："大德不逾闲[①]，小德[②]出入可也。"

【注释】

① 闲：用于遮拦阻隔的栅栏，引申为界限。大德：道德大的方面，指涉及原则与操守的大节。② 小德：指不涉及原则与操守的一般生活末节。

【细读】

子夏说："大节方面不能超越界限，小节方面有点出入是可以的。"

应当注意，这是对别人的要求，不要求全责备，而对于自己则不能不拘小节。这也是一般的处事原则。对于一般非原则性的问题，不必过于认真，如果事无巨细都唠叨不休，容易引起反感，包括与人交往甚至教育孩子都存在一个尺度问题。中唐德宗时期有位名士叫阳城，被征召为谏议大夫，人们对他抱有很大的希望。他出任后，很长时间都一言不发。对于朝廷决策中有些不太恰当的地方，他也缄默不语。后来德宗听信谗言，决定贬谪名相陆贽，起用裴延龄为相，阳城则坚决反对，率领拾遗、补阙等官职谏诤，绝不让步。虽然他本人遭到贬谪，但对于限制奸佞得势还是起了一定的作用。

平凡小事亦有道

子游曰："子夏之门人小子，当洒扫应对进退[①]，则可矣，抑末[②]也。本之则无，如之何？"

子夏闻之，曰："噫！言游过矣！君子之道，孰先传焉？孰后倦焉？譬诸草木，区以别矣。君子之道，焉可诬也？有始有卒者，其惟圣人乎！"

【注释】

① 进退：指觐见尊长时进去与退出时的礼节。② 末：本义是树木的末梢，这里比喻学问与道德的末节，即细微不值得重视的。

【细读】

子游说："子夏的学生弟子们，做一些打扫卫生，接待客人，应付进退的事情，都可以胜任了，但这些都是细微小事，根本的东西却没有，这样怎么可以啊？"子夏听说后，说道："唉！子游说错了！君子的学术和道德，哪一项应当先传授？哪一项应当后传授？学术道德的培育好像花草，各自有其类型和品种，在培养时要加以区别。君子的学术思想怎么可以如此歪曲呢？能够有始有终全面进行教育的，恐怕只有圣人吧？"

本条比较难理解的是最后一句话，何谓"有始有卒"？"始""卒"与前面出现的"本""末"又是什么关系？其实，子游和子夏可能在教学程序、课程安排顺序上出现了一些意见分歧，子夏是从基础入手，从如何做人的日常生活小事做起，而子游则认为应该教授仁义礼乐的大道。从子夏的回答来看，子夏认为"本""末"没有原则的区别和明确的界限划分，一切生活事务中都蕴含着"道"，道体现在一言一行、一举一动中，因此"洒扫应对进退"也是道的实现，也是本。而且要针对学生的具体情况进行具体的教育，好像培植花草树木，要区分各种类型进行不同方式的培养。这一点，与孔子的"因材施教"接近。而最后一句的意思是，对任何类型的学生都能够进行全面教育的人，可能只有圣人做得到。

学而优则仕

子夏曰："仕而优①则学，学而优则仕。"

【注释】

① 优：宽绰，有余力。优的本义是多、饶，引申为时间与精力多而有余力。

【细读】

子夏说："官做好了，有剩余时间就去学习，学习好了，有充分的剩余时间就去做官。"

当时士人主要生活内容就是学习和当官，学习一段时间，感觉很宽松，有充分的时间就去当官，当官有空闲时间的时候就进行学习。现在侧重于后者，根本无人提及前半句，好像学习的目的就是当官，这是误解。而且一旦当官就不再学习了，这更是误解。

真情最重要

子游曰："丧[①]致乎哀而止[②]。"

【注释】

① 丧：指丧礼。② 止：停止。

【细读】

子游说："办理丧事足以表达悲哀的心情就行了。"

本条有两层意思，一是从内心情感说，父母死亡只要内心真正悲哀就够了，不必过于悲伤，有害于身体。一是从外在形式上说，只要足以表达悲伤就行了，不必大肆铺张，搞得规模很大，造成浪费。孔子的儿子死后，同样有棺无椁，不能说孔子不慈。可能是当时有些贵族丧事办得太过分，故子游有此说法。

仁才有别

子游曰："吾友张也，为难能[①]也，然而未仁。"

【注释】

① 难能：难以得到，难能可贵的略语。

【细读】

子游说："我的好朋友子张，是个难得的人才，然而还没有达到仁的程度。"

这是子游对同学好友的由衷赞叹，有人说是批评。因为"仁"的境界非一般人可以达到，孔子没有认可哪个具体的人达到"仁"的境界了，因此不能看作批评，而是给予很高的赞美。孔子死后，同学们之间的相互切磋和鼓励就非常重要了。子张在孔子弟子中最有大志，而且学问也不错，急于建功立业的思想可能过于强烈，所以当子贡问老师子张和子夏谁更优秀的时候，孔子说了"师也过，商也不及"的话，可以推测出子张有雄心大志的情形。

赞叹师弟不吝美言

曾子曰："堂堂[1]乎张也，难与并为仁矣。"

【注释】

① 堂堂：形容容貌盛大伟岸。

【细读】

曾子说："子张总是仪表堂堂，实在难以与他共同进入仁德的境界啊！"

对于本条的解释分歧很大，而且分为赞美与批评两说。或云赞美子张堂皇正大，高不可攀；或云批评子张外表容貌很盛，内在修养不足，故无法达到仁德之境界。仔细分析体会，曾子的语气在赞美中多少有点羡慕和调侃的意味。孔子著名的弟子中，按照年龄可分两组，子夏、子游、曾参、子张属于小龄组，四个人接触多、交情深，因此他们在一起谈论问题时也多。四人中，子夏最大，子游比子夏小一岁，曾子比子夏小两岁，子张比子夏小四岁。如果注意到这种情况，就可以体会出前后几条记载的是这几个人在孔子死后，相互交流探讨问题的情形了。看来子张容貌伟岸，可能也好打扮，故总是仪表堂堂。而子张又是孔门弟子中喜追求事功的人，与孔子大龄弟子中的子路、子贡性格相近，孔子很喜欢他，对子张的评价也很高。这样，我们便可以体会出曾子这句话的含义，子张相貌好又年轻，且有雄心大志，因此曾子才如此赞叹他。

设身处地方现真情

曾子曰："吾闻诸夫子：人未有自致[1]者也，必也亲丧乎！"

【注释】

① 自致：自然达到某种感情的深度。

【细读】

曾子说："我听老师说过，人没有能自然产生强烈感情的，一定要在父母去世时才能够真正感受到发自内心的悲哀。"

本条可能是孔子的弟子们在讨论参加吊唁或葬礼时的感受。曾子这句话的意思是必须有亲身感受才可以体会他人相同的情感。这涉及心理学和哲学的一个重要问题，也是我们研究他人作品或文献资料时必须注意的问题，就是要用自己的心去体会当事人的心。孔子幼年丧父，肯定不记事，不懂悲哀，十七岁丧母，一定非常悲哀，故孔子每次参加葬礼时都很悲哀，当天便吃不下饭。他是用自己当时的悲哀心情体会办丧事的子女们的心情，这便是圣人的情怀。

任人唯贤不唯亲

曾子曰："吾闻诸夫子：孟庄子[①]之孝也，其他可能也；其不改父之臣与父之政，是难能也。"

【注释】

① 孟庄子：鲁国大夫孟献子仲孙蔑之子，名速。

【细读】

曾子说："我听老师说过：孟庄子的孝顺，其他方面都可以做到，但他不改变父亲所任用的人和父亲所制定的政策，这是很难做到的。"

一般情况是"一朝天子一朝臣"，古代国和家只是大小的区别，在管理上有相似之处。因此在新旧主人交替时往往会进行大的人事调整，而孟庄子没有这样做，表现了其对于父亲的敬重，而这也是孝道最具体的表现。前面孔子关于"三年无改于父之道，可谓孝矣"的观点，便与这种情况有关。当然，孔子的话可能有现实针对性，故对这种做法要冷静对待。一切以义为标准，如果父亲用的人正确、政策好，当然不用变，如果原来用的人问题严重，则有变化反而为孝。唐德宗死，顺宗即位，罢免宫市和五坊小儿等弊政，召回被德宗贬谪的名臣陆贽，朝野欢庆；清乾隆死，嘉庆数日内便处置和珅，人人称赞。故一切都要具体问题具体分析。

怜悯之心

孟氏使阳肤[①]为士师[②]，问于曾子。曾子曰："上失其道，民散久矣。如得其情，则哀矜而勿喜！”

【注释】

① 阳肤：包咸曰：“阳肤，曾子弟子。” ② 士师：法官。

【细读】

孟氏任命阳肤为法官，阳肤去请教曾子。曾子告诫他：“在上位的人不按照法规办事，老百姓离心离德，人心涣散已经很久了。你办理案件时如果审出真情，就要同情可怜当事人而不要高兴得意。”

曾子的学生阳肤被当政的孟氏任命为法官审理案件，在上任前去向老师请教应该掌握怎样的原则，曾子告诉他应该尽职尽责，同时也要同情那些犯人。这可以看出两个问题：一是鲁国当时政治状况糟糕，法律松弛，或者说干脆没有法；二是曾子确实领会了孔子思想的精神实质，认为不教而杀或者不教而审判都是不人道的，因此即使案件审理清楚，也要对当事人表示同情和哀悯，充分体现仁爱精神。

客观评价历史人物

子贡曰：“纣①之不善，不如是之甚也。是以君子恶居下流②，天下之恶皆归焉。”

【注释】

① 纣：商纣王，商朝最后一个君主，与夏桀并称，为著名昏君。② 下流：本来是水的下游，这里比喻不利的位置。

【细读】

子贡说：“纣王的罪恶，并不像人们说的这样过分。所以君子厌恶处于不利的位置上，这样所有的罪恶都会被推到自己身上来。”

“胜者侯王败者贼”“胜者为王，败者为寇”，这便是历史。主观片面的记载和历史观只能算是历史实用主义，称不上什么“历史哲学”。因此我们翻阅正史，一定要带着辩证的眼光去看。这种见解很深刻，确实像子贡所说的那样，子贡的看法可以说是高见。其实，纣王、隋炀帝都是很有才华的人，并非一无是处，但因为失败便成为众恶所归，并不客观。子贡聪明而有胆识，由此可见一斑。

君子知错即改

子贡曰："君子之过也，如日月之食[①]焉：过也，人皆见之；更也，人皆仰之。"

【注释】

① 日月之食：日食和月食。

【细读】

子贡说："君子如果犯错误，就好像日食和月食一样。犯了错误，人们都能够看见；改正了，人们都非常敬仰。"

子贡不愧是十哲中的"言语"代表，比喻精彩生动，可见子贡的聪明与文采。人犯错误不可怕，可怕的是文过饰非、遮遮掩掩。地位越高的人社会影响力越大，无论犯错误还是纠正错误都能够产生影响。中唐时期，德宗皇帝刚愎自用，不能采纳大臣的意见，酿成朱泚之乱，致使长安失陷，他和朝廷流亡到奉天（今陕西乾县），形势很危急。这时德宗启用大臣陆贽，在陆贽起草的许多圣旨中都以德宗的口吻深刻检讨朝廷的错误，引起了广大军民的同情，才开始支持朝廷的平叛战争。诏书中皇帝的态度便如同子贡说的"过也，人皆见之，更也，人皆仰之"。这种情况在历史和现实中都有很多表现。

圣人无常师

卫公孙朝[①]问于子贡曰："仲尼焉学？"子贡曰："文武之道[②]，未坠于地，在人。贤者识其大者，不贤者识其小者。莫不有文武之道焉。夫子焉不学？而亦何常师之有？"

【注释】

① 卫公孙朝：卫国的大夫公孙朝。当时鲁国、楚国、郑国都有叫"公孙朝"的大夫，因此这里加国名以区别。② 文武之道：指周文王和武王的政治道德规范。

【细读】

卫公孙朝问子贡："孔子是从哪里学来的那么多知识呢？"子贡说："周文王、周武王的道德礼制并没有完全丧失掉，流传在人间。贤德的人知道大的方面，不贤德的人知道一些小的方面，普天下到处都存在着周文王、周武王的道德礼制的遗范。我们老师什么不学？又哪里有一定的老师？”

本条点明了孔子思想与知识的来源。孔子广招生徒，但他本人并没有师承，也没有学历，于是才出现这样的问题。子贡的回答客观准确，说明孔子的学问是从历史文献中学来、是从社会现实中学来，不以一人为师，历史与现实生活是最好的老师。这与孔子自己说的“述而不作”相一致。韩愈曾说，“圣人无常师”，海纳百川，方能成其深广，孔子的学识是通过广泛学习得来的。

夫子之墙数仞

叔孙武叔[①]语大夫于朝曰：“子贡贤于仲尼。”

子服景伯以告子贡。

子贡曰：“譬之宫墙[②]，赐之墙也及肩，窥见室家之好。夫子之墙数仞[③]，不得其门而入，不见宗庙之美，百官之富。得其门者或寡矣。夫子之云，不亦宜乎！”

【注释】

① 叔孙武叔：鲁国大夫，名州仇。② 宫墙：宫本义是二层的房屋。宫墙就是院墙，不是皇宫之墙。③ 仞：七尺为仞，也有说八尺的，不同时代便不同。

【细读】

叔孙武叔在朝廷中对大夫们说：“子贡比孔子要高明贤良。”子服景伯把叔孙武叔的话告诉了子贡。子贡说：“用院墙来比喻，我的墙和人的肩头一般高，（站在墙外）就可以看见里面的房屋有多么好。老师的墙几丈高，如果找不到门走进去，就看不见里面庙堂的富丽堂皇、百官豪宅的丰富多彩。但能够找到门进去的人很少啊！叔孙武叔这样说，不也应当吗！”

孔子弟子中，子贡聪明好学，实际能力最强。孔子去世后，子贡先后在鲁国和卫国做官，威望很高。有人认为他比孔子强，子贡才这样说。孔子死后，其地位的提高与子贡关系最大，本条的比喻也极其精彩形象。要了解古代大夫庭院住宅的建筑格局方可真正理解本条的内容。古代大夫庭院中先建堂，堂高于地面几尺，根据官爵的大小高出的尺寸不同。堂前立有四根大柱，称“楹”，“楹联”之名起源于此。堂上前面作为接待客人之用。内室建在堂后。因此入门、升堂、入室便成为后世做学问的三个阶段。子贡的意思是说叔孙武叔尚未入门，因此不了解孔子学问胸怀的博大精深。

仲尼之德如日月

叔孙武叔毁仲尼。子贡曰："无以为[①]也！仲尼不可毁也。他人之贤者，丘陵也，犹可逾[②]也；仲尼，日月也，无得而逾焉。人虽欲自绝[③]，其何伤于日月乎？多见其不知量也。"

【注释】

① 无以为：不要这样做。② 逾：逾越，超过。③ 自绝：自取断绝，自找死路。

【细读】

鲁国大夫叔孙武叔诋毁孔子。子贡说："不要这样说，也不要这样做。孔子是不可以毁谤的。其他贤人好像是丘陵，还是可以超越的；孔子，是天空中的太阳和月亮，是根本没有办法超越的。有人虽然想要自找绝路，对于太阳和月亮有什么伤害呢？只不过是表现他太不自量力罢了。"

叔孙武叔可能是受到过孔子的批评，或者出于嫉妒，已经不止一次毁谤孔子了。子贡的批驳深刻犀利而有文采，简直就是优美的小品文，对于叔孙武叔进行了严厉的批评。"自绝"一词很严厉。子贡的话语中透着灵气，"日月"与"丘陵"的比喻精美绝伦，更表现出对于老师的热爱、尊崇与忠诚。贤哉子贡！

夫子犹天不可阶

陈子禽[①]谓子贡曰："子为恭也，仲尼岂贤于子乎？"

子贡曰："君子一言以为知，一言以为不知，言不可不慎也。夫子之不可及也，犹天之不可阶而升也。夫子之得邦家者，所谓立之斯立，道之斯行，绥[②]之斯来，动之斯和。其生也荣，其死也哀，如之何其可及也？"

【注释】

① 陈子禽：即陈亢，见《学而》篇。② 绥：安抚，这里指用道德感化的力量使人前来。有招徕的意思。

【细读】

陈子禽对子贡说："你是太谦虚了，对老师太恭敬了，孔子哪里会比你强呢？"子贡回答说："君子一句话就可以知道有知识，一句话也可以知道没知识，说话不可以不加小心啊！孔老夫子是不可以企及的，好像天空一样，不可以登着梯子上去。我的老师如果能够执掌一个国家的政权，就会使这个国家站立起来，引导它走上仁义的道路，通过安抚感化，使百姓都来归附，通过行政活动，使社会安定和谐。他活着时被百姓尊敬，去世时百姓也都非常悲哀，这样伟大的人物，我们怎么能够赶得上呢？"

孔子去世时，颜回和子路已经离世。子夏、子游、曾子、子张等都很年轻，尚未成熟，故子贡在当时官位最高、影响最大。因此一些人便认为子贡的能力和学识超过了孔子，看来不是个别人。这样，子贡的态度对于孔子的地位和威望便有着很大的作用。子贡是真心敬仰老师，因此极力推崇老师，把老师比喻成高不可攀的天空，"夫子之不可及也，犹天之不可阶而升也"，多么精彩的比喻，而且是发自内心的，故很有感染力。

尧曰篇第二十

为政者的五美四恶

子张问于孔子曰：“何如斯[1]可以从政矣？”

子曰：“尊五美，屏[2]四恶，斯可以从政矣。”

子张曰：“何谓五美？”

子曰：“君子惠而不费[3]，劳而不怨，欲而不贪，泰而不骄，威而不猛。”

子张曰：“何谓惠而不费？”

子曰：“因民之所利而利之，斯不亦惠而不费乎？择可劳而劳之，又谁怨？欲仁而得仁，又焉贪？君子无众寡，无小大，无敢慢，斯不亦泰而不骄乎？君子正其衣冠，尊其瞻视[4]，俨然人望而畏之，斯不亦威而不猛乎？”

子张曰：“何谓四恶？”

子曰：“不教而杀谓之虐；戒视成[5]谓之暴；慢令致期[6]谓之贼；犹之与人[7]也，出纳[8]之吝谓之有司。”

【注释】

① 何如斯：做到什么程度，这样。何如，怎样。斯，这样。② 屏（bǐng）：摒弃，除掉。③ 惠而不费：对人民有恩惠而不费财物。④ 尊其瞻视：重视自己的眼神与神态。⑤ 不戒视成：提前不告诫就去视察成效。⑥ 慢令致期：下达的命令时间很宽松，而突然又有紧急期限。⑦ 犹之与人：同样需要给人。犹，同样。⑧ 出纳：侧重在出。